国家出版基金项目
绿色制造丛书
组织单位 | 中国机械工程学会

国家出版基金项目
NATIONAL PUBLICATION FOUNDATION

汽车产品材料数据管理方法与回收再利用关键技术

黄海鸿　宋守许　张　雷　朱利斌　著

U0359728

机械工业出版社
CHINA MACHINE PRESS

在人类社会生产力不断发展、产品快速更新的进程中，生产资料急剧消耗导致的资源短缺、生态失衡、环境恶化等问题已成为目前人类社会可持续发展面临的严峻挑战。随着汽车生产量和保有量的日益增加，汽车工业已成为能源和资源消耗多、污染物排放严重的产业之一。因此，汽车的绿色制造至关重要。本书从汽车产品的全生命周期切入，重点阐述了汽车材料的环境影响及回收利用、基于环境影响的材料选择、汽车材料数据系统，并结合实例对汽车材料数据管理系统开发、超高压水射流汽车轮胎回收技术、基于超临界流体法的汽车用碳纤维增强树脂基复合材料回收再利用技术等进行了深入介绍。

本书可为相关行业研究人员及从业人员提供参考，也可供高等院校相关专业师生阅读。

图书在版编目（CIP）数据

汽车产品材料数据管理方法与回收再利用关键技术／黄海鸿等著．—北京：机械工业出版社，2022.5
（国家出版基金项目·绿色制造丛书）
ISBN 978-7-111-70459-1

Ⅰ．①汽…　Ⅱ．①黄…　Ⅲ．①汽车 – 工程材料 – 数据管理 – 研究②汽车 – 工程材料 – 废物综合利用 – 研究　Ⅳ．①U465

中国版本图书馆 CIP 数据核字（2022）第 052575 号

机械工业出版社（北京市百万庄大街 22 号　邮政编码 100037）
策划编辑：李　楠　责任编辑：李　楠　戴　琳　章承林　郑小光
责任印制：李　娜　责任校对：张　薇　李　婷
北京宝昌彩色印刷有限公司印刷
2022 年 6 月第 1 版第 1 次印刷
169mm×239mm·17.5 印张·341 千字
标准书号：ISBN 978-7-111-70459-1
定价：88.00 元

电话服务　　　　　　　网络服务
客服电话：010-88361066　机　工　官　网：www.cmpbook.com
　　　　　010-88379833　机　工　官　博：weibo.com/cmp1952
　　　　　010-68326294　金　书　网：www.golden-book.com
封底无防伪标均为盗版　机工教育服务网：www.cmpedu.com

"绿色制造丛书" 编撰委员会

主 任
宋天虎　中国机械工程学会
刘　飞　重庆大学

副主任（排名不分先后）
陈学东　中国工程院院士，中国机械工业集团有限公司
单忠德　中国工程院院士，南京航空航天大学
李　奇　机械工业信息研究院，机械工业出版社
陈超志　中国机械工程学会
曹华军　重庆大学

委　员（排名不分先后）
李培根　中国工程院院士，华中科技大学
徐滨士　中国工程院院士，中国人民解放军陆军装甲兵学院
卢秉恒　中国工程院院士，西安交通大学
王玉明　中国工程院院士，清华大学
黄庆学　中国工程院院士，太原理工大学
段广洪　清华大学
刘光复　合肥工业大学
陆大明　中国机械工程学会
方　杰　中国机械工业联合会绿色制造分会
郭　锐　机械工业信息研究院，机械工业出版社
徐格宁　太原科技大学
向　东　北京科技大学
石　勇　机械工业信息研究院，机械工业出版社
王兆华　北京理工大学
左晓卫　中国机械工程学会
朱　胜　再制造技术国家重点实验室
刘志峰　合肥工业大学
朱庆华　上海交通大学

张洪潮　大连理工大学
李方义　山东大学
刘红旗　中机生产力促进中心
李聪波　重庆大学
邱　城　中机生产力促进中心
何　彦　重庆大学
宋守许　合肥工业大学
张超勇　华中科技大学
陈　铭　上海交通大学
姜　涛　工业和信息化部电子第五研究所
姚建华　浙江工业大学
袁松梅　北京航空航天大学
夏绪辉　武汉科技大学
顾新建　浙江大学
黄海鸿　合肥工业大学
符永高　中国电器科学研究院股份有限公司
范志超　合肥通用机械研究院有限公司
张　华　武汉科技大学
张钦红　上海交通大学
江志刚　武汉科技大学
李　涛　大连理工大学
王　蕾　武汉科技大学
邓业林　苏州大学
姚巨坤　再制造技术国家重点实验室
王禹林　南京理工大学
李洪丞　重庆邮电大学

"绿色制造丛书" 编撰委员会办公室

主　任
刘成忠　陈超志

成　员（排名不分先后）
王淑芹　曹　军　孙　翠　郑小光　罗晓琪　李　娜　罗丹青　张　强　赵范心
李　楠　郭英玲　权淑静　钟永刚　张　辉　金　程

制造是改善人类生活质量的重要途径，制造也创造了人类灿烂的物质文明。

也许在远古时代，人类从工具的制作中体会到生存的不易，生命和生活似乎注定就是要和劳作联系在一起的。工具的制作大概真正开启了人类的文明。但即便在农业时代，古代先贤也认识到在某些情况下要慎用工具，如孟子言："数罟不入洿池，鱼鳖不可胜食也；斧斤以时入山林，材木不可胜用也。"可是，我们没能记住古训，直到 20 世纪后期我国乱砍滥伐的现象比较突出。

到工业时代，制造所产生的丰富物质使人们感受到的更多是愉悦，似乎自然界的一切都可以为人的目的服务。恩格斯告诫过：我们统治自然界，决不像征服者统治异民族一样，决不像站在自然以外的人一样，相反地，我们同我们的肉、血和头脑一起都是属于自然界的，存在于自然界的；我们对自然界的整个统治，仅是我们胜于其他一切生物，能够认识和正确运用自然规律而已（《劳动在从猿到人转变过程中的作用》）。遗憾的是，很长时期内我们并没有听从恩格斯的告诫，却陶醉在"人定胜天"的臆想中。

信息时代乃至即将进入的数字智能时代，人们惊叹欣喜，日益增长的自动化、数字化以及智能化将人从本是其生命动力的劳作中逐步解放出来。可是蓦然回首，倏地发现环境退化、气候变化又大大降低了我们不得不依存的自然生态系统的承载力。

不得不承认，人类显然是对地球生态破坏力最大的物种。好在人类毕竟是理性的物种，诚如海德格尔所言：我们就是除了其他可能的存在方式以外还能够对存在发问的存在者。人类存在的本性是要考虑"去存在"，要面向未来的存在。人类必须对自己未来的存在方式、自己依赖的存在环境发问！

1987 年，以挪威首相布伦特兰夫人为主席的联合国世界环境与发展委员会发表报告《我们共同的未来》，将可持续发展定义为：既满足当代人的需要，又不对后代人满足其需要的能力构成危害的发展。1991 年，由世界自然保护联盟、联合国环境规划署和世界自然基金会出版的《保护地球——可持续生存战略》一书，将可持续发展定义为：在不超出支持它的生态系统承载能力的情况下改善人类的生活质量。很容易看出，可持续发展的理念之要在于环境保护、人的生存和发展。

世界各国正逐步形成应对气候变化的国际共识，绿色低碳转型成为各国实现可持续发展的必由之路。

中国面临的可持续发展的压力尤甚。经过数十年来的发展，2020年我国制造业增加值突破26万亿元，约占国民生产总值的26%，已连续多年成为世界第一制造大国。但我国制造业资源消耗大、污染排放量高的局面并未发生根本性改变。2020年我国碳排放总量惊人，约占全球总碳排放量30%，已经接近排名第2~5位的美国、印度、俄罗斯、日本4个国家的总和。

工业中最重要的部分是制造，而制造施加于自然之上的压力似乎在接近临界点。那么，为了可持续发展，难道舍弃先进的制造？非也！想想庄子笔下的圃畦丈人，宁愿抱瓮舀水，也不愿意使用桔槔那种杠杆装置来灌溉。他曾教训子贡："有机械者必有机事，有机事者必有机心。机心存于胸中，则纯白不备；纯白不备，则神生不定；神生不定者，道之所不载也。"（《庄子·外篇·天地》）单纯守纯朴而弃先进技术，显然不是当代人应守之道。怀旧在现代世界中没有存在价值，只能被当作追逐幻境。

既要保护环境，又要先进的制造，从而维系人类的可持续发展。这才是制造之道！绿色制造之理念如是。

在应对国际金融危机和气候变化的背景下，世界各国无论是发达国家还是新型经济体，都把发展绿色制造作为赢得未来产业竞争的关键领域，纷纷出台国家战略和计划，强化实施手段。欧盟的"未来十年能源绿色战略"、美国的"先进制造伙伴计划2.0"、日本的"绿色发展战略总体规划"、韩国的"低碳绿色增长基本法"、印度的"气候变化国家行动计划"等，都将绿色制造列为国家的发展战略，计划实施绿色发展，打造绿色制造竞争力。我国也高度重视绿色制造，《中国制造2025》中将绿色制造列为五大工程之一。中国承诺在2030年前实现碳达峰，2060年前实现碳中和，国家战略将进一步推动绿色制造科技创新和产业绿色转型发展。

为了助力我国制造业绿色低碳转型升级，推动我国新一代绿色制造技术发展，解决我国长久以来对绿色制造科技创新成果及产业应用总结、凝练和推广不足的问题，中国机械工程学会和机械工业出版社组织国内知名院士和专家编写了"绿色制造丛书"。我很荣幸为本丛书作序，更乐意向广大读者推荐这套丛书。

编委会遴选了国内从事绿色制造研究的权威科研单位、学术带头人及其团队参与编著工作。丛书包含了作者们对绿色制造前沿探索的思考与体会，以及对绿色制造技术创新实践与应用的经验总结，非常具有前沿性、前瞻性和实用性，值得一读。

　　丛书的作者们不仅是中国制造领域中对人类未来存在方式、人类可持续发展的发问者，更是先行者。希望中国制造业的管理者和技术人员跟随他们的足迹，通过阅读丛书，深入推进绿色制造！

华中科技大学　李培根

2021 年 9 月 9 日于武汉

丛书序二

在全球碳排放量激增、气候加速变暖的背景下，资源与环境问题成为人类面临的共同挑战，可持续发展日益成为全球共识。发展绿色经济、抢占未来全球竞争的制高点，通过技术创新、制度创新促进产业结构调整，降低能耗物耗、减少环境压力、促进经济绿色发展，已成为国家重要战略。我国明确将绿色制造列为《中国制造2025》五大工程之一，制造业的"绿色特性"对整个国民经济的可持续发展具有重大意义。

随着科技的发展和人们对绿色制造研究的深入，绿色制造的内涵不断丰富，绿色制造是一种综合考虑环境影响和资源消耗的现代制造业可持续发展模式，涉及整个制造业，涵盖产品整个生命周期，是制造、环境、资源三大领域的交叉与集成，正成为全球新一轮工业革命和科技竞争的重要新兴领域。

在绿色制造技术研究与应用方面，围绕量大面广的汽车、工程机械、机床、家电产品、石化装备、大型矿山机械、大型流体机械、船用柴油机等领域，重点开展绿色设计、绿色生产工艺、高耗能产品节能技术、工业废弃物回收拆解与资源化等共性关键技术研究，开发出成套工艺装备以及相关试验平台，制定了一批绿色制造国家和行业技术标准，开展了行业与区域示范应用。

在绿色产业推进方面，开发绿色产品，推行生态设计，提升产品节能环保低碳水平，引导绿色生产和绿色消费。建设绿色工厂，实现厂房集约化、原料无害化、生产洁净化、废物资源化、能源低碳化。打造绿色供应链，建立以资源节约、环境友好为导向的采购、生产、营销、回收及物流体系，落实生产者责任延伸制度。壮大绿色企业，引导企业实施绿色战略、绿色标准、绿色管理和绿色生产。强化绿色监管，健全节能环保法规、标准体系，加强节能环保监察，推行企业社会责任报告制度。制定绿色产品、绿色工厂、绿色园区标准，构建企业绿色发展标准体系，开展绿色评价。一批重要企业实施了绿色制造系统集成项目，以绿色产品、绿色工厂、绿色园区、绿色供应链为代表的绿色制造工业体系基本建立。我国在绿色制造基础与共性技术研究、离散制造业传统工艺绿色生产技术、流程工业新型绿色制造工艺技术与设备、典型机电产品节能减排技术、退役机电产品拆解与再制造技术等方面取得了较好的成果。

但是作为制造大国，我国仍未摆脱高投入、高消耗、高排放的发展方式，资源能源消耗和污染排放与国际先进水平仍存在差距，制造业绿色发展的目标尚未完成，社会技术创新仍以政府投入主导为主；人们虽然就绿色制造理念形成共识，但绿色制造技术创新与我国制造业绿色发展战略需求还有很大差距，一些亟待解决的主要问题依然突出。绿色制造基础理论研究仍主要以跟踪为主，原创性的基础研究仍较少；在先进绿色新工艺、新材料研究方面部分研究领域有一定进展，但颠覆性和引领性绿色制造技术创新不足；绿色制造的相关产业还处于孕育和初期发展阶段。制造业绿色发展仍然任重道远。

本丛书面向构建未来经济竞争优势，进一步阐述了深化绿色制造前沿技术研究，全面推动绿色制造基础理论、共性关键技术与智能制造、大数据等技术深度融合，构建我国绿色制造先发优势，培育持续创新能力。加强基础原材料的绿色制备和加工技术研究，推动实现功能材料特性的调控与设计和绿色制造工艺，大幅度地提高资源生产率水平，提高关键基础件的寿命、高分子材料回收利用率以及可再生材料利用率。加强基础制造工艺和过程绿色化技术研究，形成一批高效、节能、环保和可循环的新型制造工艺，降低生产过程的资源能源消耗强度，加速主要污染排放总量与经济增长脱钩。加强机械制造系统能量效率研究，攻克离散制造系统的能量效率建模、产品能耗预测、能量效率精细评价、产品能耗定额的科学制定以及高能效多目标优化等关键技术问题，在机械制造系统能量效率研究方面率先取得突破，实现国际领先。开展以提高装备运行能效为目标的大数据支撑设计平台，基于环境的材料数据库、工业装备与过程匹配自适应设计技术、工业性试验技术与验证技术研究，夯实绿色制造技术发展基础。

在服务当前产业动力转换方面，持续深入细致地开展基础制造工艺和过程的绿色优化技术、绿色产品技术、再制造关键技术和资源化技术核心研究，研究开发一批经济性好的绿色制造技术，服务经济建设主战场，为绿色发展做出应有的贡献。开展铸造、锻压、焊接、表面处理、切削等基础制造工艺和生产过程绿色优化技术研究，大幅降低能耗、物耗和污染物排放水平，为实现绿色生产方式提供技术支撑。开展在役再设计再制造技术关键技术研究，掌握重大装备与生产过程匹配的核心技术，提高其健康、能效和智能化水平，降低生产过程的资源能源消耗强度，助推传统制造业转型升级。积极发展绿色产品技术，研究开发轻量化、低功耗、易回收等技术工艺，研究开发高效能电机、锅炉、内燃机及电器等终端用能产品，研究开发绿色电子信息产品，引导绿色消费。开展新型过程绿色化技术研究，全面推进钢铁、化工、建材、轻工、印染等行业绿色制造流程技术创新，新型化工过程强化技术节能环保集成优化技术创新。开展再制造与资源化技术研究，研究开发新一代再制造技术与装备，深入推进废旧汽车（含新能源汽车）零部件和退役机电产品回收逆向物流系统、拆解/破碎/分离、高附加值资源化等关键技术与装备研究并应用示范，实现机电、汽车等产品的可拆卸和易回收。研究开发钢铁、冶金、石化、轻工等制造流程副产品绿色协同处理与循环利用技术，提高流程制造资源高效利用绿色产业链技术创新能力。

在培育绿色新兴产业过程中，加强绿色制造基础共性技术研究，提升绿色制造科技创新与保障能力，培育形成新的经济增长点。持续开展绿色设计、产品全生命周期评价方法与工具的研究开发，加强绿色制造标准法规和合格评判程序与范式研究，针对不同行业形成方法体系。建设绿色数据中心、绿色基站、绿色制造技术服务平台，建立健全绿色制造技术创新服务体系。探索绿色材料制备技术，培育形成新的经济增长点。开展战略新兴产业市场需求的绿色评价研究，积极引领新兴产业高起点绿色发展，大力促进新材料、新能源、高端装备、生物产业绿色低碳发展。推动绿色制造技术与信息的深度融合，积极发展绿色车间、绿色工厂系统、绿色制造技术服务业。

非常高兴为本丛书作序。我们既面临赶超跨越的难得历史机遇，也面临差距拉大的严峻挑战，唯有勇立世界技术创新潮头，才能赢得发展主动权，为人类文明进步做出更大贡献。相信这套丛书的出版能够推动我国绿色科技创新，实现绿色产业引领式发展。绿色制造从概念提出至今，取得了长足进步，希望未来有更多青年人才积极参与到国家制造业绿色发展与转型中，推动国家绿色制造产业发展，实现制造强国战略。

中国机械工业集团有限公司　陈学东

2021 年 7 月 5 日于北京

　　绿色制造是绿色科技创新与制造业转型发展深度融合而形成的新技术、新产业、新业态、新模式，是绿色发展理念在制造业的具体体现，是全球新一轮工业革命和科技竞争的重要新兴领域。

　　我国自20世纪90年代正式提出绿色制造以来，科学技术部、工业和信息化部、国家自然科学基金委员会等在"十一五""十二五""十三五"期间先后对绿色制造给予了大力支持，绿色制造已经成为我国制造业科技创新的一面重要旗帜。多年来我国在绿色制造模式、绿色制造共性基础理论与技术、绿色设计、绿色制造工艺与装备、绿色工厂和绿色再制造等关键技术方面形成了大量优秀的科技创新成果，建立了一批绿色制造科技创新研发机构，培育了一批绿色制造创新企业，推动了全国绿色产品、绿色工厂、绿色示范园区的蓬勃发展。

　　为促进我国绿色制造科技创新发展，加快我国制造企业绿色转型及绿色产业进步，中国机械工程学会和机械工业出版社联合中国机械工程学会环境保护与绿色制造技术分会、中国机械工业联合会绿色制造分会，组织高校、科研院所及企业共同策划了"绿色制造丛书"。

　　丛书成立了包括李培根院士、徐滨士院士、卢秉恒院士、王玉明院士、黄庆学院士等50多位顶级专家在内的编委会团队，他们确定选题方向，规划丛书内容，审核学术质量，为丛书的高水平出版发挥了重要作用。作者团队由国内绿色制造重要创导者与开拓者刘飞教授牵头，陈学东院士、单忠德院士等100余位专家学者参与编写，涉及20多家科研单位。

　　丛书共计32册，分三大部分：① 总论，1册；② 绿色制造专题技术系列，25册，包括绿色制造基础共性技术、绿色设计理论与方法、绿色制造工艺与装备、绿色供应链管理、绿色再制造工程5大专题技术；③ 绿色制造典型行业系列，6册，涉及压力容器行业、电子电器行业、汽车行业、机床行业、工程机械行业、冶金设备行业等6大典型行业应用案例。

　　丛书获得了2020年度国家出版基金项目资助。

　　丛书系统总结了"十一五""十二五""十三五"期间，绿色制造关键技术与装备、国家绿色制造科技重点专项等重大项目取得的基础理论、关键技术和装备成果，凝结了广大绿色制造科技创新研究人员的心血，也包含了作者对绿色制造前沿探索的思考与体会，为我国绿色制造发展提供了一套具有前瞻性、系统性、实用性、引领性的高品质专著。丛书可为广大高等院校师生、科研院所研发人员以及企业工程技术人员提供参考，对加快绿色制造创新科技在制造业中的推广、应用，促进制造业绿色、高质量发展具有重要意义。

当前我国提出了 2030 年前碳排放达峰目标以及 2060 年前实现碳中和的目标，绿色制造是实现碳达峰和碳中和的重要抓手，可以驱动我国制造产业升级、工艺装备升级、重大技术革新等。因此，丛书的出版非常及时。

绿色制造是一个需要持续实现的目标。相信未来在绿色制造领域我国会形成更多具有颠覆性、突破性、全球引领性的科技创新成果，丛书也将持续更新，不断完善，及时为产业绿色发展建言献策，为实现我国制造强国目标贡献力量。

中国机械工程学会　宋天虎
2021 年 6 月 23 日于北京

前　言

　　汽车工业是制造业的高科技产业之一，其制造、使用、报废等涉及经济、环境、资源、能源、安全等多个领域，对各国经济发展、社会发展、贸易摩擦有重要影响。自 2015 年开始，全球汽车年产量超过 9000 万辆。2019 年，我国汽车产销量分别为 2572.1 万辆和 2576.9 万辆，连续十一年居全球第一；汽车制造业整体营收规模为 80846.7 亿元，约占 GDP 的 8.2%。汽车工业已成为我国制造业的重要支柱产业。

　　从 20 世纪至今，汽车产品生命周期对资源消耗、温室效应、臭氧层破坏等地球环境问题造成的影响成为人类社会无法回避的主题。汽车产品的绿色设计与绿色制造涉及新能源、新材料、燃油经济性、轻量化、制造工艺绿色化、制造及使用过程节能减排、报废汽车回收拆解与零部件再制造、废旧汽车材料再资源化等多个主题，相应地得到越来越多的重视。

　　著者团队长期从事汽车、工程机械、电子电器产品及其关键零部件的绿色设计、绿色制造、回收与再资源化等研究。本书的主要内容源于著者团队的科研工作以及与国内车企多年的合作研发成果的总结，并参考了相关领域最新的研究成果。由于汽车用材料的发展是促进汽车工业发展的重要因素之一，也是降低汽车工业对环境的不良影响、减少资源能源消耗、提升汽车安全性的重点，因此本书聚焦于汽车产品材料数据管理方法与回收利用技术。本书的第 2~4 章分别介绍了汽车材料全生命周期环境属性的环境影响及回收利用、基于环境影响的材料选择、汽车材料数据系统；第 5 章介绍了著者团队与某车企合作开发的汽车材料数据管理系统；第 6 章与第 7 章结合著者团队研发成果，介绍了基于超高压水射流法的汽车轮胎回收、基于超临界流体法的汽车用碳纤维增强树脂基复合材料回收等关键材料再资源化工艺与技术。

　　本书由合肥工业大学黄海鸿教授主持撰写，宋守许教授、张雷教授、朱利斌博士参与撰写。在撰写过程中，作者总结了著者团队多年来的科研成果，并参阅和引用了国内外大量的文献资料，有些文献资料的作者与单位未能一一列出，特在此说明，并谨向所引文献资料的作者表示衷心感谢。同时，合肥工业雷、刘赟、彭玉钦、李森、赵伦武、徐鸿蒙、王江龙等研究生参与了本书部分章节的资料整理、图表处理等工作，在此表示感谢。本书涉及相关研究先后得到了国家自然科学基金项目（51375135、51722502、U20A20295、51175139、51575152、51905144）、国家重点研发计划课题（2018YFB2002103）、国家高技术研究发展计划课题（2013AA040205），以及奇瑞汽车集团公司、江淮汽车集团公司、吉利汽车集团公司等多项产学研合作项目的资助，在此表示衷心的感谢。

　　本书旨在从科学研究成果应用及工程开发的角度为读者提供借鉴，但由于汽车相关技术发展迅速，加之作者水平有限，本书难免存在不足和纰漏之处，敬请专家读者批评指正。

作　者
2021 年 10 月

目录 CONTENTS

第 1 章

——

绪　　论

1.1 汽车产品材料发展现状

随着社会生产力的不断发展，人类对能源的需求越来越大，资源短缺、生态失衡、环境恶化等全球范围的环境问题已经成为人类面临的严峻挑战。国际能源署的数据指出：2018 年世界能源产量为 144.21 亿 t 石油当量，其中，运输业消耗 12.74 亿 t 石油当量、工业消耗 8.31 亿 t 石油当量。绿色制造作为综合考虑环境影响和资源效率的现代制造模式，已经在全球范围内引起了各国学术界、企业界和政府的高度关注。发展绿色制造已经成为全世界的普遍共识，成为引领全球制造业转型升级的重要驱动力。绿色制造的目标是充分利用各种新材料、新技术、新方法，实现制造业的节材、节能、减排，最终实现社会的绿色可持续发展。

汽车制造业作为典型的大规模制造行业，长期以来在世界范围内的社会经济发展中都处于重要地位。自 19 世纪末，卡尔·本茨制造了由汽油发动机驱动的三轮汽车后，汽车进入了大规模开发和制造的时代。20 世纪至 21 世纪，汽车成为重要的公共和私人交通运输手段，汽车产业逐渐成为各发达国家的支柱产业。钢铁、机械、化工、石油、材料等行业为汽车产业的发展做出了重大贡献。自 2015 年开始，全球汽车年产量超过 9000 万辆，如图 1-1 所示。近 20 年，我国汽车产销量呈现持续高速增长的态势。2019 年，我国汽车产销量分别为 2572.1 万辆和 2576.9 万辆，连续 11 年居全球第一，约占世界总产量的 30%。2019 年末，我国民用汽车保有量为 2.615 亿辆。2019 年，我国汽车制造业整体营收规模为 80846.7 亿元，约占 GDP 的 8.2%。

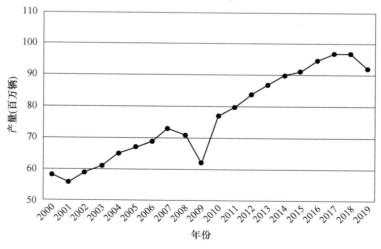

图 1-1 全球汽车年产量

随着社会经济发展，人们对汽车的各种性能需求越来越高，推动了汽车用材料的不断发展。目前，汽车中所使用的材料主要有钢铁、铸铁、铝合金、树脂、橡胶、玻璃、燃料、油脂、复合材料等。图 1-2 所示为日本汽车工业协会对日本的汽车结构材料进行系统整理后的结果，反映了 1973—1992 年日本汽车原材料的变化。进入 21 世纪后，随着汽车节能减排技术研究工作的推进，轻量化车身得到了迅速的发展，铝合金、钛合金、高分子材料、碳纤维复合材料等轻质材料在汽车中得到了越来越多的应用。

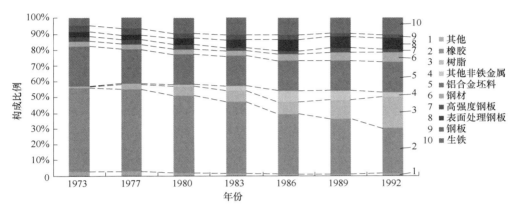

图 1-2　1973—1992 年日本汽车原材料的变化

与此同时，混合动力、纯电动等新能源汽车得到了快速发展。据恒大研究院《全球新能源汽车发展报告 2020》显示：经中汽协、ACEA、Markline 等机构统计，2019 年上半年，中国、欧盟、美国、日本乘用车分别销售 1012.70 万辆、818.36 万辆、259.38 万辆、228.57 万辆；其中新能源乘用车分别销售 56.29 万辆、19.78 万辆、13.65 万辆、1.73 万辆，各占比 57.19%、20.10%、13.87%、1.76%；对应新能源车型（电动汽车和插电式混合动力汽车）渗透率分别为 5.56%、2.42%、5.26%、0.76%。随着世界汽车制造大国纷纷加速汽车电动化转型，汽车产品的材料属性也更加多元：在纯电动汽车中电池、电机、电控部件取代了燃油发动机；汽车智能网联程度提升，使得传感器、中控屏、芯片在汽车零部件中的占比提高。

为实现汽车的可持续发展及绿色化发展，需考虑汽车材料的全生命周期环境影响，进行相应的材料选择、材料管理、材料回收利用。因此，本书基于著者团队的应用基础研究、工程技术研究及工程应用实例，以汽车产品材料为对象、以绿色化为主题，从全生命周期的角度，重点介绍汽车材料的环境属性及环境影响评价、材料选择方法、数据管理系统技术、关键材料的回收再资源化工艺与技术。具体涉及的工程应用实例包括：汽车材料数据管理系统、超高压水射流汽车轮胎回收技术及装备、基于超临界流体法的汽车用碳纤维增强树脂基复合材料回收技术及装备等。

1.2　汽车产品材料数据管理

在全球社会发展的过程中，巨大的汽车产销量及保有量导致了各种环境、社会、经济等问题。例如，汽车制造过程中的资源能源消耗，汽车制造工厂及汽车使用中所排放的 SO_x、NO_x 等废气导致的酸雨问题，汽车空调、发泡剂、洗涤剂中的氟利昂、三氯乙烷等物质引起的臭氧层破坏问题，汽车燃料燃烧产生废气引起的温室效应，报废汽车材料回收再利用率低导致的资源浪费问题等。

为实现汽车产业健康、绿色、可持续发展，不同国家和地区制定了系列法律法规约束企业的生产经营行为。2013 年 2 月，我国工业和信息化部、发展改革委和环境保护部联合发布了《关于开展工业产品生态设计的指导意见》，提出"生态设计是按照全生命周期的理念，在产品设计开发阶段系统考虑原材料选用、生产、销售、使用、回收、处理等各个环节对资源环境造成的影响，力求产品在全生命周期中最大限度降低资源消耗、尽可能少用或不用含有有毒有害物质的原材料，减少污染物产生和排放，从而实现环境保护的活动"。该指导意见将开展汽车产品的生态设计试点工作列为重点工作内容。2013 年 4 月，欧盟委员会发布了"建立绿色产品统一市场"政策，为避免因评价方法不统一而引发的材料环境信息评估结果混乱，提出基于生命周期评价方法的绿色产品评价体系，称为产品环境足迹（product environmental footprint, PEF）。欧盟建议成员国在相关立法以及产品环境标志、产品生态设计、绿色采购、绿色金融等体系中采用 PEF 方法，PEF 也将成为未来欧盟市场统一的绿色产品评价方法。2014 年 3 月，宝马、克莱斯勒、戴姆勒、菲亚特、福特、通用、大众及沃尔沃等全球 14 家汽车制造商达成一项重要协议，就供应商关键责任问题建立一套标准，即"汽车行业就加强供应链可持续发展指导原则"，其中包括在汽车的全生命周期内尽可能地减少零部件的环境足迹，即降低对生态环境产生的影响。

在汽车材料方面，国内外相关法律法规对汽车禁限用物质的使用、整车的可回收利用性设计等进行了规范及引导。其中，欧盟车辆报废指令（end-of life vehicle, ELV）要求企业在汽车设计过程中减少铅、汞、镉、六价铬等有毒有害物质的使用，并对报废汽车的材料可回收利用率进行了规定；全球汽车申报物质清单（global automotive declarable substance list, GADSL）限制了汽车生产中 131 类物质的使用；我国发布的《汽车产品回收利用技术政策》中明确指出要建立报废汽车材料、物质的分类收集和分选系统，促进汽车废物的合理利用和无害化处理，降低直至消除废物的危害性，不断完善再生资源的回收、加工、利用体系；GB/T 19515—2015《道路车辆　可再利用率和可回收利用率　计算方法》规定了汽车可再利用率、可回收利用率的计算方法。

为了满足汽车环保法规中的各项要求，汽车厂商必须在产品设计的初始阶段对整车用材的环保性进行评估。为此，汽车厂商纷纷开发材料数据管理系统，在产品设计之初就对整车可回收利用率以及其中有毒有害物质的使用情况等进行分析及管控，达到汽车产品绿色设计的目的。其中具有代表性的系统包括德国大众汽车公司的材料信息及拆解回收信息管理系统、车型回收利用率计算系统，以及奇瑞汽车公司建立的汽车材料数据管理系统等。德国大众汽车公司的材料信息及拆解回收信息管理系统的整体架构如图1-3所示。

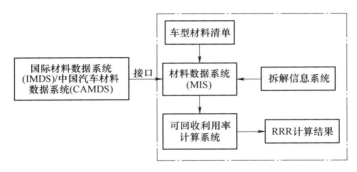

图1-3　德国大众汽车公司材料信息及拆解回收信息管理系统的整体架构

然而，在各种材料数据系统中，缺乏关于材料绿色环保性决策的工具。针对此问题，目前国内外正关注于将基于生命周期评价（life cycle assessment，LCA）的绿色环保性决策在材料数据系统中进行集成应用，以帮助工程师实现材料数据表单选择和质量标注类型确定，为汽车制造厂商实现产品的绿色设计提供支持。

本书围绕考虑生命周期环境影响的汽车产品材料数据管理，在第2~4章分别介绍了汽车材料的环境影响及回收利用、基于环境影响的材料选择、汽车材料数据系统，并在第5章中以著者团队与某车企合作开发的汽车材料数据管理系统为应用实例，对相关技术进行介绍。

1.3　汽车产品材料回收再利用

材料是汽车工业的基础，为满足汽车工业的持续发展，一方面，汽车材料向着轻量化、资源化、无害化、清洁化、节能化的方向发展，另一方面，针对汽车材料的可回收利用技术正在逐步向前发展，以进一步提升材料的可回收利用率。近些年，随着汽车技术和材料技术的发展，除传统的金属材料和非金属材料以外，复合材料和纳米材料等新材料在汽车中获得了广泛应用。汽车中所使用的材料种类增多，对报废汽车材料的回收再利用技术提出了更高的要求。

根据商务部公布的信息（商务部是我国报废汽车回收拆解行业的主管部门），截至 2017 年，我国具有资质的报废汽车回收拆解企业为 689 家，回收网点数约为 2300 个。从官方公布的报废汽车回收的数量（办理正规报废手续的车辆统计数据）来看，目前我国的年报废机动车回收量不足 200 万辆，而 2018 年我国汽车保有量超过 2.3 亿辆，报废汽车回收率不到 1%。从发达国家情况来看，汽车回收率平均为 4%~6%，德国汽车回收率甚至达到了 7%。即使考虑到我国汽车市场仍在快速发展中，回收率相对较低，但 1% 的回收率明显低于正常水平。因此，亟须推进报废汽车拆解回收规范化、提高报废汽车回收再利用与再资源化相关技术水平。

汽车材料回收再利用所涉及的理论和技术较为广泛，其中金属材料的再资源化工艺、技术与装备相对成熟。但以橡胶、复合材料等为代表的难回收材料，仍缺乏相关再资源化工艺与技术。

橡胶作为汽车轮胎的主要构成材料，其性质稳定、自然条件下不易降解，采用大规模掩埋与焚烧等回收方法会对环境造成严重污染。因此，对汽车废旧轮胎的回收处理产业化是汽车产品材料回收再利用需关注的重点之一。

碳纤维复合材料的使用可使车身质量降低 60% 以上，续驶里程提高 25% 以上。汽车轻量化趋势拉动了全球汽车工业对碳纤维的需求，2017 年全球汽车行业的碳纤维需求量已达 0.98 万 t。对汽车材料中的碳纤维进行回收再利用，不仅可以大幅度降低碳纤维的制造成本，同时满足了汽车产品材料回收再利用的需求，是碳纤维复合材料在汽车轻量化领域推广使用的重要措施。

本书在第 6 章、第 7 章中，以著者团队研究开发的超高压水射流汽车轮胎回收技术及基于超临界流体法的汽车用碳纤维增强树脂基复合材料回收技术为例，介绍了相关技术原理、检测方法、回收装置等方面的内容，可为汽车材料回收再利用技术的开发做参考。

参 考 文 献

[1] 林直义. 汽车材料技术 [M]. 北京：机械工业出版社，2019.

[2] IEA. World energy balances：overview [R/OL]. Paris：IEA. https：//www. iea. org/reports/world-energy-balances-overview.

[3] WAGNER I. Worldwide automobile production through 2019 [EB/OL]. [2020-04-01]. https://www. statista. com/statistics/262747/worldwide-automobile-production-since-2000/.

[4] International Energy Agency. World energy balances [M]. Paris：International Energy Agency，2019.

［5］ 王钰. 汽车零部件与整车物流中的车辆调度问题及优化算法研究［D］. 上海：上海交通大学，2019.

［6］ 中华人民共和国工业和信息化部，中华人民共和国国家发展和改革委员会，中华人民共和国环境保护部. 关于开展工业产品生态设计的指导意见［EB/OL］.［2013－02－27］. http：//www. gov. cn/zwgk/2013－02/27/content＿ 2341028. htm.

［7］ 中华人民共和国工业和信息化部. 工业和信息化部关于组织开展工业产品生态设计示范企业创建工作的通知［EB/OL］.［2014－07－04］. https：//www. miit. gov. cn/jgsj/jns/gzdt/art/2020/art＿ 7b1a9ca2277f4167b57cdecf3beae13a. html.

［8］ 中华人民共和国国务院. 国务院关于印发《中国制造2025》的通知［EB/OL］.［2015－05－19］. http：//www. gov. cn/zhengce/content/2015－05/19/content＿ 9784. htm.

［9］ 中华人民共和国工业和信息化部. 关于组织开展第二批工业产品生态（绿色）设计示范企业创建工作的通知［EB/OL］.［2015－09－07］. https：//www. miit. gov. cn/zwgk/zc-wj/wjfb/zh/art/2020/art＿ 64fc3a548ea649dab053e55ca3411dc2. html.

［10］ TIAN H, WANG Z H. Chinese green process innovation in automotive painting：the strategic niche management perspective［J］. International Journal of Environmental Science and Technology，2020，17（2）：993-1010.

［11］ CHEN C M, SUN C H, CHANG H L. Environmental impact analysis of an automotive ignition coil in a supply chain［J］. Carbon Management，2020，11（1）：69-80.

［12］ TADELE D, ROY P, DEFERSHA F, et al. A comparative life-cycle assessment of talc- and biochar-reinforced composites for lightweight automotive parts［J］. Clean Technologies and Environmental Policy，2020，22（3）：639-649.

［13］ KOCI V, PICKOVA E. Life cycle perspective of liquid epoxy resin use in the automotive industry［J］. Polish Journal of Environmental Studies，2020，29（1）：653-667.

［14］ 任泽平，连一席，郭双桃. 2020全球新能源汽车行业发展报告［R］. 北京：恒大研究院，2020.

［15］ 崔岸，李彬，王学良，等. 基于回收再利用的多材料车身部件选材研究［J］. 汽车工程，2016，38（12）：1521-1525；1507.

［16］ 高林峰. 面向回收再利用的多材料优化匹配研究［D］. 长沙：湖南大学，2016.

［17］ 王学良. 基于回收再利用的多材料车身部件选材研究［D］. 长春：吉林大学，2015.

［18］ 宋守许，查辉，田光涛，等. 超高压水射流中空化现象对轮胎破碎作用研究［J］. 中国机械工程，2015，26（9）：1205-1209.

［19］ 王浩静，张淑斌. PAN基碳纤维的生产与应用［M］. 北京：科学出版社，2016.

第 2 章

———

汽车材料的环境影响及回收利用

材料是汽车工业的基础，汽车材料包括制造汽车各种零部件所使用的汽车工程材料，以及汽车在使用过程中所消耗的燃料和润滑油等汽车运行材料。本书主要针对汽车工程材料进行介绍。本章首先介绍了汽车材料的分类及环境属性，然后从生命周期的角度介绍了汽车材料的环境影响，最后介绍了汽车材料的回收利用及可再利用率和可回收利用率的计算方法。

2.1 汽车材料分类

2.1.1 按材料成分分类

按照材料的成分，可将汽车材料主要分为金属材料和非金属材料两大类。

1. 金属材料

目前，汽车制造的主要材料仍以钢铁为主。钢铁具有良好的使用性能（力学性能、物理性能、化学性能）和工艺性能（热加工成形性能、切削加工性能、热处理性能等），且价格低廉、供应充足，因此一直是汽车制造业中应用最广泛的工程材料。以某款德国品牌汽车为例，金属材料占整车比例为69.7%，其中低合金钢/非合金钢占比为38.2%、铸钢/烧结钢占比为14.8%、高合金钢占比为1.8%。

汽车制造用钢材主要分为钢板和特种钢。钢板主要为冷轧或热轧优质碳素结构钢板，通常用于制造汽车车身与车架。汽车覆盖件（车顶盖、车门、行李舱盖等）通常使用冷轧薄钢板、08/20/30/40钢等制造，其耐蚀性好、强度高、延塑性好；大梁、横梁、车身框架通常使用热轧钢制造。特种钢主要用于制造弹簧、连杆、传动轴等有特殊性能要求的零部件，其具有强度高、韧性好、振动小和噪声小等特点。

除钢铁材料以外，铝、铝合金、镁合金、锌合金、钛合金等轻金属和其他特殊金属在汽车上得到了越来越多的应用。以铝及铝合金为例，铝是地壳中分布最广、储量最丰富的元素之一，具有密度小、比强度高、耐蚀性好，力学性能、物理性能、成形性能及工艺性能良好等特性。目前，汽车上的铝材主要存在于车身、轮毂、发动机以及热交换器等零部件中。据不完全数据统计，在非全铝车身的轿车中，铝材的质量占比为5%~9%。

2. 非金属材料

除金属材料外，塑料、玻璃、橡胶等非金属材料也是汽车材料的重要组成部分。以塑料为例，其具有密度小、成形性好、耐蚀性好、可吸收冲击能量等优点。应用在汽车上的塑料主要分为三种：①热塑性塑料，加热时变软可流动，冷却变硬可成型，过程可逆，如聚酰胺（PA）、聚甲醛（POM）、聚氯乙烯（PVC）等；②热固性塑料，第一次加热时可软化流动，加热到一定温度会发生化学反应而固化变硬，过程不可逆，如热固性聚氨酯（CPU）等；③以塑料作为基体，采用纤维进行增强的复合材料，如玻璃钢、碳纤维复合材料等。

▷ 2.1.2 按汽车关键零部件分类

下面以部分汽车关键零部件为例，说明汽车的材料分类与构成。

▷ 1. 汽车车身

汽车车身的主要组成材料包括：钢材，如碳素钢、高强度钢、合金钢等；轻金属材料，如铝合金、镁合金、钛合金等；复合材料，如玻璃纤维增强材料（GFRP）、碳纤维增强材料（CFRP）等；非金属材料，如玻璃、塑料、橡胶、皮革、人造革、化学纤维等。此外，车身还常使用以下辅料：衬垫材料，如皮革、纸板、软木、石棉、人造革、泡沫塑料等；涂装材料，如底漆、面漆、腻子、辅助药剂等；内饰材料，如各类织物、皮革、软质材料、塑料等；胶黏剂，如密封胶、黏结剂等。

▷ 2. 汽车发动机

（1）发动机罩　传统发动机罩采用低碳钢作为材料，利用铸造后机加工的方法进行制造。随着轻量化作为汽车发展方向的主要方向之一，新型轻量化材料在发动机罩中的使用不断增多。目前，发动机罩常用材料有低碳钢、高强度钢、铝合金、复合材料、镁合金等。

（2）发动机缸体　发动机缸体材料需具有足够的强度、良好的浇注性和可加工性，常用材料为铸铁、合金铸铁等。由于铝合金缸体质量小、导热性良好的优点，铝合金缸体的使用越来越多。发动机起动后，铝合金缸体可快速达到工作温度，并且和铝活塞、铝合金缸盖热膨胀系数相同，受热后间隙变化小，可减少冲击噪声、机油消耗及冷热冲击所产生的热应力。

随着低能耗、轻量化、低污染排放和高安全性成为汽车工业发展的主流趋势，为了适应环保要求、增强市场竞争力，新的汽车材料被用于提高汽车材料强度、减小构件质量、降低制造成本，传统汽车材料的应用范围也在发生变化。主要变化趋势有：高强度钢、超高强度钢、镁合金、铝合金、塑料和复合材料的用量有明显的增长；中、低强度钢和铸铁的比例逐步下降，但货车的用材变化不如轿车明显；电动汽车专用材料以及汽车功能材料的开发和应用不断加强；更重视汽车材料的回收技术；轻量化材料技术与汽车产品设计和制造工艺更为密切地结合，汽车车身结构材料也将趋向多材料设计。

2.2 汽车材料环境影响

环境影响主要是指在产品的整个生命周期内所引起的有关环境问题，它分为生态破坏和环境污染两个方面。生态破坏是人类活动直接作用于自然界且超出自然界的恢复能力引起的。环境污染是指由于人为因素，导致环境质量恶化，扰乱和破坏了人们的正常生产和生活条件，包括大气污染、水体污染、固体废弃物污染、噪声污染等。图 2-1 所示为汽车材料的环境属性指标。

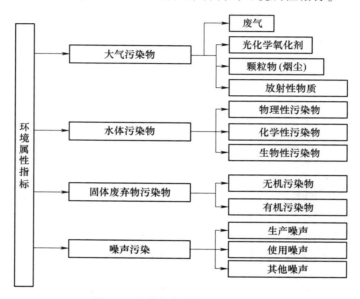

图 2-1　汽车材料的环境属性指标

汽车材料的生产-使用-废弃过程，是将大量资源提取出来，又将大量废弃物排回到自然环境中的循环过程。传统汽车材料的研究、开发与生产往往过多地追求良好的使用性能，而对材料的生产、使用和废弃过程中的能源与资源消耗以及环境污染的重视不够。为解决汽车材料设计、生产、使用、废弃、回收全过程的环境问题，所发展的相关技术主要包括如下几方面。

▶ 1. 汽车轻量化

汽车轻量化是降低油耗、减少排放的一个重要措施。为减轻汽车重量、降低风阻系数和油耗，许多汽车厂家都积极研究和利用新材料以追求汽车的高速与轻量化。以某车型为例，若自重减少 50 kg，则每升燃油行驶距离可增加约 2 km；若自重减少 10%，则燃油经济性可提高约 5.5%。多种类型的复合材料都在车身轻量化过程中显示出了独特优势，例如金属基复合材料中的铝基复合材料、聚合物基复合材料中的玻璃钢、碳纤维复合材料等。

2. 生态环境材料的研发使用

生态环境材料可以分为环境相容材料、环境降解材料和环境工程材料等，其中任何一种都在汽车发展中扮演着重要的角色。

（1）环境相容材料　环境相容材料可纳入自然界的生态循环之中，经过一定时间会自动降解，不会对环境造成污染或对环境污染少，它们具有良好的使用性能、较高的资源利用率、对生态环境无副作用。从生态观点来看，尽量使用自然界中的材料或对其进行一定处理后再应用，是一种减少环境污染的有效方法。例如树木是地球上数量较多的植物，木材加工能耗低、可再生循环利用、易于处理。因此，对木材的开发和应用研究越来越受到重视。例如将木材经过化学处理可以做成木材陶瓷材料，其具有耐磨的特性，可以用作汽车离合器的摩擦材料。

（2）环境降解材料　环境降解材料的研发工作主要集中在提高材料可降解性方面，例如：通过选择合适的基体提高材料可降解性，如聚合物基复合材料中采用可降解聚合物为基体；采用天然材料改性材料，充分利用丰富的天然材料所具备的环境相容性；采用降解材料改性共混材料，利用降解组分进行材料降解时，材料完整性受到破坏，形成碎片或产生自由基，引发材料降解反应，达到使材料降解的目的。对于热塑性树脂基复合材料（TPMC），其再生方法包括熔融再生、溶解再生（已经用于汽车材料的再生）等；对于热固性树脂基复合材料（TSMC）的再生，可采用化学降解-热解-颗粒化的方法。这些研究成果可有效减少汽车制造、使用及回收时固体废弃物对环境的影响。

（3）环境工程材料　环境工程材料可分为环境修复材料、环境净化材料和环境替代材料。环境修复材料、环境净化材料可以用来治理汽车尾气，通过对尾气进行吸附、吸收、过滤和催化转化，从而达到减少大气污染的目的。目前，相关研究的重点是开发脱除、转化汽车排放的氮氧化物的技术和材料，并减少二氧化碳的排放量以避免温室效应。未来，汽车尾气排放的标准将越来越严格，因而环境修复材料和环境净化材料有着广阔的应用前景。而环境替代材料在未来更是有着不可估量的应用前景。随着材料科学的发展，更多高强度、轻质且环境友好的新型材料将会出现，这些环境负荷小的新型材料必将逐步替代环境负荷大的传统钢铁材料和其他对环境有害的材料。

3. 汽车材料回收利用

如今，全世界汽车工业界已清楚地认识到，节省资源和减少对环境的污染是迫切需要解决的两大问题。

（1）金属材料　对于汽车用黑色金属材料——钢材，根据其在汽车上的应用部位和加工成形方法，可将其分为特殊钢和普通钢两大类。特殊钢是指具有特殊用途的钢。汽车发动机和传动系统的许多零件均使用特殊钢制造，如弹簧钢、齿轮钢、调质钢、非调质钢、不锈钢、易切削钢、渗碳钢等。普通钢按加工工艺的不同，可分为热轧钢、冲压钢、涂镀层钢、复合减振钢等。对黑色金属材料的机械处理，目前国外最普遍的方法是采用报废汽车整车连续化处理线，其典型流程如下：送料→压扁→剪断→小型粉碎机粉碎→风选→磁选→出料或送料→大型粉碎机粉碎→风选或水选→出料。在报废汽车中，尽管有色金属所占比例不大，但其利用价值却很高。传统回收方法以人工为主，通过手工拆解、挑选，然后将各种材料和零部件分类放置，进而将铝、镁、铜等合金零部件按不同合金系进行回收再生。

（2）非金属材料　汽车保有量的不断增加给非金属材料的回收和再利用带来了巨大的挑战。一方面，汽车上使用的非金属材料种类繁多，使得非金属材料零部件拆解后难以分类，给回收带来了很大的困难；另一方面，由于塑料存在老化问题，使得回收的汽车塑料零部件再重用为原零件的可能性很小，也降低了非金属材料的回收价值。汽车废旧非金属材料的回收处理方法主要有焚烧、掩埋和再生等。目前，国外一般采用燃烧利用热能的方法来处理废旧塑料件，并且通过一定的清洁装置，将不能利用的废气和废渣进行清洁处理。但是一些塑料，尤其是含氯塑料（如聚氯乙烯），在燃烧过程中会产生氯化氢等多种污染物，造成大气污染。

未来汽车材料的发展必须实现环境友好，这与未来汽车的发展趋势及设计思想是一致的，也与人类社会的生存与发展一致。通过汽车材料数据管理系统，对汽车零部件材料选择、使用以及回收利用进行分析及管控，是目前各主流汽车厂商降低材料环境影响的重要措施。

2.3　汽车材料回收利用

2.3.1　汽车材料回收利用概况

产生和蕴藏于汽车、废旧机电设备、电线电缆、通信工具、家电、电子产品、包装物以及废料中，可循环利用的钢铁、有色金属、塑料、橡胶等资源，被形象地比喻为城市废弃资源再生利用规模化发展中的"城市矿产"。我国"十三五"规划纲要中明确提出健全再生资源回收利用网络，加强生活垃圾分类回收与再生资源回收的衔接。我国报废汽车拆解业始于20世纪80年代，但发展缓慢。近年来，我国汽车产业发展迅猛，且汽车保有量增加迅速，由此带动下的汽车回收再利用市场潜力巨大。自2011年开始，我国的报废汽车数量逐年递增, 2019 年超过 1300 万辆, 2020 年约为 1800 万辆。大量报废汽车如何消化, 相关拆解、回收再利用行业如何发展, 都是重要的问题。目前, 我国报废汽车的回收再利用产业规模虽大, 但还处于较低水平, 与国外相比差距较大。有关资料显示, 发达国家报废汽车的材料回收率普遍在 80% 以上, 而我国的汽车回收利用率平均只能达到 60%~70%。因此, 我国报废汽车的回收再利用水平亟待提高并且市场潜力巨大。根据各种汽车的不同用途、类型, 在其设计和制造过程中所选用的材料也有所不同, 并且许多性能优良、安全、轻量、强度高的新材料也不断被运用于汽车制造业中。但总而言之, 现阶段世界上用于汽车制造的材料中钢铁所占比例仍然最大, 最高可达 80%（其中包括 3%~5% 的铸铁件）, 其他材料还有有色金属、塑料、橡胶、玻璃、纤维等。表 2-1 所列为某型轿车的平均材料组成。

表 2-1　某型轿车的平均材料组成

原　材　料		轿车的材料组成（拆解前）	
		占比（%）	质量/kg
钢铁	生铁	7.5	90
	普通钢	47.9	570
	特殊钢	14.1	168
小计		69.5	828
有色金属	铜	1.5	18
	铝	6.1	73
	铅	0.6	8
	锌	0.5	6
小计		8.7	105
非金属	树脂类	8.5	102
	橡胶	3.2	38
	玻璃	3.1	37
	纤维	2.5	29
	其他	4.5	54
小计		21.8	260
合计		100	1193

报废汽车上至少 75%（按质量计）的零部件和材料可以通过拆解进行回收, 余下 25% 被称作汽车破碎残留物, 可以通过多级分选和其他回收技术予以部分回收。单辆汽车上的钢铁、有色金属零部件 90% 以上可以回收再利用, 玻璃、塑料等回收利用率也可达 50% 以上。据测算, 每回收一辆大型客车或货车平均

可回收 2.4 t 废钢铁和 45 kg 有色金属。我国目前实际年报废汽车达 100 万辆以上，可回收 240 万 t 废钢铁和 4.5 万 t 有色金属，经济效益可观，潜力巨大。对报废汽车进行科学的工业化处理，可以使报废汽车上的有用资源得以充分循环再利用。因此，提高我国报废汽车的回收处理技术和管理水平，将产生显著的社会效益、经济效益与环境效益。

随着汽车电子技术的广泛应用，以及汽车配件业的大批量、模块化生产，在废旧汽车处理上，传统的切割、破碎再分拣的粗放型工艺已不适用，而应转向"科学拆解、视情分拣、精料回收、综合管理"的新模式。汽车产品的回收再利用包括零部件的再利用和零部件的回收。再利用包括零部件的再使用和再制造，回收包括零部件的材料回收和能量回收。工业发达国家在废旧汽车资源化方面的工作开展较早，其有益经验主要有：管理途经法制化；回收措施系统化；回收处理责任化；处理形式产业化、资源回收最大化和处理技术高新化。

GB/T 19515—2015《道路车辆　可再利用率和可回收利用率　计算方法》中将汽车中的材料分为以下七大类：金属、聚合物（不包括橡胶）、橡胶、玻璃、液体、经过改良的有机天然材料（MONM）、其他（不能进行详细分类的零部件/材料，例如化合物、电子部件、电器设备）。零部件和材料的回收利用主要分为以下三个层次：再使用（reuse），对报废车辆零部件进行的任何针对其设计目的的直接使用；再利用（recycling），经过对废料的再加工处理，使之能够满足其原来的使用要求或者用于其他用途，不包括使其产生能量的处理过程；回收利用（recovery），经过对废料的再加工处理，使之能够满足其原来的要求或者用于其他用途，包括使其产生能量的处理过程。

汽车产品的回收再利用性能可划分为：可拆解性（disassemblability），零部件可以从车辆上被拆解下来的能力；可再使用性（reusability），零部件可以从报废车辆上被拆解下来进行再使用的能力；可再利用性（recyclability），零部件或材料可以从报废车辆上被拆解下来进行再利用的能力；可回收利用性（recoverability），零部件或材料可以从报废车辆厂被拆解下来进行回收利用的能力。

有关汽车产品的回收层次、回收再利用性能及其评价指标的关系如图 2-2 所示。

废旧汽车的回收利用简要流程为：首先，回收废旧汽车，送入再利用企业；清洁，放出燃油、润滑油、齿轮油及制动油等油料；质检，把发动机、轮胎、变速器、前后桥、蓄电池、仪表、催化剂装置等拆解；性能较好的部件经再制造后进入配件市场，剩下的零部件依材料进行分类处理，还原成原材料使用；安全气囊、蓄电池、催化剂装置等含有特殊材料的零部件经专门处理后再利用；无法回收的零部件或材料进行焚烧、填埋等无害化处理。废旧车辆回收处理材料再生途径见表 2-2。废旧车辆回收处理的工艺流程如图 2-3 所示。

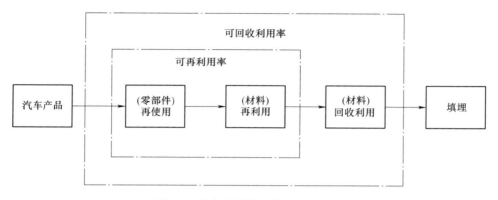

图 2-2 汽车产品的回收再利用关系

表 2-2 废旧车辆回收处理材料再生途径

来 源 途 径	再 生 材 料	来 源 途 径	再 生 材 料
发动机	铁、铝	冷却液	乙醇、乙二醇等
电线束	铜、橡胶等	蓄电池	铅、塑料
燃油、润滑油、制动油等	油料	蒸发器	铜、铝
车门、行李舱、油箱	钢	车体	钢
轮毂	钢、铝	轮胎	钢丝、橡胶
变速器、差速器	钢、铝	催化器	贵金属
前、后保险杠	塑料	悬架	钢、铝
座椅垫	发泡聚氨酯	仪表盘、气道	聚苯乙烯、聚氨酯等
车厢内饰	聚氨酯、聚丙烯等		

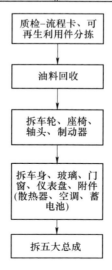

图 2-3 废旧车辆回收处理的工艺流程

2.3.2 汽车材料回收利用政策及标准

当前，我国报废汽车材料得到充分循环利用的主要限于金属材料，橡胶、塑料、玻璃等多作为垃圾处理，导致报废汽车的总体再利用率仍较低。以下介绍我国部分汽车材料回收利用相关政策及标准。

1. 《报废机动车回收管理办法实施细则》

2020 年 7 月，商务部、发展改革委、工业和信息化部、公安部、生态环境部、交通运输部、市场监管总局等联合发布《报废机动车回收管理办法实施细则》（商务部令 2020 年第 2 号），自 2020 年 9 月 1 日起施行。该细则提出"五大总成"（发动机、转向器、变速器、前后桥、车架）可按有关规定再制造、循环利用，大幅度增加了报废机动车的剩余价值，同时也对行业规范化管理提出了更高的要求。

2. 《汽车零部件再制造规范管理暂行办法》

2021 年 4 月，根据《中华人民共和国循环经济促进法》《中华人民共和国报废机动车回收管理办法》及实施细则，国家发展改革委会同有关部门组织印发了《汽车零部件再制造规范管理暂行办法》，其中所涉及内容主要有再制造企业生产规范条件、旧件回收管理、再制造生产管理、再制造产品管理、再制造市场管理、监督管理等。

3. 《报废机动车回收管理办法》

该办法由国务院发布并于 2019 年 6 月 1 日施行，即中华人民共和国国务院令第 715 号。该办法共由 28 条组成，主要就报废汽车回收企业资格认定条件、个人或单位对报废汽车的责任、报废机动车回收过程及管理等做了规定。其主要条款和内容见表 2-3。

表 2-3 《报废机动车回收管理办法》（国务院令第 715 号）的主要条款和内容

序号	涉 及 条 款	主 要 内 容
1	第五条、第六条、第七条	对申请报废汽车回收的企业资格和申请程序做了规定，如拆解场地、拆解设备、设施、人员、环保要求等
2	第八条、第九条	规定了个人或者单位对报废汽车的报废责任，如不得将报废汽车出售、赠予、自行拆解等
3	第十条、第十一条、第十二条	规定了报废汽车回收企业的责任，尤其规定不得倒卖五大总成，在销售可用件时必须标明"报废汽车回用件"
4	第十三条、第十四条	规定了报废汽车监管部门的职责
5	第十九条至第二十四条	规定了对违反相关条款的报废汽车回收企业的处理办法
6	第二十五条、第二十六条	规定了监管部门违反相关规定的处理办法

▷ 4. GB 22128 —2019 《报废机动车回收拆解企业技术规范》

该规范是由中华人民共和国国家质量监督检验检疫总局发布的，规范分为 6 个部分，主要内容见表 2-4。

表 2-4 　《报废机动车回收拆解企业技术规范》的主要内容

序号	涉及条款	主 要 内 容
1	第 4 部分	对报废汽车回收拆解企业的要求做了详细说明：如拆解产能、场地建设、设施设备、技术人员、信息管理、安全、环保及其他等方面的要求
2	第 5、7 部分	对报废汽车回收企业的回收与拆解技术做出了具体要求，分别对报废机动车与报废电动汽车的回收与拆解技术做出了详细说明
3	第 6 部分	对报废汽车回收企业的贮存技术做出了具体的要求，包括报废机动车的贮存要求、固体废物的贮存要求、回用件的贮存要求以及动力蓄电池的贮存要求

▷ 5. 《关于推进再制造产业发展的意见》（发改环资〔2010〕991 号）

该意见明确了汽车再制造零部件的品种，并就再制造技术创新、支撑体系、政策保障等做了说明。其主要内容见表 2-5。

表 2-5 　《关于推进再制造产业发展的意见》的主要内容

序号	涉及条款	主 要 内 容
1	第二部分	重点阐述了我国再制造产业的发展现状
2	第四部分	说明了推进再制造产业的重点领域：深化汽车零部件再制造试点、扩大再制造产品的种类，继续推进大型旧轮胎的翻新，推动工程机械、机床等再制造
3	第五部分	对加强再制造技术创新做了说明：加快再制造重点技术研发与应用、加强再制造技术研发能力建设
4	第六部分	对加快再制造产业发展的支撑体系建设做了说明：完善旧件回收体系、建立再制造产业发展标准体系
5	第七部分	说明了对再制造产业发展的政策保障措施：编制产业规划、完善法规、加大宣传等

▷ 6. 《机动车强制报废标准规定》

《机动车强制报废标准规定》（商务部、国家发展和改革委员会、公安部、环境保护部令 2012 年第 12 号）自 2013 年 5 月 1 日起实行。该规定共有十一条，主要内容见表 2-6。

表 2-6 《机动车强制报废标准规定》的主要内容

序号	涉及条款	主要内容
1	第四条	规定了机动车强制报废的标准，如达到规定使用年限、不符合安全技术标准、大气污染物和噪声不符合标准、连续 3 个检验周期未取得检验合格标志
2	第五条	规定了各类机动车的使用年限，如出租客运汽车、教练车、租赁载客汽车、公交客运汽车等的使用年限
3	第六条	对变更使用性质或者转移登记的机动车的使用年限做了说明
4	第七条	对机动车的行驶里程做了引导性报废说明，如小、微型出租客运汽车行驶 60 万 km 等

由于目前缺乏关于报废汽车在拆解处理过程中产生的环境污染及材料回收利用率的详细政策及标准，因此报废汽车零部件的回收率和再利用率不高，废液和废弃物处理不当导致的污染问题日益突出。针对以上问题，有如下正在开展或尝试推进的措施。

▶▶1. 制定相关管理办法，完善政策与法律法规

统筹道路机动车辆在设计、认证、制造、注册、维修、缺陷管理乃至报废回收、再制造等全生命周期各环节的相关工作。由政府有关职能部门修改完善汽车产品报废回收、再制造各环节的相关规定，明确对生产、拆解处理、再制造等有关企业的相应要求，以实现提高汽车回收利用率和禁用有害材料的目标。

参考国外先进经验，进一步落实生产者责任延伸制度，制定由生产企业或进口总代理商负责回收、处理其销售汽车的相关规定。

▶▶2. 建立汽车材料数据库

该数据库用以支持汽车材料回收利用及禁用限用材料的管理工作，支持我国汽车产品突破国际绿色贸易壁垒，扩大出口能力与规模。

▶▶3. 在汽车产品设计时考虑可回收性

选择环保及可回收利用的材料、采用易拆解结构等，从汽车产品的设计阶段就开始考虑资源节约和环保问题。

▶▶4. 建立报废汽车回收和处理网络

汽车制造商或进口商应建立报废汽车回收网络和处理网络，以保证相关机构或企业在实施报废汽车回收处理时达到国家政策对环保和回收利用的要求，且必须保证实施报废汽车回收处理的企业具备相应资质。汽车生产企业应对回收处理企业进行材料回收和废弃物处理方面的培训，并协助其建立可再利用零部件和材料的销售渠道，保证其经销商或特约维修店产生的报废汽车零部件得到有效回收再利用。另外，汽车制造商或进口商还应向公众宣传介绍其回收处理系统，以利于消费者就近到指定的回收点交付报废汽车。

▷▷ 5. 标识材料和制定拆解手册

汽车制造商应采用零部件和材料编码标准对零部件材料进行标识，以便识别适合再使用和回收利用的零部件和材料。在不损害商业及工业利益的前提下，汽车制造商应与材料及零部件的制造商协作，在新车型上市的一定期限内（欧盟国家一般规定 6 个月），在全国范围内向经批准的拆解企业提供新车型拆解手册，并为拆解企业提供以产品再使用及再利用为目的的拆解、贮存或测试的相关信息。

▷▷ 6. 构建汽车回收利用率管理体系

构建汽车回收利用率管理体系，有利于规避绿色贸易壁垒，提高我国汽车产品的国际竞争力。因此，应在适当的时机将汽车的可回收利用率作为目前产品公告的强制性要求内容，纳入汽车公告管理体系。

▷▷ 7. 规范和推进汽车零部件的再制造工作

结合市场、再制造技术、消费者接受程度等，建立汽车的"五大总成"（发动机、转向器、变速器、前后桥、车架）再制造或作为废金属的相关法规。

▷▷ 8. 制定并实施激励企业提高回收利用率的奖罚政策

鼓励高回收利用率汽车的开发生产；限制低回收利用率汽车的生产销售；鼓励各类企业积极从事再制造；鼓励联合开发再制造关键技术；建立网上平台及标识制度，促进再利用零部件的流通；完善配套设施，在全国范围内逐步建立满足国家环保和安全要求的回收拆解企业、有害物无害化处理企业、废弃物处理企业及必要设施等。

▷▷ 9. 加强执法和宣传教育

提高汽车回收利用率，依法加强监管力度，在建立生产者责任制度的同时，加大对报废汽车回收拆解企业、粉碎企业、废弃物处理企业、汽车最终用户等责任主体的管理。对违法、违规企业，应予以行政和经济处罚，直至取消其经营资质。同时，加强对废旧汽车产品回收、有害物收集及无害化处理、再制造汽车零部件的宣传，提高消费者珍惜资源、循环利用意识。

▷▷ 2.3.3 汽车产品 RRR 计算

汽车产品 RRR（reuseability rate，recyclability rate，recoverability rate）计算是依据 GB/T 19515—2015《道路车辆 可再利用率和可回收利用率 计算方法》，对道路车辆进行可再利用率和可回收利用率的计算。

▶ 1. 汽车产品 RRR 计算方法

汽车产品 RRR 计算即是对整车的可再使用性、可再利用性、可回收利用性进行评价。汽车产品 RRR 计算的计算目标如下：

可再使用率（R_{use}）：新车中能够被再使用的部分占车辆质量的百分比（质量分数）。

可再利用率（R_{cyc}）：新车中能够被再使用和再利用的部分占车辆质量的百分比（质量分数）。

可回收利用率（R_{cov}）：新车中能够被回收利用和再使用的部分占车辆质量的百分比（质量分数）。

▶ 2. RRR 计算基准车型的确定

对汽车产品进行 RRR 计算应针对某一款车型进行，即 RRR 计算中的基准车型。RRR 计算的基准车型是指隶属于同款汽车但采用不同配置的车型中，可导致 RRR 计算结果最差的汽车型号。若基准车型的 RRR 计算结果达到相关法规值，则可认为该车型系列产品的 RRR 计算结果均高于此值。

目前，对于 RRR 计算基准车型的定义由工业和信息化部出台的《汽车有害物质和可回收利用率管理要求》定义为：最小的发动机；最小的手动变速器；无备胎，无拖钩；标准驱动（无四驱）；三厢车身；皮革内饰；无选装件。

▶ 3. 可再利用率和可回收利用率计算

对可再利用率和可回收利用率的计算在新车投放市场前由车辆制造商完成。作为机动车强制认证的一部分，对车辆的回收再利用分为四个阶段：预处理阶段、拆解阶段、金属分离阶段、非金属残余物处理阶段。各部分的质量 m_P、m_D、m_M 由前三个阶段分别决定，m_{Tr} 和 m_{Te} 则由最后一个阶段决定。各阶段的质量定义见表 2-7，可再利用率和可回收利用率计算的四个阶段见表 2-8。

表 2-7 计算可再利用率、可回收利用率各阶段的质量定义

符　号	定　义
m_P	在预处理阶段考虑的材料的质量
m_D	在拆解阶段考虑的材料的质量
m_M	在金属分离阶段考虑的金属的质量
m_{Tr}	在非金属残余物处理阶段被认为是可再利用的材料的质量
m_{Te}	在非金属残余物处理阶段被认为是可进行能量回收的材料的质量
m_V	车辆质量

可再利用率计算公式为

$$R_{\mathrm{cyc}} = \frac{m_{\mathrm{P}} + m_{\mathrm{D}} + m_{\mathrm{M}} + m_{\mathrm{Tr}}}{m_{\mathrm{V}}} \times 100\% \qquad (2\text{-}1)$$

可回收利用率计算公式为

$$R_{\mathrm{cov}} = \frac{m_{\mathrm{P}} + m_{\mathrm{D}} + m_{\mathrm{M}} + m_{\mathrm{Tr}} + m_{\mathrm{Te}}}{m_{\mathrm{V}}} \times 100\% \qquad (2\text{-}2)$$

表 2-8　可再利用率和可回收利用率计算的四个阶段

处 理 阶 段	计 算 结 果
预处理	计算出 m_{P}
拆解	计算出 m_{D}
金属分离	计算出 m_{M}
非金属残余物处理	计算出 m_{Tr} 和 m_{Te}

参 考 文 献

[1] 中华人民共和国国务院. 报废汽车回收管理办法 [EB/OL]. [2019-05-06]. http://www.gov.cn/zhengce/content/2019-05/06/content_ 5389079. htm.

[2] 中华人民共和国商务部.《报废机动车回收拆解企业技术规范》发布实施 [EB/OL]. [2019-12-20]. http://www.mofcom.gov.cn/article/ae/ai/201912/20191202924099.shtml.

[3] 中华人民共和国国家发展和改革委员会. 关于印发《汽车零部件再制造规范管理暂行办法》的通知 [EB/OL]. [2021-04-14]. http://www.gov.cn/zhengce/zhengceku/2021-04/25/content_ 5601957. htm.

[4] 中华人民共和国国务院. 国务院关于印发《中国制造 2025》的通知 [EB/OL]. [2015-05-19]. http://www.gov.cn/gongbao/content/2015/content_ 2873744. htm.

[5] 中华人民共和国国家发展和改革委员会, 中华人民共和国科技部, 中华人民共和国工业和信息化部, 等. 关于推进再制造产业发展的意见 [EB/OL]. [2010-05-31]. http://www.gov.cn/zwgk/2010-05/31/content_ 1617310. htm.

[6] 中华人民共和国商务部, 中华人民共和国国家发展和改革委员会, 中华人民共和国公安部. 机动车强制报废标准规定 [EB/OL]. [2012-12-27]. http://www.mofcom.gov.cn/article/b/d/201301/20130100003957. shtml.

[7] TADELE D, ROY P, DEFERSHA F, et al. A comparative life-cycle assessment of talc- and biochar-reinforced composites for lightweight automotive parts [J]. Clean Technologies and Environmental Policy, 2020, 22 (3): 639-649.

[8] KOCI V, PICKOVA E. Life cycle perspective of liquid epoxy resin use in the automotive industry [J]. Polish Journal of Environmental Studies, 2020, 29 (1): 653-667.

[9] 国务院发展研究中心产业经济研究部, 中国汽车工程学会, 大众汽车集团 (中国). 中

国汽车产业发展报告：2018 ［M］．北京：社会科学文献出版社，2018.

［10］殷仁述，杨沿平，杨阳，等．车用钛酸锂电池生命周期评价 ［J］．中国环境科学，2018 （6）：2371-2381.

［11］刘凯辉，徐建全．纯电动汽车驱动电机全生命周期评价 ［J］．环境科学学报，2016，36 （9）：3456-3463.

［12］张雷，刘志峰，王进京．电动与内燃机汽车的动力系统生命周期环境影响对比分析 ［J］．环境科学学报，2013，33 （3）：931-940.

［13］凌波，刘光复，张雷，等．基于汽车产品回收信息模型的 RRR 计算 ［J］．合肥工业大学学报（自然科学版），2012 （8）：1059-1063.

第 3 章

——

基于环境影响的材料选择

汽车材料的选择是汽车设计过程中需考虑的重要因素，其影响汽车的设计与制造方法、产品质量乃至生命周期不同阶段的性能。在汽车设计阶段进行材料选择时，环境影响是需考虑的重要因素之一。本章首先介绍了传统设计的材料选择及基于环境影响的材料选择；然后介绍了生命周期环境影响评价方法；最后结合案例和具体实施方法，介绍了基于环境影响的材料选择过程。

3.1 材料选择

材料选择从广义上说，是指选择合适的材料；从狭义上说，是指从大量的备选材料中选择满足产品功能要求、符合消费者需求、适应市场需要等一系列要求的材料。

▷▷ 3.1.1 材料的适应性

通过长期的工程实践，人们在材料选择和应用方面已积累了相当丰富的经验和资料。金属、高分子、陶瓷三大支柱材料的适应性为传统材料选择提供了基本的规范。

金属材料具有其他材料难以取代的强度、塑性、韧性、导电性、导热性以及良好的可加工性。然而，选用金属材料也有一些限制，包括：温度降低和硬化程度增大时，几乎所有金属材料的强度都增加，但其塑性、韧性均明显下降；温度升高时，随着向平衡组织的过渡，金属材料强度大幅度下降；多数金属材料尤其钢铁耐蚀性差。

高分子材料包括塑料和橡胶等。高分子材料具有质量小、耐腐蚀、绝缘性好、容易加工成形、性能可变性大、生产能耗低、原料来源丰富等特点。适宜使用塑料的情况包括：要求质量小；要求比强度高；形状复杂；中低载荷作用；要求耐蚀性好；要求力学、物理、化学综合性能好；要求具有自润滑性；要求具有防振、隔热、隔声等性能。不适宜使用塑料的情况包括：要求材料强度高；要求耐热温度高；要求尺寸精度高；要求高导电性与高磁性等。

陶瓷材料的主要限制是其脆性大、性能不稳定，抗振动和抗机械冲击能力低。陶瓷材料几乎没有塑性，难以通过材料的塑性变形来阻止裂纹扩展。陶瓷材料可应用于十分严酷的工况条件下，如超高温、超高速切削、特殊耐磨等。陶瓷材料耐化学腐蚀性强，其可加工性差。

▷▷ 3.1.2 传统设计的材料选择

根据材料的适应性，传统设计的材料选择方法主要有试错法、类比选材法、筛选选材法、信息反馈法、成本效益分析法、价值分析法、目标函数法等。这些传统材料选择方法主要根据零部件的力学性能（应力、应变等）、工艺性能（铸造性能、锻造性能、焊接性能、热处理工艺性能、机械加工性能等）、经济性能（材料价格、材料加工成本、材料利用率和寿命等）等，辅以可靠性分析、轻量化设计等手段，进行综合决策分析。

传统设计的材料选择的不足在于：

1）以功能要求和经济性为主要目标，忽略了材料的环境影响。例如氟利昂的大量使用导致了臭氧层的破坏，大量使用不可自然降解的材料、不可再生材料、石油基材料等。

2）没有考虑所用材料本身的生产过程。材料生产过程往往会对生态环境造成影响，例如一般认为纸杯对环保有利，但纸的生产过程却会对环境造成不良影响。

3）没有考虑材料的加工过程及其对环境的影响。传统的材料选择主要考虑加工过程的机械加工性能和经济性，没有考虑加工过程中产生的环境影响，而有些材料的加工会产生噪声、毒害性等环境影响，如含铅、镍、镉的钢材加工过程中产生的切屑、粉尘会对环境造成严重污染，并威胁操作者的身体健康。

4）所用材料品种偏多。由于仅仅考虑功能与经济性要求，往往所用材料的种类偏多。所用材料种类的增加，不仅会增加产品制造过程对环境的影响，而且会提高废旧产品回收再利用的难度。

5）所用材料没有考虑报废后的回收处理问题。例如，塑料的种类繁多、性质各异，报废后回收处理难度大，易造成白色污染。

6）对产品的材料选择方案缺乏有效的环境性分析方法。这会导致产品回收时，难以得到高纯度与高等级的回收材料，从而造成资源浪费，大大降低了产品的环境友好性。

传统的材料选择方法注重性能、功能、成本上的要求，而忽视了材料的环境性能，这是目前机械产品环境影响巨大的原因之一。

▶ 3.1.3　基于环境影响的材料选取原则

从减小材料环境影响的角度出发，解决传统设计中材料选择问题的一个有效途径是开发绿色材料，另一个重要研究分支是产品及其零部件的基于环境影响的材料选择方法。

绿色材料（green material），又称生态材料（eco-material）、环境协调材料（environmentally conscious material），最早由日本的山本良一教授于 1992 年提出。绿色材料是指那些具有良好的使用性能或功能，对资源和能源消耗少，对生态与环境的污染小，有利于人类健康，再生利用率高或可降解循环利用，在制备、使用、废弃直至再生循环利用过程中都与环境协调友好的材料。绿色材料应同时具有良好的使用性能、较高的资源利用率、优良的环境协调性。

基于环境影响的材料选择除考虑到传统设计过程的考量因素外，还要考虑到环境因素。归纳起来，有以下一些基本原则。

▶1. 选材的使用性原则

使用性是保证产品完成规定功能的必要条件，通常是选材首先要考虑的问题。使用性主要包括以下几个方面：

1）产品功能要求，所选材料首先要满足产品的功能和所期望的使用寿命要求。

2）产品结构要求，产品结构要求对材料选择有重要影响。

3）使用安全要求，材料选择应充分考虑各种可能预见的安全性问题。

4）工作环境要求，产品受工作环境的影响主要包括冲击和振动、温度、湿度、腐蚀性等。

▶2. 选材的工艺性原则

材料的工艺性表示了材料加工的难易程度。材料的工艺性主要与材料的工程性质和材料的加工工艺路线有关。材料的工程性质主要包括材料的强度（弹性模量、抗压强度、抗扭强度、抗剪强度）、疲劳特性、刚度、稳定性、平衡性、抗冲击性等。

▶3. 选材的经济性原则

产品选用的材料必须保证产品的生产和使用的总成本最低。在保证产品的使用性和工艺性的前提下，应采用更经济的材料，把成本降至最低以获得最大的经济效益，使产品在市场上具有竞争力。

▶4. 选材的环境性原则

环境性是指材料的生产、使用和报废对环境（包括资源、能源）产生的影响——有益作用或有害作用。不合理的选择和使用材料会造成资源、能源的浪费以及环境污染。面向环境性的选材原则为：

1）少用短缺或者稀有的原材料，优先采用可再利用或再循环的材料，尽可能采用可无限制使用并不需要替代的材料，减少使用非再生材料［美国环境保护署（Environmental Protection Agency）对其的定义是：200年内不能再生的材料为非再生材料，如石油、矿物质等］，多用废料、余料或回收材料作为原材料，尽量寻找短缺或稀有原材料的代用材料。

2）减少产品中的材料种类，以利于产品废弃后的有效回收。

3）减轻产品重量，直接减少材料的使用量，以及产品在运输中消耗的能量。

4）减小产品体积，减少产品包装材料的使用量，增加产品的贮存和运输效率。

5）尽量采用环境相容性好的材料，采用易回收、再生利用率高、易处理、可重用、可降解材料，不采用难于回收或无法回收的材料。

6）尽量少用或不用有毒的原材料，而采用低能耗、低成本、少污染的材料。

7）优先选用易加工且在加工过程中无污染或污染最小的材料。

8）优先选用在整个生命周期过程中对生态环境无副作用的材料，而不只是某一生产过程环境负荷低的材料。

9）选用低内含能材料，避免或减少需要使用高能量进行提取或加工的材料。

▶▶3.1.4 材料选择的多因素分析

通常材料的属性可以分为以下几类：

1）一般属性，包括材料的密度、成本等。

2）力学属性，包括弹性模量、硬度、疲劳极限、剪切模量、泊松比、抗压强度、伸长率、抗拉强度等。

3）热电性能属性，包括热膨胀系数、热导率、最高环境温度、电阻系数、介电常数等。

4）环境属性，即材料的环境影响。

5）其他属性，包括材料的能容量、抗磨损能力、抗酸化能力、抗紫外能力等。

表 3-1 所列为聚丙烯（PP）的基本属性及属性值。

表 3-1 聚丙烯（PP）的基本属性及属性值

基 本 属 性	属 性 值	基 本 属 性	属 性 值
密度	890 ~ 900 kg/m^3	热导率	0.14 ~ 0.16W/（m·K）
成本	10 ~ 12 美元/kg	介电常数	2.2 ~ 2.3
弹性模量	896 ~ 1240 MPa	最高环境温度	350 ~ 370 K
泊松比	0.41 ~ 0.42	热膨胀系数	（122 ~ 170）×10^{-6}/K
剪切模量	315 ~ 435 MPa	能容量	100 ~ 200 MJ/kg
布氏硬度	62 ~ 90 MPa	回收率	0.45 ~ 0.55
疲劳极限	11 ~ 15 MPa	抗磨损能力	一般（0.5）
抗压强度	25 ~ 55 MPa	抗酸化能力	高（0.9）
抗拉强度	27 ~ 38 MPa	抗紫外能力	低（0.1）
伸长率	200% ~ 500%	…	…

材料选择需要考虑的影响因素包括以下几个方面（图 3-1）。

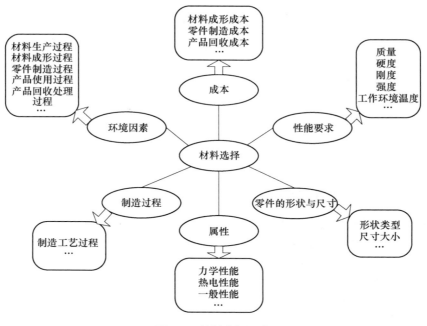

图 3-1　材料选择因素

▶▶ 1. 材料的属性及性能要求

材料的属性及性能要求包括材料的物理性能、力学性能、热电性能、一般性能等，如材料的强度要求（弹性模量、抗拉强度、抗弯强度等）、疲劳特性要求、刚度要求、抗冲击性要求等。

▶▶ 2. 零件的形状与尺寸

零件的形状与尺寸对加工工艺、装配工艺、生产成本有重要影响。

▶▶ 3. 制造过程

材料的选择决定了零件的制造过程，零件的制造过程对成本、环境影响等材料选择的决策目标有重要作用。

▶▶ 4. 环境因素

材料选择的环境因素包括材料生产过程、材料成形过程、零件制造过程、产品使用过程、产品回收处理过程等。

▶▶ 5. 成本

除材料购买成本外，材料选择还对材料成形成本、零件制造成本、产品回收成本等起决定性作用。

　　材料选择各因素之间的关系如图3-2所示。

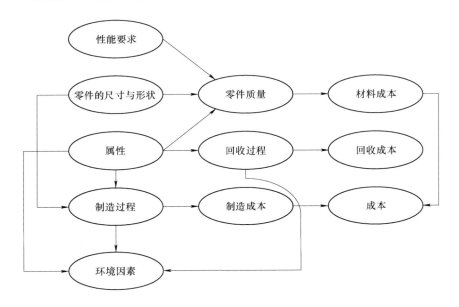

图 3-2　材料选择各因素之间的关系

　　材料的生命周期过程如图3-3所示。材料的生产、使用和报废会对环境产生极大的影响，如涂镀材料的生产、使用与废弃，含有害元素的易切削钢，难降解塑料所造成的"白色污染"，复合材料的难于回收与再生等。材料的环境影响评价主要是指在材料的生产、加工、制造、使用、再生等单一过程或生命周期全过程中所涉及的各种资源、能源、废弃物，特别是污染物对生态环境的损伤或破坏程度的定量或半定量分析描述。当采用分值评价模型时，可得到材料的特定环境影响潜力值。作为应用广泛的终值评价方法，Eco-indicator 99 给出了常用材料的生态指数，例如PP材料生命周期过程的环境影响生态指数见表3-2。

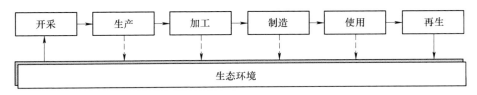

图 3-3　材料的生命周期过程

表 3-2　PP 的环境影响生态指数

生命周期过程	生态指数值
材料生产阶段	330 mPt/kg
制造阶段（注塑工艺）	21 mPt/kg
回收（焚烧，能量回收）	−13 mPt/kg
回收（填埋）	3.5 mPt/kg
材料回收	−195 mPt/kg

注：mPt 为环境影响评估方法中的计量单位。

3.2　环境影响评价方法

经过几十年的不断发展和完善，生命周期评价（LCA）现已逐渐成为环境影响评价的有效方法。面对日益严重的环境问题，许多国家开始将 LCA 作为制定相关法律法规的依据。很多企业为了满足相关法律法规以及政府部门对环保方面日益严格的监管要求，同时承担起企业的社会责任、实现自身的绿色发展等，也逐渐把 LCA 作为技术革新或新技术开发的研究手段，并将其评价结果作为辅助决策的依据。

3.2.1　环境影响评价指标

随着环境问题的日益严重以及国际组织和政府部门对环保的重视，国内外相关专家学者对环境问题进行了相关研究，并对环境影响类别进行了划分。环境影响类型的划分会直接影响到产品环境排放清单数据的归属。目前常用的环境影响分类方法有：中点型分类方法（midpoints），将环境影响认为是特征化步骤后的结果，如将清单数据所产生的环境影响类别划分为全球增温潜势、酸化潜势等，中点型分类方法侧重于中间过程，可直接解释清单数据对环境影响问题的贡献；终点型分类方法（endpoints），将环境影响认为是加权量化后的结果，如将清单数据分类成资源消耗、人类健康等，终点型分类方法主要关注环境问题对生态和人类健康等方面所形成的不利。以莱顿大学环境科学中心开发的 CML2001 评价体系为例，该评价体系中包括全球增温潜势（GWP 100a）、酸化潜势（AP）、富营养化潜势（EP）、光化学氧化剂生成潜势（POCP）、臭氧层损耗潜势（ODP）、非生物资源耗竭潜势（ADP e）、化石能源耗竭潜势（ADP f）、人体毒性潜势（HTP）、海洋生态毒性潜势（MAE）、陆地生态毒性潜势（TECP）、淡水生态毒性潜势（TECP）等指标。部分环境影响类型及对应的环境影响指标见表 3-3。

表 3-3　部分环境影响类型及其指标

环境影响类型	环境影响指标	环境影响指标英文名称	单位
全球变暖	全球增温潜势	GWP, global warming potential	kg CO_2 eq
酸化	酸化潜势	AP, acidification potential	kg SO_2 eq
光化学氧化剂生成	光化学氧化剂生成潜势	POCP, photochemical oxidant creation potential	kg C_2H_4 eq
富营养化	富营养化潜势	EP, eutrophication potential	kg PO_4^{3-} eq

CML2001 环境影响评价指标中各种环境影响类别的简要介绍如下。

（1）全球变暖　全球变暖属于全球性环境问题。由于人们焚烧化石燃料产生大量的 CO_2 等温室气体，这些温室气体对来自太阳辐射的可见光具有高度透过性，而对地球发射的长波辐射具有高度吸收性，导致地球温度上升，即温室效应。而当温室效应不断积累，导致地球大气系统吸收与发射的能量不平衡，能量不断在地球大气系统中累积，造成全球气候变暖。对全球变暖有贡献的温室气体有 60 余种，目前主要采用 CO_2 当量衡量各种温室气体的贡献大小。

（2）酸化　水体和土壤的酸化属于地区性环境问题。由于酸性物质进入环境，使自然环境的酸度升高（即 pH 值降低）的作用和过程即为酸化。酸化对水生、陆生生态系统的影响较大。引起酸化的主要物质有 SO_2、NO_x、NH_3 及其他有机酸，其主要来源于化石燃料的燃烧。采用最重要的致酸化物质 SO_2 为基准物。

（3）富营养化　湖泊和水体的富营养化属于地区性环境问题。由于水体中氮（N）、磷（P）等营养物质的含量过多，水生生物，特别是藻类的大量繁殖，使水中溶解氧含量急剧变化，造成水体污染。通常采用磷当量来描述富营养化程度。

（4）非生物资源耗竭　非生物资源耗竭属于全球性资源耗竭问题。由于生产中需要消耗或占有一定量的自然资源，包括大气、水、土地、矿产资源等，而导致资源耗竭问题。通常采用锑（Sb）当量来描述非生物资源耗竭程度。

（5）化石能源耗竭　化石能源耗竭属于全球性资源耗竭问题。由于人类生产活动对自然资源开发利用后，导致自然资源在相当长的时间内不能恢复。自然资源主要指自然界的各种矿物、岩石和化石燃料，例如泥炭、煤、石油、天然气等。

（6）光化学氧化剂生成　光化学氧化剂生成属于地区性环境污染问题。当溶剂及其他挥发性有机物排放到大气中后，在太阳光照射下，发生氧化反应，在有 NO_x 存在的情况下，就会形成光化学氧化剂，NO_x 在光化学反应中起催化作用，这一过程称为光化学氧化剂生成。

（7）臭氧层损耗　臭氧层损耗属于全球性环境问题。大气中的化学物质在平流层破坏臭氧，使臭氧层变薄，甚至出现臭氧层空洞的现象，被称为臭氧层损耗。氟氯烃（CFCs）的存在是臭氧层遭到破坏的主要原因。通常采用一氟三氯甲烷（CFC-11）当量表征臭氧层损耗的大小。

（8）人体毒性　人体毒性属于全球性环境污染问题。生产活动中所产生的有害的外源化学物质与生命机体接触或进入生物活体体内后，能直接或间接损害生物活体。通常采用3，3-二氯联苯胺（DCB）当量表征人体毒性的大小。

（9）海洋生态毒性　海洋生态毒性属于全球性环境污染问题。人类活动改变了海洋原来的状态，使海洋生态系统遭到破坏。有害物质进入海洋环境而造成的污染，会损害生物资源，危害人类健康，妨碍捕鱼和人类在海上的其他活动，损坏海水质量和环境质量等。通常采用3，3-二氯联苯胺当量表征海洋生态毒性的大小。

（10）淡水生态毒性　淡水生态毒性属于地区性环境污染问题。淡水生态系统中有毒有害因素会对鱼类及淡水微生物在分子、细胞、器官、个体、种群及群落等不同生命层次中造成损害。通常采用3，3-二氯联苯胺当量表征淡水生态毒性的大小。

▶▶ 3.2.2　环境影响评价流程

生命周期评价是一种评价产品、工艺过程或活动从原材料的采集和加工到生产、运输、销售、使用、回收、养护、循环利用和最终处理整个生命周期系统有关的环境负荷的过程。ISO 14040《环境管理　生命周期评价　原则与框架》中对 LCA 的定义是：汇总和评估一个产品（或服务）体系在其整个生命周期间的所有投入及产出对环境造成潜在影响的方法。一个完整的生命周期评价包括四个组成部分：目的与范围的确定、清单分析、影响评价和结果解释，如图 3-4 所示。

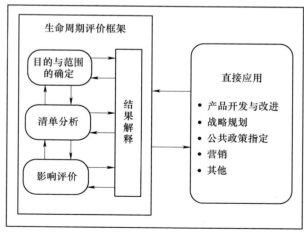

图 3-4　生命周期评价框架

⫸ 1. 目的与范围的确定

目的与范围的确定是生命周期评价的第一步，其说明了开展 LCA 研究的预期应用意图、目标受众等。目的与范围的定义在 ISO 14041《环境管理　生命周期评价　目的与范围的确定以及清单分析》中进行了详细的描述。该标准要求目的与范围的确定需要与 LCA 预期的应用相一致，同时目的与范围的确定将直接影响后续工作量的大小，范围太广会导致工作量大，范围太小会使研究的结果不准确。由于 LCA 是一个迭代的过程，所以其目的与范围的确定并不是一成不变的，有时需要基于对结果的解释适当地调整已界定的范围来达到所要研究的目的。

⫸ 2. 清单分析

生命周期清单分析（life cycle inventory analysis，LCI）是进行 LCA 工作的重要环节和步骤，是生命周期环境影响评价的基础，同时为评价提供基础数据支持。清单分析包括数据的收集、整理与分析，主要工作是收集产品在生命周期边界内各阶段对资源、能源的使用情况以及环境排放情况的详细数据。其中，数据的收集和整理至关重要，数据的分析与处理主要对收集到的数据按照相关阶段进行输入流和输出流的定性划分和定量分析，数据的质量直接影响最终的分析结果。生命周期清单分析的范围如图 3-5 所示。

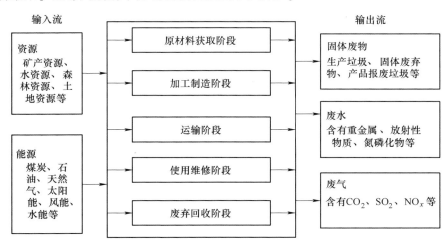

图 3-5　生命周期清单分析的范围

⫸ 3. 影响评价

生命周期影响评价（life cycle impact assessment，LCIA）是 LCA 中最重要的阶段，也是难度最大的环节。影响评价即将 LCA 得到的各种相关排放物对现实环境的影响进行定性和定量评价，其目的是根据 LCI 的结果对潜在的环境影响程度进行相关评价。ISO 14042《环境管理 生命周期评价 生命周期影响评价》将 LCIA 分为四个步骤：影响分类、特征化、归一化和分组加权。其中，影响分类与特征化为必选要素，归一化和分组加权为可选要素，如图 3-6 所示。影响分类是把清单数据中具有环境效应的基础物质按照环境影响类别进行划分，归到不同的环境影响类型。特征化是把相似物质的环境影响根据影响分类方法折算为一种基准物质的当量值，如在环境影响类别中导致全球变暖的物质有二氧化碳（CO_2）、甲烷（CH_4）等温室气体，通常使用 CO_2 作为全球变暖的基准物质，对其他温室气体进行合并处理，最终以等效 CO_2 当量（$CO_2 eq$）来表示全球变暖影响的大小。

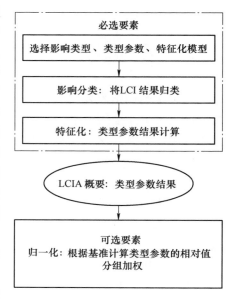

图 3-6　ISO 14042 环境影响评价要素

▶▶ 4. 结果解释

结果解释是对前几个阶段的研究结果进行分析与总结，在 LCA 的基础上，根据确定的目的与范围，综合考虑清单分析和影响评价的结果，对产品设计方案、加工工艺或技术环节等进行分析，从而找出定量或定性的改进措施，例如选用环保材料、改善制造工艺、进行清洁生产、改善产品的报废回收处理工艺等。结果解释通常从产品生命周期的角度进行考虑，以达到减少环境排放、提高产品环境性能的目的。

产品生命周期环境影响分析需要多学科交叉的背景知识。环境影响的量化评价模型是通过对存在环境影响的物质进行分类、特征化、标准化、加权等操作获得的，如图 3-7 所示。汽车材料生命周期资源环境影响评价系统集成目前国际上通用的各类环境影响评价指标体系，如荷兰莱顿大学环境科学中心的 CML-IA、瑞典环境管理委员会的 EPD、Eco-indicator 99（EI99）、ReCiPe 等。设计评价人员可以直接选择相应的环境评价指标体系，开展产品生命周期评价工作。

汽车材料的生命周期评价流程主要为：依托产品材料信息数据库，提取汽车材料的生命周期清单，开展清单分析，量化评价汽车全生命周期的各类资源环境影响；开发面向方案设计和详细设计的决策支持工具，实现"设计-评价-再设计"全流程决策支持。产品生命周期资源环境影响评价工具可实现对汽车生命周期资源环境影响的量化分析评价工作，通过从汽车全生命周期绿色设计数

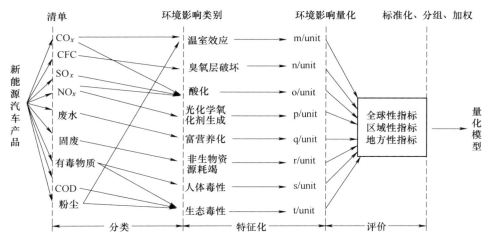

图 3-7　通用的环境影响评价流程

据库中提取产品的生命周期清单，量化评价汽车材料存在的各类资源环境成本问题。

3.2.3　评价结果数据分析

汽车全生命周期的能耗和环境排放受众多因素影响，存在着一定的不确定性。从 LCA 的角度来说，研究对象的清单结果的不确定性主要是由于研究对象全生命周期相关知识的不充分性所导致的。这种知识的不充分性最明显的体现为物料消耗数据的不确定性。由于在收集物料消耗数据的实际工作中，不可避免地受到时间、人力、物力、科学技术水平等诸多限制，使得收集到的信息存在不确定性。所以在 LCA 研究中，对关键物料参数的不确定性的分析和处理是非常重要的一个环节，它直接影响 LCA 结果的科学性、客观性和可靠性。

将常用的数据分析方法，如基于蒙特卡洛仿真的不确定性分析、情景分析、敏感性分析、参数变化分析等集成到汽车材料生命周期资源环境影响评价系统中，能够提高生命周期资源环境影响评价结果的可靠性、识别出关键的环境影响因素、掌握相关参数变化对产品环境影响的变化趋势。下面简单介绍蒙特卡洛法和敏感性分析。

1. 蒙特卡洛法

蒙特卡洛法也称统计模拟法、统计试验法，是把概率现象作为研究对象的数值模拟方法，其按抽样调查法求取统计值来推定未知特性量。该法适用于对离散系统进行计算仿真试验，通过构造一个和系统性能相近似的概率模型，并在数字计算机上进行随机试验，可以模拟系统的随机特性。

蒙特卡洛法的基本思想是：为求解问题，首先建立一个概率模型或随机过程，使它的参数或数字特征等于问题的解；然后通过对模型或过程的观察或抽样试验来计算这些参数或数字特征，最后给出所求解的近似值；解的精度用估计值的标准误差来表示。蒙特卡洛法的主要理论基础是概率统计理论，主要手段是随机抽样、统计试验。用蒙特卡洛法求解实际问题的基本步骤如下：

1）根据实际问题的特点，构造简单又便于实现的概率统计模型，使所求的解为所求问题的概率分布或数学期望。

2）给出模型中各种不同分布随机变量的抽样方法。

3）统计处理模拟结果，给出问题解的统计估计值和精度估计值。

▶▶ **2. 敏感性分析**

敏感性分析是指从多个不确定性因素中逐一找出对指标有重要影响的敏感性因素，并分析、测算其对指标的影响程度和敏感性程度，进而判断项目承受风险的能力。若某参数的小幅度变化能导致经济效益指标的较大变化，则称此参数为敏感性因素，反之，则称其为非敏感性因素。

例如，在文献《考虑回收利用过程的汽车产品全生命周期评价》中，作者首先选定百公里电耗（EV）、百公里油耗（CV）作为关键参数进行敏感性分析，敏感因素的变化范围为 ±10%。如图 3-8 所示，EV 的生命周期能耗、CO_2、

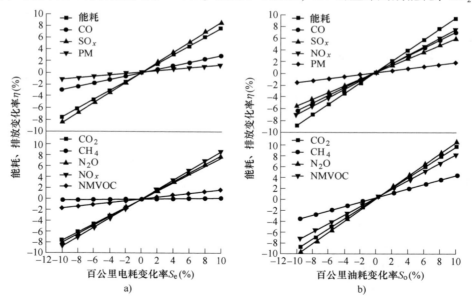

图 3-8 汽车生命周期能耗、排放对百公里电耗（EV）、百公里油耗（CV）的敏感性

a）纯电动汽车 b）传统汽油车

N_2O、SO_x、NO_x 对百公里电耗的敏感度分别为 0.73、0.756、0.794、0.851、0.868，CV 的生命周期能耗、CO_2、N_2O、CO、NO_x、NMVOC（非甲烷挥发性有机物）对百公里油耗的敏感度分别为 0.944、0.888、0.976、0.691、0.753、0.737。

3.3　基于环境影响的材料选择过程

本节介绍了著者团队基于环境影响的材料选择过程，可作为具体实施的参考。

▷▷3.3.1　材料选择过程

基于环境影响的材料选择的典型过程与方法如图 3-9 所示。

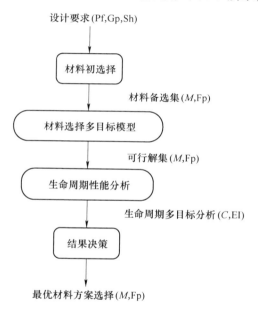

图 3-9　基于环境影响的材料选择的典型过程与方法

设计要求可以表达为三元组：（Pf，Gp，Sh）。其中，Pf 是基本性能要求，与零件的具体功能要求相关；Gp 是几何参数；Sh 是几何形状类型及其复杂性。

功能单元对零件的功能有一定具体的要求，如传动作用（齿轮、蜗轮蜗杆等）、连接作用（联轴器、连杆等）、支撑作用（基座、机床床身等）以及传感作用、控制作用等，从而必然对所用材料提出一定的要求，即主要的性能要求。

针对设计要求，进行材料的初选择，得到材料备择集 Ω，可以表达为二元组：（M，Fp）。其中，M 是材料；Fp 是零件制造过程中的材料成形工艺与零件加工工艺。

对备择集 Ω，根据基本性能要求建立材料选择多目标模型，求解材料选择的可行解集 Ω^*，显然，$\Omega^* \subseteq \Omega$。对可行解集 Ω^*，通过材料的生命周期多目标分析，进行材料选择优化与决策，得到最优材料选择方案。分析目标包括：①C，成本目标；②EI，环境影响目标。

3.3.2 效能因子与材料选择图

M. F. Ashby 提出了效能因子（performance index）的概念，为设计者提供了材料筛选的评价原则，并从材料性能出发提出了基于材料选择图的材料选择方法。为了在选择过程中融入环境意识，在材料选择图方法的基础上，相关学者分别研究了基于材料能量因素的材料选择方法、基于材料生命周期水体排放与大气排放的材料选择方法等。效能因子的概念主要基于如下思想：一个结构的效能由三方面的因素决定，它们分别是结构的功能、尺寸和材料。如果从结构的环境影响角度考量结构的效能，则称之为环境效能因子。用方程表示为

$$p = f(\text{Function}, \text{Geometry}, \text{Material})$$

简写为

$$p = f(F, G, M)$$

式中，p 是结构的效能；F 是功能；G 是尺寸；M 是材料。

最优的设计就是从结构的功能和用途出发，选择结构的材料和尺寸，从而使结构的效能达到最大值。材料和尺寸的选择受约束条件的限制。

如果上式中的三个变量是可以分离的，则方程的形式为

$$p = f_1(F) f_2(G) f_3(M)$$

这样，筛选材料的工作就不需要过多考虑关于 F 和 G 的细节，从而使选材的过程大大简化。对于一定的 F 和 G，结构效能的最大化可以通过 $f_3(M)$ 的最大化实现，$f_3(M)$ 就被称为效能因子。

根据 Eco-indicator 99 方法，材料的生命周期环境影响 EI_M 可以表示为

$$EI_M = EI_P + EI_{Fp} + EI_U + EI_R \tag{3-1}$$

式中，EI_P 是材料生产过程生态指数；EI_{Fp} 是制造工艺过程生态指数；EI_U 是使用过程生态指数；EI_R 是回收过程生态指数。

由于一般情况下，材料生产过程是材料生命周期中对环境影响最大的一个环节，在生命周期环境影响中的占比很大，因此，本书中只考虑材料生产过程生态指数，以进行简化，即

$$EI_M = EI_P \tag{3-2}$$

材料的环境影响是由零件的设计质量与单位质量材料的生产过程生态指数的乘积来决定的。因此，从材料的生产环境影响角度考虑，需要以质量与生态指数为综合设计目标。

以图 3-10 所示承受端载荷的悬臂梁为例，以材料的环境影响为设计目标，以刚度为设计约束。

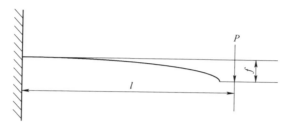

图 3-10　承受端载荷的悬臂梁

梁的质量 m 为

$$m = 2l^{5/2}\sqrt{\frac{P}{f_d}}\frac{\rho}{\sqrt{E}} = K_d\frac{\rho}{\sqrt{E}} \tag{3-3}$$

式中，K_d 是常数，且 $K_d = 2l^{5/2}\sqrt{\frac{P}{f_d}}$；$\rho$ 为密度；E 为弹性模量。

环境影响目标 EI 为

$$\mathrm{EI} = m \times \mathrm{EI_P} = K_d\frac{\rho \times \mathrm{EI_P}}{\sqrt{E}} \tag{3-4}$$

式中，$\mathrm{EI_P}$ 是材料的生产过程生态指数。由式（3-4）可以看出，环境影响目标 EI 与 $\frac{\rho \times \mathrm{EI_P}}{\sqrt{E}}$ 成正比，$\frac{\rho \times \mathrm{EI_P}}{\sqrt{E}}$ 最小时，环境影响最小。选材时，应尽量选择使 $\frac{\rho \times \mathrm{EI_P}}{\sqrt{E}}$ 小的材料。

同理，可以得出表 3-4 中的常用结构的环境效能因子。

表 3-4　一些常用结构的环境效能因子

设计目标与约束	环境效能因子
结，最小的环境影响，刚度约束	$\rho \times \mathrm{EI_P}/E$
梁，最小的环境影响，刚度约束	$\rho \times \mathrm{EI_P}/\sqrt{E}$
梁，最小的环境影响，强度约束	$\rho \times \mathrm{EI_P}/\sigma_y^{2/3}$
平板，最小的环境影响，刚度约束（如汽车门板）	$\rho \times \mathrm{EI_P}/E^{1/3}$
平板，最小的环境影响，强度约束（桌面板等）	$\rho \times \mathrm{EI_P}/\sigma_y^{1/2}$
弹簧，在给定储能下的最小环境影响性能	$E\rho \times \mathrm{EI_P}/\sigma_y^2$

注：σ_y 为弹性极限。

在设计时，零件的刚度与质量是基本的设计性能目标，要求在刚度满足一定要求的前提下，悬臂梁的质量尽可能小。

对长为 l、截面面积为 A、材料的弹性模量为 E 的杆件，在轴向力 P 的作用

下，其自由端的挠度 f 为

$$f = \frac{Pl^3}{3EI} \tag{3-5}$$

式中，I 是惯性矩，且 $I = Ar^2$，r 是惯性半径。

当悬臂梁的横截面是正方形，且宽度为 b 时，则其刚度为

$$\frac{P}{f} = \frac{Eb^4}{4l^3} \tag{3-6}$$

梁的截面面积 b^2 为

$$b^2 = \sqrt{\left(\frac{4Pl^3}{f}\right)} \frac{1}{\sqrt{E}} \tag{3-7}$$

梁的质量 m 为

$$m = lb^2\rho = 2l^{5/2}\sqrt{\frac{P}{f}}\frac{\rho}{\sqrt{E}} \tag{3-8}$$

若设计时，对刚度的约束条件为 $f_{\max} \leqslant f_{\mathrm{d}}$，则

$$m = 2l^{5/2}\sqrt{\frac{P}{f_{\mathrm{d}}}}\frac{\rho}{\sqrt{E}} = K_{\mathrm{d}}\frac{\rho}{\sqrt{E}} \tag{3-9}$$

式中，K_{d} 是常数，且 $K_{\mathrm{d}} = 2l^{5/2}\sqrt{\frac{P}{f_{\mathrm{d}}}}$。

由式（3-9）可以看出，质量 m 与 $\frac{\rho}{\sqrt{E}}$ 成正比，$\frac{\rho}{\sqrt{E}}$ 最小时，m 最小。选材时，应尽量选择使 $\frac{\rho}{\sqrt{E}}$ 小的材料。

若综合考虑刚度与质量，当梁的设计尺寸（l）确定后，可得

$$\frac{m}{\sqrt{\frac{P}{f}}} = K\frac{\rho}{\sqrt{E}} \tag{3-10}$$

式中，$K = 2l^{5/2}$，为常数。

若分别以 ρ 与 E 为二维坐标平面的两个轴，则可绘制出密度-弹性模量的材料选择图。材料选择图是基于效能因子开发的材料选择辅助工具，也是一种有效的从性能要求 Pf 到材料 M 的选择方法。材料选择图以材料选择的考量因素为图的二维坐标，如要求零件重量轻、刚性高时，则选择密度与弹性模量为两个考量因素，从而在图中对具有相近性能的材料进行聚类，并通过不同的设计辅助线来帮助设计人员进行决策。

Granta 公司开发的 CES 材料与过程选择器，采用了 Ashby 的材料选择图方法，是从性能要求 Pf 到材料 M 的材料预选择的有效支持工具。图 3-11 所示为根据 $\sqrt{E}/\rho$ 性能度量指标由 CES 工具生成的材料聚类图。

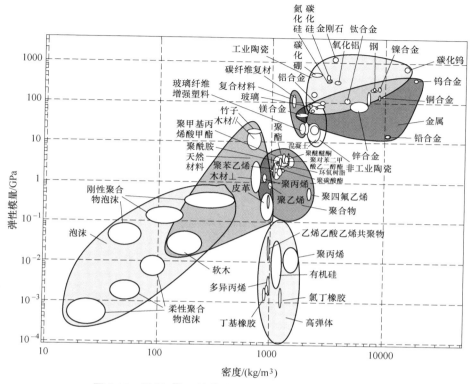

图 3-11　根据 $\sqrt{E/\rho}$ 性能度量指标生成的材料聚类图

▶▶ 3.3.3　材料初选择

本小节给出了一种材料初选择的参考方法。材料初选择过程如图 3-12 所示，用 $\varphi^{S\to F}$、$\varphi^{P\to M}$、$\varphi^{M\to F}$ 表达材料的选择过程。

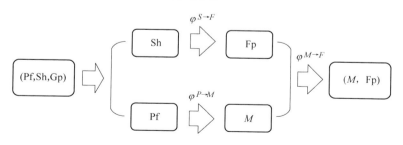

图 3-12　材料初选择过程

定义 3-1　对向量 $X=(x_i)$，$x_i=1$ 或 0，则该向量为布尔向量。

定义 3-2　对矩阵 $Y=(y_{ij})_{m\times n}$，当 $y_{ij}=1$ 或 0，则该矩阵为布尔矩阵。

定义 3-3　对向量 $X=(x_i)$，由：当 $x_i\neq0$ 时，$x_i'=1$；

当 $x_i = 0$ 时，$x_i' = 0$，构造新的布尔向量 $X' = (x_i')$，称此过程为向量布尔化，记作 $X' = f_B(X)$。

定义 3-4 对于具有相同元素个数的布尔矩阵 $X = (x_{ij})_{m \times n}$ 与 $Y = (y_{ij})_{m \times n}$，存在布尔矩阵 $Z = (z_{ij})_{m \times n}$，其中 $z_i = x_i \wedge y_i$。$\wedge$ 的运算规则为 $0 \wedge 0 = 0$，$0 \wedge 1 = 0$，$1 \wedge 0 = 0$，$1 \wedge 1 = 1$。称 Z 为 X 和 Y 的布尔积，记作 $Z = X \otimes Y$。

零件的形状类型、形状复杂程度、几何尺寸及参数对所用材料的成形与制造工艺提出了一定的要求，这一要求可以用关系矩阵 $\boldsymbol{\varphi}^{S \to F}$ 来表达。

$$\boldsymbol{\varphi}^{S \to F} = \left[\phi_{SF}^{S \to F} \right]_{S=1,2,\cdots,n_S}^{F=1,2,\cdots,n_F} \tag{3-11}$$

式中，n_F、n_S 分别是可能的工艺过程、形状类型的数目，且当第 S 种形状类型能够用第 F 种工艺进行加工制造时，$\phi_{SF}^{S \to F} = 1$，否则，$\phi_{SF}^{S \to F} = 0$。$\boldsymbol{\varphi}^{S \to F}$ 为布尔矩阵。

零件的几何形状类型及其复杂性 Sh 可以表示为一个 n_S 维的布尔向量 S；零件制造过程中的材料成形工艺与零件加工工艺 Fp 可以表示为一个 n_F 维的布尔向量 F，且

$$F = f_B(S \cdot \boldsymbol{\varphi}^{S \to F}) \tag{3-12}$$

从基本性能要求出发，初步选择可行材料。由材料选择图，从性能要求出发，解决从 Pf 到 M 的映射问题。得到的材料仍用 n_M 维布尔向量表示为 M。从材料集 M 与工艺集 F 到材料备择集 (M, Fp) 的映射，用关系矩阵表达为

$$\boldsymbol{\varphi}^{M \to F} = \left[\phi_{MF}^{M \to F} \right]_{M=1,2,\cdots,n_M}^{F=1,2,\cdots,n_F}$$

令

$$M = (m_1, m_2, \cdots, m_{n_M})^T \tag{3-13}$$

$$F = (f_1, f_2, \cdots, f_{n_F}) \tag{3-14}$$

则

$$K = M \times F = (k_{ij})_{n_M \times n_F} \tag{3-15}$$

则材料备择集 (M, Fp) 中，材料 M 与工艺 Fp 的二元关系可以用布尔矩阵 MF 来表达，且

$$MF = K \otimes \boldsymbol{\varphi}^{M \to F} = \begin{bmatrix} mf_{11} & mf_{12} & \cdots & mf_{1n_F} \\ mf_{21} & mf_{22} & \cdots & mf_{2n_F} \\ \vdots & \vdots & & \vdots \\ mf_{n_M1} & mf_{n_M2} & \cdots & mf_{n_Mn_F} \end{bmatrix} \tag{3-16}$$

对布尔矩阵 MF，$mf_{ij} = 0$ 或 1，$i = 1, 2, \cdots, n_M$；$j = 1, 2, \cdots, n_F$。当 $mf_{ij} = 1$ 时，说明材料 m_i 与工艺 f_j 组成的二元关系是材料备择集 (M, Fp) 的一个元素，即：当材料 m_i 采用工艺 f_j 进行成形加工时，满足材料初选择的设计要求；反之，当 $mf_{ij} = 0$ 时，说明材料 m_i 采用工艺 f_j 进行成形加工时，不满足材料初选择的设计要求，其组成的二元关系不是材料备择集的一个元素。

▶▶ 3.3.4 材料选择的多目标决策建模及求解

多目标规划定义为在一组约束条件下，优化多个不同的目标函数，其一般形式为

$$\begin{cases} \min[f_1(\boldsymbol{x}), f_2(\boldsymbol{x}), \cdots, f_m(\boldsymbol{x})] \\ \text{s. t.} \quad g_j(\boldsymbol{x}) \leq 0, \ j = 1, 2, \cdots, p \end{cases}$$

式中，$\boldsymbol{x} = (x_1, x_2, \cdots, x_n)$ 是一个 n 维决策向量；$f_i(\boldsymbol{x})(i = 1, 2, \cdots, m)$ 是目标函数；$g_j(\boldsymbol{x}) \leq 0 \ (j = 1, 2, \cdots, p)$ 是系统约束条件。

基于环境影响的材料选择目标可以概括为：最低的成本 C，经济性成本仍然是材料选择过程中的重要目标；最低的全生命周期环境影响 EI，从环境意识设计及设计改进的角度出发，材料选择需要考虑材料生命周期全过程的环境影响。

▶▶ 1. 成本目标

材料选择的经济性原则是指在选用低价格材料的基础上，综合考虑材料对整个制造、使用维护、回收成本的影响，以达到最佳的生命周期技术经济效益。

根据材料的直接成本（即购买成本）一般可以将工程材料分为两大类：各种常用材料，它们都是通过大规模生产方式生产出来的，因此价格便宜，如各种碳素钢、铝型材等；满足特殊需要的专用高性能材料，如某些特殊合金、功能材料等。

（1）制造过程对材料选择成本目标影响分析　通常材料直接成本占零件（产品）成本的比例较大，但材料的可加工性影响材料制造所需劳动及资金的使用效率。比较两种材料的经济可行性，须分析所用材料的制造成本。在某些情况下，成本目标分析还包括现有设备使用成本和添置新设备的成本、劳动力成本与生产率的变化等因素。

如果一种材料价格较低，但加工困难、加工费用高，则使用这种材料的零件成本可能较高。若制造过程需要大量的切削加工，则选择切削性好的较贵材料的加工成本可能较低。因此，考虑到无论对材料在加工过程中的性质和行为的影响，还是对产品经济性的影响，都必须把制造过程看作是材料选择过程中一个重要的因素。例如，尽管黄铜的密度和成本都比较高，但是因为能使用高速切削对其进行加工，所以某些黄铜零件比冷轧碳钢零件成本低。尽管钢、铸铁和其他金属单位质量的成本并不高，但是由于铝密度低、易于切削，因此铝越来越多地取代了钢、铸铁和其他金属。由于塑料具有可塑（铸）性、易于加工，因此塑料在许多应用场合成为一种单位质量成本较低的替代材料。

虽然聚合物的成本相对较高，但在零件制造过程中，大多采用注射成型、挤塑成型、吹塑成型、板材成型等工艺即能将其制成产品，不需要中间加工，无需或只需少量的精整加工。且在大批量生产中，直接劳动费用及管理费用与

材料费用相比只占很少的一部分，因此其总成本（直接成本＋生产成本）较低。某些情况下，用一种材料代替另一种材料将导致采用完全不同的加工工序。例如从生产灰铸铁改变为生产锌合金铸件，生产设备变化较大。

（2）回收过程对材料选择成本目标影响分析　在选择材料时，回收成本也对成本目标有重要影响。为了在备选材料中，以成本最低为先决条件，需要对材料的直接成本、制造成本与回收成本进行综合分析。

综上所述，构建成本目标为

$$\min C = \min_{x \in \Omega} \left\{ \left[c_{\mathrm{P}}(x) + c_{\mathrm{M}}(x) + c_{\mathrm{R}}(x) \right] W_{\mathrm{D}} \right\}$$

式中，Ω 是材料备择集；$c_{\mathrm{P}}(x)$ 是材料单位质量直接成本（元/kg）；$c_{\mathrm{M}}(x)$ 是材料单位质量制造成本（元/kg）；$c_{\mathrm{R}}(x)$ 是材料单位质量回收成本（元/kg）；W_{D} 是零件设计质量（kg）。

▶▶ **2. 环境影响目标**

由材料选择的环境影响最小原则，要综合考虑材料对整个产品生命周期的环境影响，包括材料生产过程、零件制造过程、回收过程的环境影响，以达到最佳的生命周期环境效益。

对产品所使用的材料而言，考虑的生命周期过程一般包括：材料生产阶段、制造阶段、使用阶段、回收处理阶段。环境影响目标为

$$\min \mathrm{EI} = \min_{x \in \Omega} \mathrm{EI}(x) W_{\mathrm{D}}$$

式中，$\mathrm{EI}(x)$ 是材料的环境影响因数，表示单位质量材料的生命周期环境影响；W_{D} 是零件的设计质量（kg）。

材料的生命周期环境影响因数 $\mathrm{EI}(x)$ 为

$$\mathrm{EI}(x) = \mathrm{EI}_{\mathrm{Prod}} + \mathrm{EI}_{\mathrm{Manuf}} + \mathrm{EI}_{\mathrm{Use}} + \mathrm{EI}_{\mathrm{EOL}} \tag{3-17}$$

式中，$\mathrm{EI}_{\mathrm{Prod}}$、$\mathrm{EI}_{\mathrm{Manuf}}$、$\mathrm{EI}_{\mathrm{Use}}$、$\mathrm{EI}_{\mathrm{EOL}}$ 分别是单位质量材料生产、制造、使用与回收过程的环境影响生态指数。其中，$\mathrm{EI}_{\mathrm{Manuf}}$ 依赖于加工材料所用的加工工艺，当采用多个加工工艺时，则对各工艺过程的生态指数进行累加。对 $\mathrm{EI}_{\mathrm{EOL}}$，有

$$\mathrm{EI}_{\mathrm{EOL}} = \mathrm{EI}_{\mathrm{Inc}} \mu_1 + \mathrm{EI}_{\mathrm{Ldf}} \mu_2 + \mathrm{EI}_{\mathrm{Mtr}} (1 - \mu_1 - \mu_2) \tag{3-18}$$

式中，$\mathrm{EI}_{\mathrm{Inc}}$、$\mathrm{EI}_{\mathrm{Ldf}}$、$\mathrm{EI}_{\mathrm{Mtr}}$ 分别是单位材料焚烧回收、填埋、材料回收的生态指数；μ_1、μ_2 分别是焚烧回收与填埋的百分比。

▶▶ **3. 约束分析**

决策目标受到材料各种属性的约束，包括可制造性、物理性能（如密度、硬度）、可回收性、使用性能等。其中，有些属性只能定性表示，如使用性能、耐蚀性等。

环境意识设计中材料选择的主要约束条件分析如下：

（1）物理性能约束　物理性能约束取决于零件的设计策略与零件的设计要

求。比如，设计刚性杆件时要求其重量较轻，则密度与弹性模量将是重要的物理性能约束因素。零件本身在产品系统中将承受各种外力，对硬度、剪切模量、疲劳极限等基本属性会有一定要求，从而产生相应的约束条件。设材料可定量表示的物理属性集合为 Θ_1，物理性能约束条件为

$$\begin{cases} x(y_1) \leqslant y_{1D} \\ x(y_2) \geqslant y_{2D} \end{cases}, x \in \Omega \, ; \, y_1, y_2 \in \Theta_1$$

式中，$x(y_1)$ 与 $x(y_2)$ 是材料的属性值；y_{1D} 与 y_{2D} 分别是属性 y_1 与 y_2 的设计要求。

（2）材料的可回收性约束　材料的可回收性用回收率 σ（$0 \leqslant \sigma \leqslant 1$）度量，材料能完全回收时，$\sigma = 1$；完全不能回收时，$\sigma = 0$。材料的可回收性约束条件为

$$x(\sigma) \geqslant \sigma_D, \, x \in \Omega$$

式中，σ_D 是设计要求的回收率。

一般材料的回收性能统计见表 3-5。在目前的技术条件下，金属材料的可回收性较好，而非金属材料的可回收性较差；塑料中，热塑性材料可重复利用，而热固性塑料的分解和回收较困难；单一材料回收技术较为成熟，而复合或混合材料的回收较难。

表 3-5　一般材料的回收性能统计

好	中	差
贵金属：金、银、铂、金、钯 其他有色金属：锡、铜、铝合金 黑色金属：钢铁	有色金属：黄铜、镍 热塑性塑料 木纤维制品、纸 玻璃	有色金属：铅、锌 热固性塑料 陶瓷、橡胶 氯化阻燃剂、涂层、填充物 焊接、粘结在一起的多种材料

（3）其他定性表示的材料属性约束　材料的加工制造性能、使用性能、抗磨损能力等这些定性表示的属性集合为 Θ_2，属性值可取 0.1、0.2、…、0.9 中的 9 个离散值。则存在约束条件：

$$x(z) \geqslant z_D, x \in \Omega, z \in \Theta_2$$

式中，z_D 是设计要求。

虽然不同产品设计中材料选择约束条件各不相同，但可采用上述分析方法归纳建立绿色设计中材料选择的多目标规划模型：

$$F = \min_{x \in \Omega}(C, \text{EI}) \tag{3-19}$$

$$\text{s. t.} \begin{cases} x(y_1) \leqslant y_{1D}, x(y_2) \geqslant y_{2D} \\ x(\sigma) \geqslant \sigma_D \\ x(z) \geqslant z_D \\ x \in \Omega \, ; \, y_1, y_2 \in \Theta_1 \, ; \, z \in \Theta_2 \end{cases}$$

47

对材料备择集 Ω，可理解为 m 维空间的离散点集合，m 为存在约束条件的材料属性个数。根据 m 个约束条件，求解可行解集 Ω^*，显然，$\Omega^* \subseteq \Omega$。在可行解集 Ω^* 内，求解多决策目标问题的最优解。

设问题结果集 Ω^*，m 个约束条件构成约束集 C，可行解集搜索算法 PSSA 的程序框架如下：

PSSA (Ω, C, Ω^*)

$\Omega^* = \varnothing$，$\Omega' = \Omega$

while $\Omega' \neq \varnothing$

从 Ω' 中取元素 x_i

$C' = C$

while $C' \neq \varnothing$

    从 C' 中取元素 c_j

    若 x_i 不满足约束 c_j，跳转至 G

    $C' = C' - \{c_j\}$

    $\Omega^* = \Omega^* \cup \{x_i\}$

G：$\Omega' = \Omega' - \{x_i\}$

return Ω^*

最后，得到可行解集 $\Omega^* = \{x_1, x_2, \cdots, x_n\}$。

将多目标决策模型转化为决策矩阵：

$$\boldsymbol{A} = \begin{array}{c} \\ x_1 \\ x_2 \\ \vdots \\ x_n \end{array} \begin{array}{cc} C & EI \\ \begin{bmatrix} x_{11} & x_{12} \\ x_{21} & x_{22} \\ \vdots & \vdots \\ x_{n1} & x_{n2} \end{bmatrix} \end{array}$$

运用 TOPSIS 法排列方案的优先顺序。

1）将决策矩阵 $\boldsymbol{A}$ 转化为标准化决策矩阵 $\boldsymbol{Y} = (y_{ij})_{n \times 2}$，其中：

$$y_{ij} = \frac{x_{ij}}{\sqrt{\sum_{i=1}^{n} x_{ij}^2}}, i = 1, 2, \cdots, n; j = 1, 2 \tag{3-20}$$

2）将矩阵 $\boldsymbol{Y}$ 转化为加权标准化决策矩阵 $\boldsymbol{Z} = (z_{ij})_{n \times 2}$，其中：

$$z_{ij} = w_j y_{ij}, i = 1, 2, \cdots, n; j = 1, 2 \tag{3-21}$$

式中，w_j 是第 j 个决策目标的权重，且 $w_1 + w_2 = 1$。

3）确定正理想解 x^+ 与负理想解 x^-：

$$x_j^+ = \min_i z_{ij}, \ j = 1,2$$

$$x_j^- = \max_i z_{ij}, \ j = 1,2 \tag{3-22}$$

4）计算各可行解到正理想解与负理想解的欧式距离：

$$S_i^+ = \| z_i - x^+ \|, \ i = 1,2,\cdots,n$$

$$S_i^- = \| z_i - x^- \|, \ i = 1,2,\cdots,n \tag{3-23}$$

5）计算各可行解与理想解的相对贴近度：

$$C_i = \frac{S_i^-}{S_i^+ + S_i^-}, 0 \leqslant C_i \leqslant 1; i = 1,2,\cdots,n \tag{3-24}$$

6）按 C_i 由大到小排序，前面的可行解优于后面的可行解。

参 考 文 献

［1］全国环境管理标准化技术委员会. 环境管理　生命周期评价　原则与框架：GB/T 24040—2008［S］. 北京：中国标准出版社，2008.

［2］SAFI M, SUNDQUIST H, KAROUMI R, et al. Development of the Swedish bridge management system by upgrading and expanding the use of LCC［J］. Structure and Infrastructure Engineering, 2013, 9（12）: 1240-1250.

［3］DIAO Q H, SUN W, YUAN X M, et al. Life-cycle private-cost-based competitiveness analysis of electric vehicles in China considering the intangible cost of traffic policies［J］. Applied Energy, 2016, 178: 567-578.

［4］游磊，张雪莹，王鹏宇，等. 基于全生命周期成本的铜或铝芯电缆的选择方法［J］. 中国电力，2018，51（4）：168-174.

［5］宋大凤，吴西涛，曾小华，等. 基于理论油耗模型的轻混重卡全生命周期成本分析［J］. 吉林大学学报（工学版），2018（5）：1313-1323.

［6］唐维，陈苠熙，王子龙，等. 基于不完整数据的变压器全生命周期成本［J］. 浙江大学学报（工学版），2014（1）：42-49.

［7］KAYRBEKOVA D, MARKESET T, GHODRATI B. Activity-based life cycle cost analysis as an alternative to conventional LCC in engineering design［J］. International Journal of System Assurance Engineering & Management, 2011, 2（3）: 218-225.

［8］诸利君. 面向能耗产品的全生命周期成本估算系统的研究［D］. 杭州：浙江大学，2014.

［9］陈亚禹. 全生命周期成本理论及其在设备供应商评价中的应用研究［D］. 重庆：重庆大学，2010.

［10］徐建全，杨沿平. 考虑回收利用过程的汽车产品全生命周期评价［J］. 中国机械工程，2019，30（11）：1343-1351.

［11］PENG T D, OU X M, YAN X Y. Development and application of an electric vehicles life-cycle energy consumption and greenhouse gas emissions analysis model［J］. Chemical Engineering Research and Design, 2018, 131: 699-708.

［12］ BICER Y，DINCER I. Comparative life cycle assessment of hydrogen，methanol and electric vehicles from well to wheel ［J］. International Journal of Hydrogen Energy，2017，42（6）：3767-3777.

［13］ HE X Y，ZHANG S J，KE W W，et al. Energy consumption and well-to-wheels air pollutant emissions of battery electric buses under complex operating conditions and implications on fleet electrification ［J］. Journal of Cleaner Production，2018，171：714-722.

［14］ HE W Y，MENG F R，GAO X Z，et al. Research on life cycle cost modular evaluation system of green building materials：based on entropy decision making method ［J］. Advanced Materials Research，2013，798-799：1152-1157.

［15］ HEIJUNGS R，SETTANNI E，GUINÉE J. Toward a computational structure for life cycle sustainability analysis：unifying LCA and LCC ［J］. International Journal of Life Cycle Assessment，2013，18（9）：1722-1733.

［16］ MISTRY M，KOFFLER C，WONG S. LCA and LCC of the world's longest pier：a case study on nickel-containing stainless steel rebar ［J］. International Journal of Life Cycle Assessment，2016，21（11）：1637-1644.

［17］ LEE J Y，AN S，CHA K，et al. Life cycle environmental and economic analyses of a hydrogen station with wind energy ［J］. International Journal of Hydrogen Energy，2010，35（6）：2213-2225.

［18］ CHIESA M，MONTELEONE B，VENUTA M L，et al. Integrated study through LCA，ELCC analysis and air quality modelling related to the adoption of high efficiency small scale pellet boilers ［J］. Biomass & Bioenergy，2016，90：262-272.

［19］ DENG C，WU J，SHAO X Y. Research on eco-balance with LCA and LCC for mechanical product design ［J］. International Journal of Advanced Manufacturing Technology，2016，87（5）：1217-1228.

［20］ KJAER L L，PAGOROPOULOS A，HAUSCHILD M，et al. From LCC to LCA using a hybrid input output model-a maritime case study ［J］. Procedia Cirp，2015，29：474-479.

［21］ BOVEA M D，VIDAL R. Increasing product value by integrating environmental iMPact，costs and customer valuation ［J］. Resources Conservation & Recycling，2004，41（2）：133-145.

［22］ LINDAHL M，SUNDIN E，SAKAO T. Environmental and economic benefits of integrated product service offerings quantified with real business cases ［J］. Journal of Cleaner Production，2014，64（2）：288-296.

［23］ REICH M C. Economic assessment of municipal waste management systems—case studies using a combination of life cycle assessment（LCA）and life cycle costing（LCC）［J］. Journal of Cleaner Production，2005，13（3）：253-263.

［24］ GÓRALCZYK M，KULCZYCKA J. LCC application in the Polish mining industry ［J］. Management of Environmental Quality，2005，16（2）：119-129.

［25］ ALLACKER K. Environmental and economic optimisation of the floor on grade in residential buildings ［J］. International Journal of Life Cycle Assessment，2012，17（6）：813-827.

［26］ SIMÕES C L，PINTO L M C，BERNARDO C A. Modelling the economic and environmental performance of engineering products：a materials selection case study ［J］. International Journal of Life Cycle Assessment，2012，17（6）：678-688.

第 4 章

——

汽车材料数据系统

在汽车工业发展的过程中，汽车材料数据系统的开发和推广应用有效地降低了汽车材料在生命周期过程中对环境的不良影响。本章首先介绍了国际及国内的汽车材料数据系统，结合著者团队的开发经验，重点介绍了汽车材料数据系统在开发过程中所涉及的关键技术，具体包括：汽车材料数据系统的数据类别、汽车产品信息模型、汽车回收利用信息模型、关键零部件环境影响评价与材料选择等。

4.1　通用汽车材料数据系统

4.1.1　国际材料数据系统

国际材料数据系统（international material data system，IMDS）是一个进行材料成分认定，包含汽车产业零件和材料的数据库系统，由国际上多家汽车制造厂商联合开发的，服务于汽车供应链，并以互联网为运行载体的第三方服务平台。全球几乎所有的汽车制造厂商都可以通过国际材料数据系统要求供应商提供产品所用的材料数据，以便汽车制造厂商根据该材料数据确定汽车中可回收利用的零部件。汽车行业的整车企业和零部件企业，包括一级供应商、二级供应商等都可以使用 IMDS，供应商只需使用 IMDS 一个系统便可向多个厂商提供零件资料，从而降低成本。目前，IMDS 已经得到大部分企业的认可，其数据的收集和流向如图 4-1 所示。

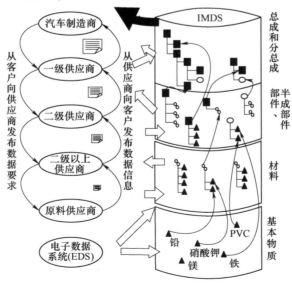

图 4-1　IMDS 数据的收集和流向

▶ 4.1.2 国际汽车拆解信息系统

为提高车辆的可回收性，需要加强汽车制造业、拆解业和循环利用业之间的紧密协作。汽车制造商应在汽车设计制造过程中对产品进行可回收设计和可拆解设计，拆解业厂商应为循环利用业厂商提供优质的再生资源。因此，拆解是车辆循环利用系统的重要环节，必须掌握报废汽车的拆解和可回收信息。

目前，汽车制造商不仅要面对越来越严格的环境保护法规，而且还要面对消费者越来越成熟的环境保护意识，即消费者可能根据制造商是否参加环保活动和产品是否对环境产生影响而选择购置相应产品。20 世纪 90 年代中期，一些世界著名的汽车制造商联合开发和推动应用国际汽车拆解信息系统（international dismantling information system，IDIS），在 IDIS 中用户可以查询拆解车型和浏览拆解信息。

▶ 4.1.3 中国汽车材料数据系统

中国汽车材料数据系统（China automotive material data system，CAMDS）是为实施汽车产品回收利用率和禁用/限用物质管理，提高我国汽车产品材料回收利用率而开发的产品数据管理平台。CAMDS 可以帮助汽车生产企业实现对零部件供应链中各级产品的材料数据进行信息化管理。在该系统中，零部件供应商可完成零部件产品材料信息与提交，记录零部件的材料、可回收性、禁用/限用物质和基本物质的使用情况。整车和零部件制造企业能够利用该平台收集、汇总零部件产品相关信息，并在此数据基础上完成对整车和零部件产品回收利用率和禁用/限用物质使用情况的跟踪与分析。

▶ 4.1.4 代表性汽车厂商材料数据系统

汽车材料数据系统的运用越来越广泛。若没有汽车材料数据系统，则难以系统管控禁用/限用物质、整车材料数据，且难以进行回收利用率计算，会导致汽车通过整车型式认证难度增加等一系列问题的产生。国内外汽车厂商的材料数据库系统见表 4-1。

表 4-1　国内外汽车厂商材料数据库系统

名　　称	英文简称	汽车厂商	主要目的/作用
材料数据系统	MIS	大众汽车	实现整车材料的监管与禁用/限用物质控制，为汽车拆解回收过程提供零部件材料数据信息
汽车回收利用信息与材料管理集成系统	MACOS	通用汽车	管理和控制汽车的用材，可准确计算出整车的回收利用率

（续）

名　　称	英文简称	汽车厂商	主要目的/作用
车型回收利用率计算系统	VERON	大众汽车	完成整车回收利用率的计算
奇瑞材料数据系统	CMDS	奇瑞汽车	实现物料清单与材料数据系统数据的匹配结合，具有物料清单管理、材料审核、用材统计分析、RRR 计算以及拆解回收信息管理等功能

4.2　汽车材料数据系统的数据类别

4.2.1　材料数据

材料数据用于描述一个零部件或半成品的构成（如钢材、塑料、橡胶等）。材料的分类有：金属、聚合物（不包括橡胶）、橡胶、玻璃、液体、经过改良的有机天然材料（如皮革、纸板、棉毛织物）、其他（不能进行详细分类的零部件和/或材料）。

4.2.2　产品数据

汽车产品数据一般包括以下几方面内容：

1）整车产品数据，包括整车技术条件、整车技术规范、内外饰效果图、人机工程设计要求、整车性能分析报告、整车总布置图、管线布置图、电气原理图、CAE（计算机辅助工程）分析报告、典型截面、标准件选用等。

2）零部件产品数据，包括产品零部件开发要求书、设计潜在失效模式及后果分析文件、产品图样、产品数模、公差图、工装样件认可报告等。

3）试验公告数据，包括整车基本性能试验报告、整车可靠/耐久性试验/技术检验报告、法规项验证试验及试验报告等强制性标准检验和型式认证报告，以及动力标定、风洞试验、产品公告等。

4）产品配置及零件清单，包括品种代码、车型代码、发动机代码、档位代码、颜色代码、空调代码、整车装配结构图、关键产品特性清单、关键转矩表、工程零件清单、零件重量清单、各阶段装车 BOM（物料清单）、零件清单适用性评估报告等。

5）设计问题处理及产品更改文件，包括可靠性试验故障问题库、造型面问题库、管线布置问题库、各阶段造车问题库、感知质量问题库、试乘试驾评审问题库、产品更改申请库、工程工作指令库、生产措施授权库等。

6）研发项目其他文档，包括产品质量目标、项目组织机构、产品开发策略、产品竞争力分析、参考车型对比分析、产品开发计划、动力总成计划、制造方案及计划、经验总结等文档。

汽车产品数据是汽车企业其他数据和业务的基础。

▶ 4.2.3 回收利用数据

汽车材料的回收利用数据包括可再利用率与可回收利用率，可再利用率与可回收利用率的定义及计算参照本书第2.3节中的内容。对可再利用率和可回收利用率的计算在新车投放市场前由车辆制造商完成。作为机动车强制认证的一部分，对车辆的回收再利用分为预处理、拆解、金属分离、非金属残余物处理四个阶段。

▶ 4.2.4 环境负荷数据

不同种类汽车组件的材料对环境的影响程度不同。为了定量描述环境影响的程度，需要引入一个物理量——材料的环境负荷。材料环境负荷是指某一具体材料在其生产、使用、消费或再生产过程中耗用的自然资源数量，以及其向环境体系排放的各种废弃物，即气态、固态和液态废弃物的总量。汽车材料环境负荷数据使用生命周期环境影响评价方法获得，具体参照本书第3章内容。

4.3 汽车产品信息模型

▶ 4.3.1 建模方法

目前，主要的产品建模方法有几何建模、特征建模和全生命周期建模，相应的产品信息模型和数据模型有产品几何信息模型、特征产品信息模型、集成产品信息模型、智能模型和生物模型等。

（1）产品几何信息模型 该模型采用几何建模方法建立，即物体的描述和表达建立在几何信息和拓扑信息处理基础上。几何信息一般是指物体在欧氏空间中的形状、位置、大小，而拓扑信息则是物体各分量的数目及其相互间的连接关系。这一类模型主要由线、框、面、实体和混合模型表示，它着重于产品的几何构成数据，不能表达功能、布局、原理、用户需求、设计风格、材料等非几何信息，无法支撑抽象、复杂的概念设计求解过程。

（2）特征产品信息模型 特征是一种综合概念，它作为产品开发过程中各种信息的载体，除了包含零件的几何信息外，还包括了设计制造等过程所需要的一些非几何特征。因此，特征包含了丰富的工程语义，它是在更高层次上表达产品的功能和形状信息。对于不同的设计阶段和应用领域有不同的特征定义。

（3）集成产品信息模型 以基于 STEP 标准的产品功能信息模型、基于图元对象的工程产品 CAD 信息集成模型等为代表的集成产品信息模型扩大了特征的含义，其包含了产品生命周期内多种特征信息，解决了 CAD/CAPP/CAM 集成化中数据共享和一致性、信息不完全等问题。但是建立的模型大部分是面向制造的，开放性差，无法清晰且简洁地模拟客观的设计过程。另外一类集成产品信息模型，如组件特征模型等，虽然立足于面向产品级的特征内涵，但未考虑到用户对概念设计全过程的影响，难以支持用户全程参与概念设计、设计师超越用户导向的产品概念设计过程。

▶ 4.3.2 产品的结构层次

在汽车生产中，一组相互关联的零件按照一定的装配关系组成部件和总成，部件与总成又和其他相关零件装配形成产品。因此，汽车产品从组成结构的角度可以分解为若干总成、部件和零件，总成和部件又可以进一步分解成若干子部件和零件，其体现了产品结构的层次性。

汽车产品的结构层次能够以图论中的树形结构来表示，树形结构图中可以清楚地体现汽车的整体结构及各组成部分的结构，进而反映了零部件的空间组合关系，有利于进行产品的分析和管理等工作。汽车产品的结构层次可通过零部件间的空间关系以及产品的工艺过程和决策方案体现。图 4-2 所示为某汽车产品的层次结构示意图，由于整车零部件众多，产品结构复杂，因此在图中只选择了整车中发动机和燃油装置两个总成做示意。根据图中整车的组成和结构层次，可以对零部件进行分类，然后针对不同类型的零部件分别确定回收处理方式。

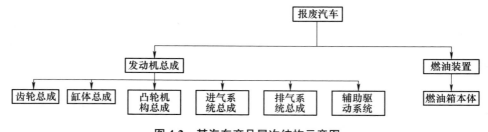

图 4-2　某汽车产品层次结构示意图

模型是为了理解事物而对事物做出的一种抽象。产品信息模型反映了产品信息系统的概况，是对产品的形状、功能、技术、制造和管理等信息的抽象理解和表示，是按照产品的结构层次组织起来的产品模拟及其信息的集成。在产品信息模型中，记录是存储结点或结点间关系的基本数据单位，由若干个不同数据类型的字段组成。父子关系是层次数据模型中记录之间最基本的数据关系，利用父子关系可以构成树形结构的层次数据模式。

4.3.3　数据组织模型

1. 物质流

在产品生命周期中材料物质的流动是沿着"生产→运输→装配→使用→最终产品报废"这一特定路径流动的。流动过程中，不同阶段物质的存在方式不同。

无论何种规模、何种层次的系统，其物质流实质上都是各种非能源物质以及煤炭、天然气、石油等能源物质沿着生命周期所形成的流动。不同物质组成不同系统，并且流动的轨迹不同。系统的物质流结构网络图如图 4-3 所示。

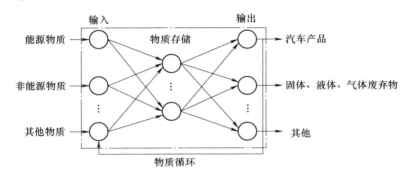

图 4-3　系统的物质流结构网络图

2. 能量流

能量流伴随着物质的流动。能量流有转换与转移两种流动形式。转换是指能量由一种形态转换为另一种形态；转移则是能量从一个位置到另一个位置或从一个物体到另一个物体。能量流动的实质就是能量利用和损失。如果将能源产品的使用也包含在能源流动轨迹之内，则能量的最终去向是唯一的，流向环境任意系统的能量流结构也大同小异。系统的能量流结构网络图如图 4-4 所示，其中 A 代表能量转换的环节，B 代表能量利用的环节，C 代表能量回收的环节。

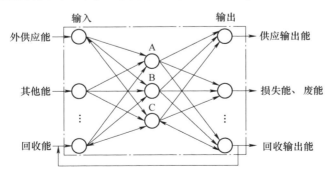

图 4-4　系统的能量流结构网络图

▶ **3. 过程流**

过程流依附于其他流进行传递。可将过程流分为两部分：依附于物质流传递的物质流过程和依附于能量流传递的能量流过程。图 4-5 所示为过程流输入输出简图。

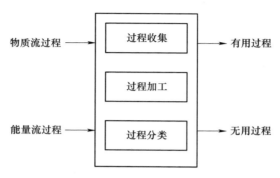

图 4-5　过程流输入输出简图

4.4　汽车回收利用信息模型

本节以著者团队相关研究为例，介绍建立汽车回收利用信息模型过程中相关的建模方法、拆解流程分析、数据获取方法，可作为应用参考。

▶ **4.4.1　建模方法**

汽车回收利用信息模型是对整车拆解过程中信息活动的结构化描述，它涵盖了汽车产品回收过程中的产品结构信息、材料回收信息和零部件拆解信息的表达、传递、加工、使用以及维护等信息活动环节。汽车回收利用信息模型由零部件信息模型、零部件关系模型等组成，以集合、树、数据的形式表示，为信息系统的建设提供了理论指导。汽车回收利用信息管理实质是信息采集、传递和加工处理的过程，尽管汽车的品牌不同，车型各异，但从整车回收利用的过程来看，它们都具有相同的信息属性和流程。由于有关汽车回收利用的法律法规不断出台，且相关标准、要求和拆解回收工艺技术也在不断更新，因此就要求现有的汽车回收利用信息模型可扩展，以便于系统对外部快速响应。汽车回收利用信息模型的建立要基于计算机信息技术的支持，结合汽车回收利用信息管理的业务流程，对信息模型的结构组成进行分析。

汽车产品零部件众多，从功能结构看可由发动机、底盘、车身、电气设备四部分组成，从拆解角度则可划分为整车油液、危险部件、功能部件、白车身、连接件、内饰等部分。由于汽车产品由众多零部件组成，因此首先应进行零部件的信息建模。

汽车回收利用信息模型中的零部件信息模型是对零部件设计、拆解以及回收过程中所需信息的集成，可划分为零部件的结构信息、拆解信息和材料信息三种。每种信息又包含多个子信息元。为了方便表述，采用基于集合的概念并用如下三元组建立零部件信息子模型。

$$P_i = \{P_{is}, P_{id}, P_{im}\}$$

式中，P_{is} 是第 i 个零部件结构元；P_{id} 是第 i 个零部件拆解元；P_{im} 是第 i 个零部件材料元。

零部件结构元 p_{is} 包括：零部件号、零部件名称、车型号、所属部件号、零部件层级。零部件结构元用于标记、查找零部件在整车中的位置和结构。

零部件拆解元 p_{id} 包括：零部件所属阶段、零部件拆解重量、零部件连接方式、拆解工具、拆解难度、拆解时间、拆解工艺。其中零部件所属阶段划分为预处理、拆解、金属分离、非金属材料回收以及非金属能量回收。零部件拆解元用于记录每个零部件在拆解过程中所属的阶段和拆解后的实际重量以及拆解过程中的工艺信息。

零部件材料元 p_{im} 包括：零部件材料组成及含量、材料物质组成、材料再生性能、材料禁/限用物质含量。零部件材料元用于判断材料的回收利用性能、统计并追溯禁/限用物质在整车中的含量和分布以及汽车产品的 RRR 计算。

通过零部件信息子模型进而建立汽车回收信息模型。用集合 V 表示为

$$V = \{P, D, M, p_d, p_m\} \tag{4-1}$$

式中，$P = \{P_i | i \leq n\}$，是零部件集合，n 是集合中的零部件数量；$D = \{P_{id} | i \leq n\}$，是拆解信息集合；$M = \{P_{im} | i \leq n\}$，是材料集合；$p_d : P \leftrightarrow D$，是零部件集合与拆解信息集合的映射关系；$p_m : P \leftrightarrow M$，是零部件集合与材料集合的映射关系。

汽车回收利用信息模型是一个支持整车及总成 RRR 计算、禁/限用物质统计及追溯、零部件法规符合性预判等功能，并能完整存储整车结构信息、拆解信息和材料信息的模型。信息模型的表达可分为图结构与树结构两种。可使用分层多叉树结构对汽车回收再利用信息模型进行表达，其结构清晰、易于维护。用树状图 T 来表示汽车回收信息模型：

$$T = (C', R, F, c'_f)$$

式中，

$$C' = \{N_{ij} | i \leq l, j < s_i\}$$

是树上结点集合。树上的每个结点均表示汽车产品中的一个零部件，根结点表示整车，叶子结点表示零件。N_{ij} 是树上自上而下第 i 层、从左至右第 j 个结点。结点关系集合如下：

$$R = \{ R_{ij \to i'j'} \mid i, i' \leqslant j, j' < s_i \}$$

R 中包含了所有的结点间父子从属关系信息，若结点 N_{ij} 是 $N_{i'j'}$ 的子结点，则必存在 N_{ij} 到 $N_{i'j'}$ 的结点关系 $R_{ij \to i'j'} \in R$。

$F = \{ F_i \mid i < M \}$，是零部件信息子模型集合；$c'_f : C' \leftrightarrow F$，是结点集合与零部件信息子模型集合的映射关系；$l$ 是树的深度；s_i 是第 f 层上的结点总数；M 是零部件信息子模型数量。

树状模型如图 4-6 所示。

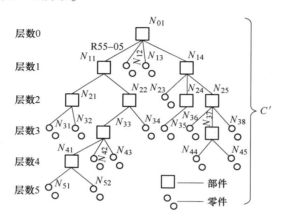

图 4-6　树状模型

采用回收再利用信息模型对汽车产品进行回收再利用信息管理、整车及总成 RRR 计算和禁/限用物质统计及追溯等过程中，需首先采集整车拆解和材料数据。汽车具有数以万计的零部件，加之供应链冗长以及部分总成件结构复杂，致使数据采集的难度很大，且易出现以下问题：①数据采集深度不够，无法达到整车结构最底层，即零件层；②数据准确性不高，与整车拆解所得数据存在出入等现象。这些因素会对统计和计算的结果产生影响，因此需对整车数据进行校核以及筛选处理。

以图 4-6 所示模型为例，所有结点组成集合 C'，N_{ij} 表示第 i 层，左起第 j 个结点。树中根结点 N_{01}，表示某款汽车产品，以 N_{11}、N_{14} 为根结点的两棵子树和 N_{12}、N_{13} 两个叶子结点表示整车中各总成和与其层次相同的零件（多为总成间的连接件）。其中，N_{11}、N_{14} 两棵子树为多叉树，其叶子结点为零件，中间结点为部件 $C = \{ R_{ij \leftrightarrow i'j'} \subset R \}$。对整车进行统计和计算时，应优先从结点集合 C' 中选取可用于计算的结点集合 $C = \{ R_{ij \leftrightarrow i'j'} \subset R \}$，即叶子结点，如图 4-6 中结点集合 $C = \{ N_{51}, N_{52}, N_{42}, N_{43}, N_{44}, N_{45}, N_{31}, N_{32}, N_{34}, N_{35}, N_{36}, N_{38}, N_{23}, N_{12}, N_{13} \}$。由于叶子结点没有子结点，因此其表示由单一材料制成的零件。各零件重量依据拆解所属阶段和材料的再生性能计入不同阶段重量中。

在实际计算时，由于零部件信息采集深度不够，不能得到整车所有叶子结点的数据；某些总成或部件具备整体可再利用性，无须深度拆解，其下所有零部件均被认为可再利用。可不必或不能依据所有叶子结点进行计算。因此，处理整车零部件数据时，采用递归算法，从底层结点开始，优先选择叶子结点。遇到上述情况时，可采取"舍子取父"的原则，取其父结点数据并舍弃该父结点的所有子孙结点。据此逐级向上，除结点 N_{01} 外，对所有结点进行筛选并最终得到可用于相关统计和计算的结点集合 C。树状模型算法流程如图 4-7 所示。

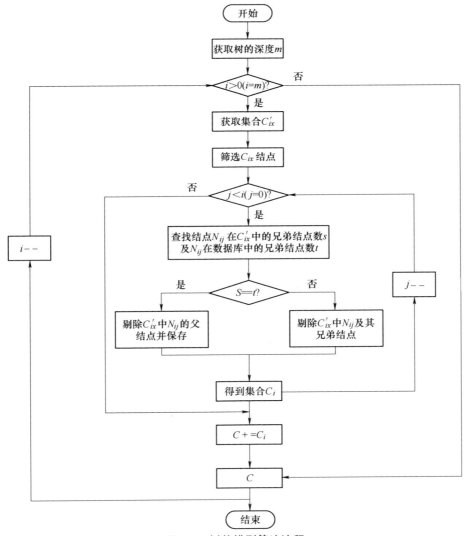

图 4-7 树状模型算法流程

▶ 1. 算法的运算流程

1）对产品层次结构树中的所有结点进行初步筛选，剔除数据不完整的结点。

2）获取汽车产品的层次结构深度 m。

3）从产品层次结构树的底层开始，逐层检验各层结点与其父结点的父子关系，确定是否"舍子取父"。设：当前第 i 层的所有结点为集合 C'_{ix}，对其进行筛选，得出能够用于统计和计算的结点集合 C'_{ix}。分别查找当前待验证结点 N_{ij} 在数据库中的兄弟结点数 t 和在结点集合 C'_{ix} 中的兄弟结点数 s。若 $s==t$，说明结点 N_{ij} 的所有兄弟结点都通过流程1）中的初选，均可用于相关统计和计算，则剔除 N_{ij} 的父结点，保留 N_{ij} 的兄弟结点。若 $s<t$，说明 N_{ij} 的部分兄弟结点未能通过流程1）中的筛选，已被剔除，此时剔除结点 N_{ij} 及其兄弟结点，使用其父结点数据。通过筛选后的结点集合为 C_i。

4）将通过流程3）中筛选的结点集合添加到结点集合 C 中。

5）对表示产品结构层的变量进行自减运算 $i--$，并判断自减运算后的循环控制变量 i 是否溢出。若 $i>0$，表示还未筛选到产品层次结构树的最高层，则返回到流程2）中继续循环；若 $i\leqslant0$，表示已完成产品层次结构树中对各层的校验，可以结束循环。

6）此时结点集合 C 中的结点均为可用于汽车产品相关统计和计算的零部件结点。

▶ 2. 算法的伪代码

1）初选整车产品层次结构树上结点，除数据不完整结点。

```
For（int i=0;i<count;i++)//count 表示产品层次结构树中的结点数
{
        if(当前结点 Ni 数据不完整)
        {
            从 C'ix 中删除结点 Nij;
        }
}
```

2）获取整车产品层次结构树的深度。

```
int max_Level = 0;
for(int i=0;i<count;i++)// count 表示经过流程1)筛选后的产品结点集
合中的结点数
    {
        if(当前结点的产品结构层级 > max_Level)
```

max_Level = 当前结点的产品结构层级;

}

3) 逐层检验各层结点与其父结点的父子关系,确定是否"舍子取父"。

for(int i = max_Level;i > 0; i −−)//从产品结构层级最底层循环递减

{

　　for(int j = 0;j < count; j ++)//count 表示经过流程 1) 筛选后的产品结点集合中的结点数

　　{

　　　　t = sum(N_{ij}) ;//结点 N_{ij} 在数据库中的兄弟结点数 t

　　　　s = C'_{ix}(N_{ij}) + U(N_{ij}) ;//结点 N_{ij} 在结点集合 C'_{ix} 和 U 中的兄弟结点数 s

　　　　if(s < t)// N_{ij} 部分兄弟结点未能通过流程 1)中的筛选,已被剔除

　　　　{

　　　　　　Del(N_{ij}) ;//删除结点 N_{ij} 在 C'_{ix} 中的兄弟结点

　　　　　　Add(N_{ij}) ;//添加 N_{ij} 的父结点到结点集合 U 中

　　　　}

　　　　if(s = t)// N_{ij} 兄弟结点全部通过流程 1)中的筛选

　　　　{

　　　　　　Delparent(N_{ij}) ;//删除结点 N_{ij} 在 C'_{ix} 中的父结点

　　　　}

　　}

}

通过对整车零部件数据处理,得到可用于汽车产品相关统计和计算的结点集合 $C = \{N_i < s\}$, N_i 表示集合 C 中第 i 个结点, s 表示集合中的结点数。其中, N_i 包含 6 种属性, $N_i = \{N_i^{Mp}, N_i^{Md}, N_i^{Mm}, N_i^{Mtr}, N_i^{Mte}, N_i^{Weight}\}$。

▷▷4. 4. 2　整车拆解流程

汽车产品的拆解包括整车拆解工艺、材料分类检测和利用方法、拆解作业与整车破碎工艺、拆解场地设计与管理和危险废物及垃圾的存放管理等方面。本小节主要介绍汽车产品的拆解工艺和拆解过程中的数据采集。

由于我国报废汽车相关法规条例的规定以及拆解设备和工艺落后,导致国内拆解工厂除了集中拆解其认为有再利用价值的部件或者需要的部件外,剩下的统一处理,作为材料回收。其后果是:一方面,粗暴的拆解方法破坏了零件的价值;另一方面,对未经分类的材料进行回收,降低了材料的价值,导致报废汽车的拆解回收效益低下。

对汽车的拆解应采用深度拆解的方式。汽车产品的拆解工艺总体上可分为预处理、总体拆解、总体分解、车身处理及材料分选处理五部分，各阶段应按照相关标准严格操作，以避免造成二次污染。

汽车拆解前需了解的相关知识及准备工作如下。

▶ 1. 汽车的总体构造

虽然各类型汽车的总体构造各不相同，但基本上都是由发动机、底盘、车身和电气设备四部分组成的。

（1）发动机 发动机是汽车的动力装置，其作用是将发动机气缸燃料燃烧产生的热能转换为机械能并输出动力。

（2）底盘 底盘是汽车构成的基础，由传动系、行驶系、转向系和制动系四部分组成。

1）传动系：由离合器、变速器、万向传动装置和驱动桥等组成，其功用是把发动机的动力传给驱动车轮。

2）行驶系：由车架、车桥、车轮、悬架等组成，其功用是把汽车各总成、部件连接成一整体，支承全车并保证汽车行驶。

3）转向系：由转向盘、转向器和转向传动装置组成，其功用是使汽车按驾驶人所规定的方向行驶。

4）制动系：由制动器和制动传动装置组成，其功用是迅速降低汽车行驶速度。

（3）车身 车身用于供驾驶人、旅客乘坐或装载货物。货车车身由驾驶室及车厢组成，而客车、轿车的车身一般为一个整体，部分客车或轿车的车身兼有车架的作用。

（4）电气设备 电气设备由电源（发电机、蓄电池）、发动机的起动系、点火系及照明、信号和仪表装置等组成。另外，现代汽车上使用的各种电子设备、微处理器等也属于电气设备的范围。

▶ 2. 汽车产品的分类

机动车辆和挂车分为 L 类、M 类、N 类、O 类和 G 类。

（1）L 类 两轮或三轮机动车辆。

（2）M 类 至少有四个车轮并且用于载客的机动车辆。

M_1 类——包括驾驶人座位在内，座位数不超过九个的载客车辆。

M_2 类——包括驾驶人座位在内，座位数超过九个，且最大设计总质量不超过 5000 kg 的载客车辆。

M_3 类——包括驾驶人座位在内，座位数超过九个，且最大设计总质量超过 5000 kg 的载客车辆。

（3）N 类　至少有四个车轮且用于载货的机动车辆。

N$_1$类——最大设计总质量不超过 3500 kg 的载货车辆。

N$_2$类——最大设计总质量超过 3500 kg，但不超过 12000 kg 的载货车辆。

N$_3$类——最大设计总质量超过 12000 kg 的载货车辆。

（4）O 类

O$_1$类——最大设计总质量不超过 750 kg 的挂车。

O$_2$类——最大设计总质量超过 750 kg，但不超过 3500 kg 的挂车。

O$_3$类——最大设计总质量超过 3500 kg，但不超过 10000 kg 的挂车。

O$_4$类——最大设计总质量超过 10000 kg 的挂车。

在本节中，对汽车产品的拆解回收主要针对 M$_1$ 类车辆进行介绍。

3. 汽车产品的拆解方式和作业组织

（1）拆解方式　汽车产品的拆解方式可根据对汽车零部件的回收利用目标进行分类，见表 4-2。

表 4-2　汽车产品拆解方式

分　类	非破坏性拆解	准破坏性拆解	破坏性拆解
目标	零件再使用	零件再利用	材料再利用
零部件拆解程度	零部件完好卸下	破坏连接件的拆解	无限制任意拆解
有效性	高	中	低
效率和效益	低	高	较高

对汽车产品进行非破坏性拆解可以将零部件以完好的状态拆离，尽可能地使零部件可再使用，但拆解效率及经济性较低。准破坏性拆解是由于连接方式复杂不易拆解而采用的以破坏连接件的方式进行零部件的分离，其目的仍是获取可再使用的零部件，但常会损伤零部件和零部件的功能，因此有些被拆解下的零部件已不再具备再使用性，只能做材料回收。破坏性拆解则是完全以获取材料为回收目标，拆解工艺往往简单、快捷，效率较高。

（2）作业组织　拆解作业组织包括拆解作业方式和劳动组织形式。汽车拆解作业的工作方式有两种，即定位作业和流水作业。定位作业是指将汽车放置在一个工位上进行全部拆解作业的方式。在该工位上，拆解人员按不同的劳动组织形式，在规定时间内，分部位、按顺序地完成作业任务。这种方式便于组织生产，适用于复杂车型的拆解作业。流水作业是指汽车被放置在拆解生产线上，按照拆解工艺顺序和节拍依次经过各个工位进行拆解作业的方式。流水作业方式的拆解工作效率高，拆解车辆的再生利用率高，平均每辆车的面积利用率高；但是可拆解的车型覆盖面相对小，设备的数量较多。

汽车拆解作业的劳动组织形式有综合作业和专业分工两种。综合作业是指将可以进行全面拆解作业的人员安排在一起的劳动组织形式。这种劳动组织形式需要的人员较少，拆解进度较慢，效率较低，一般适用于拆解数量少、复杂车型的拆解作业。综合作业劳动组织形式一般与定位作业方式相配合。专业分工是指针对每项作业安排固定的人员进行拆解作业的劳动组织形式。它既适用于定位作业方式，也适用于流水作业方式。例如，废旧汽车拆解过程中，安全气囊和制冷剂的拆解处理是采用专业分工性质的劳动组织形式。

▶ 4. 汽车产品的拆解原则

对整车的拆解应遵循先易后难、先少后多、从外到内、从附件到核心、先整车后总成、由总成到部件、由部件到零件的原则进行。对缺少拆解信息的新车型的拆解，应先拆解容易作业的部位，后拆解作业空间小、结构复杂的部位。

本章中对整车的拆解主要是面向汽车回收利用及相关计算进行的深度拆解。整车拆解工艺流程按照预处理、零部件拆解、金属分离、非金属材料回收、非金属残余物处理五个阶段进行。整车拆解工艺流程如图4-8所示。

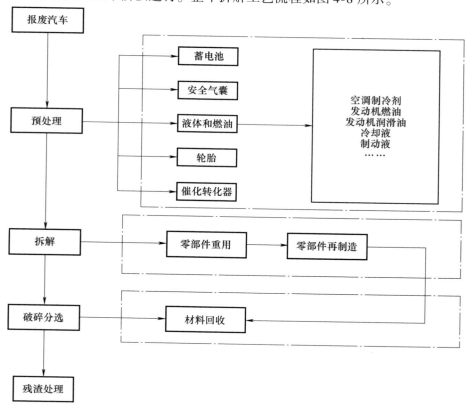

图 4-8 整车拆解工艺流程

下面以量产的某款汽车拆解为例说明其过程。表 4-3 所列为该款汽车的车型配置。

表 4-3　车型基本配置

配　　置	参　　数
发送机	1.3L 直列四缸
变速器	5 档手动变速器
车身结构	4 门 5 座三厢
整备质量	1100 kg
驱动方式	前置驱动
其他	无备胎和脱钩

▷▷ 1. 拆解准备工作

（1）拆解场地　由于在整车拆解过程中，涉及车辆拆解、零部件和材料存放以及拆解后有害物质和易燃易爆物的存放等问题，因此要把拆解车间合理地划分成几个工作区域，如拆解区、工具存放区、零件存放区、危险物品存放区等。在本实例中对样车的拆解采用了图 4-9 所示的场地布置。

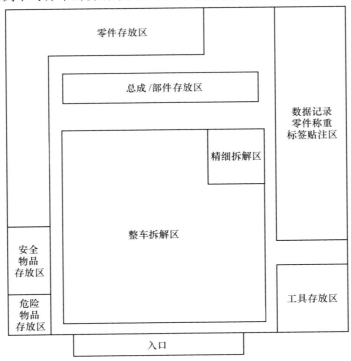

图 4-9　拆解场地布置

1）有害物质、油液等危险物品存放区设置在车间边缘区域，远离火源，粘贴标签以说明物品的种类、危害性等。

2）存放区和拆解区存放消防安全设备并粘贴使用说明，如灭火器，确保出现火情时拆解人员能够正确使用，处置突发状况。

3）待拆解区、拆解区以及危险物品存放区等都要张贴相应的警示标志和安全规范说明，同时在拆解区要建立空气质量检测规范，确保拆解人员人身安全。

4）报废拆解区、存放区属于严令禁烟禁火区，一切明火作业要保证周围没有易燃物存在，拆解作业完成后所有电源都要切断。

（2）拆解方式与作业组织　汽车产品拆解方式根据拆解进程确定。整车预处理阶段采用非破坏性拆解，尽量保留零部件的可再利用性。拆解阶段采用非破坏性拆解、准破坏性拆解的方式，尽量保留零部件的可再利用性和材料的可回收利用性。金属分离、非金属材料回收和非金属残余物处理采用破坏性拆解的方式。在拆解作业的组织上，采用定位作业的拆解作业方式和综合作业的劳动组织形式进行。

（3）拆解人员分工　整车的拆解过程需要拆解人员各司其职，通力合作，以实现安全、高效、流水作业。本实例针对的是三厢家用轿车，属于小型轿车。安排的拆解人员主要有拆解员、辅助拆解员、零件信息记录员、拆解信息记录员、零件称重收录员、摄像员、拍照员。拆解人员工作内容见表4-4。

表4-4　拆解人员工作内容

职　位	工　作　内　容
拆解员	负责进行拆解工作，与零件信息记录员一起完成零部件信息的数据录入；与拆解信息记录员一起完成该车型拆解手册的编写；对拆解有总体规划，并以日志形式对第二天的工作做出简要规划；协调各个方面工作
零件信息记录员	主要负责零件信息的记录。具体工作包括：根据拆解员的拆解工作，在零件信息表中记录拆解下来的零部件的数量、拆解质量等信息；并在当天与拆解员一起把记录的零件信息录入BOM中
拆解信息记录员	主要负责拆解工序的整理，后期与拆解员一起完成拆解手册的编写。具体工作是在拆解信息表中记录拆解零部件的具体步骤，并对拆解工作的难易程度进行评价
辅助拆解员	主要工作是辅助拆解员进行拆解。具体工作包括：协助拆解员进行拆解；把拆解下来的零部件送到零部件称量处进行称量；帮助拆解员取放拆解工具；负责与零件信息记录员和拆解信息记录员进行沟通，帮助上述两类人员完成记录
零件称重收录员	主要负责完成拆解下来的零部件的标记和入库工作。具体工作包括：通过和零件信息记录员进行沟通后填写拆解下来的零部件的标签信息（包括名称、质量、数量）；利用标签标记拆解下来的零部件；根据零部件所属的汽车系统，把零部件摆放到货架的不同位置

（续）

职　　位	工 作 内 容
摄像员	负责整个拆解过程视频录制，并将当天的录像进行复制，完成录像的备份工作；后期完成对录像的处理
拍照员	负责对拆解工程进行拍照。照片应包括拆解前后该拆解部位的照片，零部件拆解下来后的照片，拆解现场的部分照片；对当天的照片进行复制，完成照片的备份工作；后期完成对照片的处理

（4）拆解工具和装备　在汽车产品拆解过程中用到的拆解工具和装备主要包括：常用螺栓螺母拧开工具一套，常用扳手、钳子、锤子一套，风动扳手或电动扳手，火花塞端子插拔钳，汽车灯泡专用夹钳，软管弹簧夹钳，汽车窗钩铲錾，汽车转向盘锁紧板装拆器，汽车消声器和排气管拆卸工具，角磨机，压力机，起重机与举升机，翻转架，容器，工作用手套、工作服、文具等。

▶▶ **2. 整车拆解过程**

（1）预处理　拆解释放或收集汽车的蓄电池、所有液体（包括燃油、发动机润滑油、变速器/齿轮箱油、助力转向油、冷却液、制动液、减振液、空调制冷剂、风窗玻璃清洗液）、机油滤清器、液化石油气（LPG）罐、压缩天然气（CNG）罐、轮胎、安全气囊、催化转换器等，确保后续拆解过程的安全性，保护环境，并将这些零部件的质量计入 m_p 中。

预处理阶段的拆解顺序：拆解蓄电池装置→拆解安全气囊装置→抽取车上液体及机油滤清器→拆解 LPG 罐和 CNG 罐→拆解排气装置→拆解轮胎及备胎。

由于整车中不同液体的存储位置不同，因此须采用合适的方法来提取这些液体。表 4-5 所列为车上部分液体的提取方法。

表 4-5　车上部分液体的提取方法

液 体 名 称	提 取 方 法
冷却液	从低软管引出，切断加热器软管，从油箱引出
风窗玻璃清洗液	从风窗玻璃清洗液罐引出
制动液	从油箱引出，切断挠性管或拧松排气栓
离合器液	从油箱引出，拧松排气栓
发动机润滑油	从排水栓排出，通过液位计导管加压
自动变速器液	从排水栓排出，通过液位计导管加压，切断空调软管的回水一侧
手动变速器液	通过排水栓排出
传动液	通过排水栓排出
差速器油	通过排水栓排出

（2）零部件拆解　首先以整车中各总成/部件为单位，遵循"先易后难、从外到内、由总成到部件、由部件到零件"的原则，评估其可拆解性和可再利用性。

1）若可再利用且能够拆解，则整体拆下，再将其深度拆解成子装配体或零件。拆解下的总成或子装配体如果具备再使用或再制造重用性，则将其质量计入 m_D 中，不做进一步拆解；若不具备，则应拆解到零件层后再根据不同材料的回收性能确定各零件的拆解阶段。

2）若不可再利用或无法拆解，则不做处理，待金属分离阶段处理。根据汽车产品安全性的规定，汽车产品上被认为是不可重新使用的零部件有：车用气囊总成，包括气囊袋、点火装置、电子控制模块和传感器；自动的或非自动的座椅安全带总成，包括安全带、带扣、卷收器、点火装置；座椅（仅指安全带固定点或安全气囊集成在座椅上的情况）；作用于转向立柱的转向锁总成，即电子防盗器，包括异频信号收发器和电子控制单元；排放后处理装置（例如三元催化器、颗粒过滤器）；排气消声器等。

3）金属分离阶段是为了获取车上剩余的所有金属（黑色金属和有色金属）。在拆解到该阶段时，整车上大多数部件/总成和易拆解零件均已拆除，只剩下车身本体焊接总成和少量无法拆解、拆解成本过高的零件。该阶段将旧车剩余体送入切碎机系统流水线压扁，然后在多刃旋转切碎装置上切成碎块，并通过各级分选装置得到金属类、塑料类和其他类材料碎片。m_M 即为经过此过程后得到的金属类材料的质量。

4）非金属残余物处理阶段主要完成整车预处理、拆解和金属分离阶段后残存的非金属残余物的处理。其中 m_{Tr} 代表可再利用的非金属残余物的总质量，m_{Te} 为可用于能量回收的剩余物的总质量。

▶▶ 3. 典型零部件的拆解

汽车产品中的许多典型零部件在汽车报废时可通过拆解回收的方式对其加以循环利用。发动机是一种典型的回收价值极高的总成件，因此要对发动机进行回收利用，应将其完整无损地拆解下来。拆解时，首先将其与变速器脱开，再用吊具将其从汽车中移出。发动机总成的拆解步骤如下：

1）放净发动机油底壳中的机油，并加以收集。

2）将暖风开关拨到"暖气"位置。

3）打开散热器盖。

4）水泵有三个进口：散热器出水口处的水泵进口（称为水泵大循环进口）；自暖风出水口进入水泵的第二进水口；小循环时的水泵进口。将水泵大循环进口处拆开，放出冷却液并存入容器。

5）拆解发动机上与电子控制系统相关的线接头，并移开线束。

6）拆下并移开所有与发动机连接的真空管、油管，并用清洁布料（不会脱丝的织布）堵住管口。

7）拧松发电机张紧支架螺栓和空调压缩机架螺栓，解下传动带。

8）拆下空气滤清器及管道，并用清洁布料盖住进气管口。

9）先将空调压缩机从发动机上拆下，将压缩机和管道一起移到车身一侧用绳固定。

10）解开节气门和离合器拉索。

11）拆下起动机上的导线接头，卸下起动机紧固螺栓，拆下起动机总成。

12）拆解排气歧管与排气管接口处的螺栓，卸下排气管，同时断开氧传感器的接头。

13）拧开发动机和变速器的连接螺栓以及飞轮壳的固定螺栓。

14）卸下发动机的橡胶支承缓冲块锁紧螺母。

15）将吊座夹头放在发动机后端，拧紧连接螺栓。

16）放入吊架并固定相应的受力点，吊起发动机，使其脱离发动机支承梁。

17）拧下发动机与变速器的连接螺栓，卸下变速器。

18）用托架将发动机固定在装配旋转架上。

4.4.3 数据获取方法

汽车产品的回收利用数据用于实现汽车产品的零部件拆解与回收信息管理、整车禁/限用物质管控、整车和各总成的可回收利用率（RRR）计算、产品法规符合性预判等多项功能。汽车产品回收利用的数据获取内容包括：整车结构数据、零部件材料数据、零部件拆解数据。

汽车产品数据必须准确、安全、规范、高效。准确性是产品数据的生命，错误的数据将被企业资源计划（ERP）等 IT 系统放大，导致直接经济损失和负面市场影响。产品数据是企业研发过程和成果的记录，是企业的知识产权，是汽车企业最重要的资产，必须严格保护。产品数据在汽车企业各部门广泛应用，必须使用统一的标准及规范，才能获得一致的理解和正确的使用。产品数据发布及管理流程必须精心设计并不断优化，协助提高产品研发及供应链工作效率。

1. 整车结构数据获取

整车结构数据是能够表现某款汽车产品是由哪些总成、部件、零件和原材料所结合而成的明细表。元素构成单一产品所需的数量称为基量。通常，整车结构数据可以从整车产品物料清单（BOM）中得到。整车 BOM 是汽车制造企业产品生命周期管理（product lifecycle management，PLM）系统中重要的核心数据，是制造部门组织生产、财务部门核算成本的重要依据，其准确性极高。所以，从 PLM 中导出的整车 BOM 可以真实有效地反映整车的结构。

目前，汽车制造企业为提高效率、缩短产品开发周期、降低产品研发成本、改善汽车制造企业管理体系，大都开发了各自的 PLM 系统，用以导出目标车型的 BOM 数据。数据多以表格的形式记录，每条记录表示一款零部件。表 4-6 所列为某汽车产品设计 BOM 示意。

表 4-6　某汽车产品设计 BOM 示意

层次	零件 ID	零件代号	零件名称	装配数量	类型	…
1	3＊＊＊	＊＊＊	仪表板总成	1	A	…
1	3＊＊＊	＊＊＊	仪表板本体总成	1	A	…
2	5＊＊＊	＊＊＊	中部上面板总成	1	G	…
2	5＊＊＊	＊＊＊	副仪表板总成	1	G	…
2	5＊＊＊	＊＊＊	仪表板横梁总成	1	G	…
…	…	…	…	…	…	…

▶▶ 2. 零部件材料数据获取

（1）零部件材料数据的采集流程　汽车产品中的零部件数量多，许多零部件是汽车制造厂向供应商采购而来的。因此，可以通过汽车制造厂的零部件供应链体系，以"逐级向下，层层深入"的原则，从下级供应商处获取零部件的材料数据信息。其数据获取流程如图 4-10 所示。

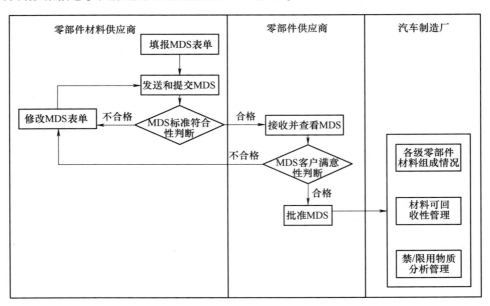

图 4-10　零部件材料数据获取流程

（2）整车材料数据的获取流程

1）材料供应商以填写材料数据表（material data sheet，MDS）的形式向上级零部件制造商提交原材料信息。

2）零部件制造商接收并审核 MDS，将通过审核的 MDS 信息汇总成其所生产的零部件 MDS，向上一级零部件供应商或汽车制造厂提交，并驳回不符合要求的 MDS。

3）汽车制造厂材料工程师接收并审核零部件 MDS，将审核通过的零部件 MDS 收录，并驳回不符合要求的 MDS。

4）汽车制造厂设计工程师填写车用标准件的 MDS 并提交材料工程师审核通过后，MDS 由材料工程师收录。整车材料数据主要用于汽车零部件可回收利用的管理、整车 RRR 计算以及禁/限用物质统计分析等。零部件 MDS 中的信息包括零部件供应商产品的零部件结构组成、零部件材料组成、材料的物质组成、禁/限用物质信息、材料可回收性信息。

（3）零部件材料数据的获取方法　目前可以借助三种工具实现零部件 MDS 的获取，分别是国际材料数据系统（IMDS）、中国汽车材料数据系统（CAMDS）和自制表格。自制表格的方式是汽车制造厂针对其自身产品及其需要的零部件回收信息自定的一种表格，要求供应商填写并提交。这种方式的数据获取成本低、填写方式简单。但由于是人为填写，数据类型的一致性较低，后期处理工作量大。

▶▶ **3. 零部件拆解数据获取**

在整车拆解过程中，依据汽车的产品设计 BOM 和产品备件图对每一个零部件的拆解过程进行详尽记录，并确定每个零部件在拆解过程中所属的阶段。拆解过程中记录的数据包括被拆解零部件的名称、代号、上级部件代号、所属阶段、设计质量、测定质量、装配数量、拆解工具、拆解工艺、拆解难度、拆解时间等。由于汽车产品中存在许多标准件，且在产品设计 BOM 中的名称和代号完全一致，因此，为了区别不同零部件中出现的标准件，应注明这些标准件所属的上级部件代号和名称。

零部件拆解数据应以事先设计好的格式记录下来，具体格式见表 4-7。

表 4-7　零部件拆解数据记录表

整车拆解数据记录表（预处理）										
负责人：　　　记录人：　　　拆解人员：　　　拆解时间：　　年　　月　　日										
零部件基本数据			拆解基本数据							
预处理阶段 m_P	零部件编号	上级部件号	零部件名称	装配数量	设计质量/kg	测定质量/kg	拆解工具	拆解工艺	拆解难度	拆解时间	照片编号

在完成整车拆解后，依据所记录的零部件拆解数据，在产品设计 BOM 的基础上编制整车拆解 BOM 和整车拆解手册。整车拆解 BOM 中的产品结构数据与产品设计 BOM 基本一致，只是除去了产品设计 BOM 中的产品设计属性，代之以拆解工艺属性，如所属阶段、拆解工具、拆解工艺、拆解难度、拆解时间等。整车拆解 BOM 对于整车和总成 RRR 计算以及整车零部件拆解数据的管理具有重要作用。

整车拆解手册以表格、文档的方式记录整车的拆解活动，并附以图片，直观形象地说明整车拆解过程中每个零部件的拆解工艺和方法，对指导汽车拆解人员进行汽车的拆解回收具有重要作用。

4.5 关键零部件环境影响评价与材料选择

▷ 4.5.1 数据录入

对关键零部件进行生命周期分析与评价，其范围的确定应该包括：

1) 详细描述待评价零部件的相关信息，包括产品特性、功能、生产技术、生产地和生产条件等信息。

2) 研究范围的确定，包括定义研究的系统、确定系统边界、说明数据要求、指出相关的假设和限制。

生命周期分析所需数据的主要来源包括四类：汽车的 BOM（包括汽车的全部组件与零件目录，各零件的材料、数量及质量）；汽车关键零部件的生产工艺及参数（包括各零部件的生产工艺流程、毛坯的质量、各工步的工艺参数、工件的搬运情况、汽车整车的总装工艺及参数、总装过程中的材料消耗等）；能耗数据（包括汽车各零件生产的平均能耗、各工步的平均能耗、搬运及运输过程的平均能耗、汽车行驶的油耗等）；排放数据（包括生产过程中的各种废水、废气和固体废弃物排放数据，使用过程各种车速下的尾气排放数据等）。原材料数据可通过查阅国家、行业、企业的各种年鉴、统计报表获取，某些国内没有统计的项目可以采用国外公布的平均值。对于制造阶段数据，按照数据获取的方式对汽车进行结构划分，然后设计数据调查表格并由各分厂、分车间进行数据统计，最后按照一定的数据分配原则进行数据处理。使用阶段数据获取需要结合生产厂家提供的油耗标准和使用实际情况，确定汽车从上路到报废阶段的耗油量、零部件耗损量以及尾气排放情况等。将以上三个生命周期阶段的数据整理汇总并录入相关分析软件中，数据质量按 ISO 14044 标准执行。

▷ 4.5.2 生命周期清单分析

生命周期清单是一组输入输出物质的列表，清单中有过程（process）、输入

（input）、输出（output）、基本流（elementary flow）等概念。生命周期清单分析（life cycle inventory analysis，LCI）是对生命周期的输入输出进行汇编和量化的阶段。

过程是将输入转化为输出的相互关联或相互作用的活动。图 4-11 所示为过程的基本形式。其中，过程 B 的基本功能为生产产品 b，过程 B 的输入为中间产品流、物质流 5、能量流 6，输出为废物流 7、产品流 8。一个过程包括经济属性和环境属性两个特征属性。经济属性是指该过程与其他过程相互关联的部分，即从其他过程输入或者向其他过程输出，其包括原材料、产品、服务、能量、废弃物处理等。环境属性是指直接从自然环境中获取或者直接排放到自然环境中的物质。

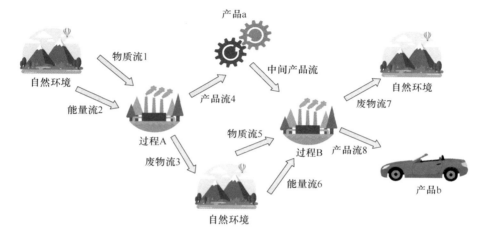

图 4-11 过程的基本形式

功能单元（functional unit，FU）为用作基准单位的量化的产品系统性能。清单是一个量化的结果，而功能单元是量化的基准。只有先定义了功能单元，才可计算清单。例如，过程 B 的功能是生产产品 b，则可以将每生产单位数量 b 的输入输出清单作为功能单元。功能单元是与过程相联系的，而并非产品，但在实际应用中可以使用单位产品代表功能单元。

基本流是指取自环境，进入所研究系统之前没有经过人为转化的物质或能量，或者是离开所研究的系统，进入环境之后不再进行人为转化的物质和能量。基本流指的是过程的环境属性。图 4-11 中，过程 B 的清单由流 1、2、3、5、6、7 组成。即由于过程 B 引用了过程 A 的产品 a，计算过程 B 的清单时，需考虑过程 A 的环境属性值。

依据上述概念则可认为清单是所有相关过程中基本流的叠加。于是待评价零部件清单分析的执行步骤为：根据收集的数据，运用德国 Thinkstep AG（前

PE-INTERNATIONAL 公司）生命周期评价 GaBi 分析软件，对零部件数据进行数据审定，利用被审定的数据关联各单元过程；将每个单元过程审定的数据关联到各功能单元；再将每个功能单元审定的数据进行数据合并，得到清单分析结果。

4.5.3 关键零部件的环境影响评价

根据清单分析模型及录入的数据，分析处理零部件在各阶段的总物耗、能耗及排放等数据，得出相关项的环境影响值，进而对汽车关键零部件进行环境影响评价。

以下举例说明，使用我国某公司开发的汽车生命周期环境影响评价工具 CALCA 软件和 GaBi 软件分析得出一个 FE-6 钢制左翼子板的环境影响评价结果。

1. 全球增温潜势 （GWP100a）

一个 FE-6 钢制左翼子板生命周期产生的全球增温潜势总计为 8.44 $kgCO_2eq$，其生命周期各阶段的全球增温潜势如图 4-12 所示。由图可知，原材料的获取阶段产生的 GWP 最大，为 6.23 $kgCO_2eq$，占总量的 73.82%；生产阶段产生的 GWP 为 2.21 $kgCO_2eq$，占总量的 26.18%。

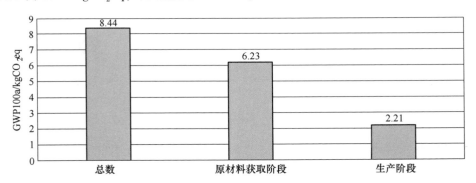

图 4-12　FE-6 钢制左翼子板生命周期各阶段全球增温潜势（GWP100a）

2. 酸化潜势 （AP）

一个 FE-6 钢制左翼子板生命周期产生的酸化潜势总计为 3.00×10^{-2} $kgSO_2eq$，生命周期各阶段的酸化潜势如图 4-13 所示。由图可知，原材料获取阶段产生的 AP 最大，为 2.00×10^{-2} $kgSO_2eq$，占总量的 66.67%；生产阶段 AP 为 $1.00 \times 10^{-2} kgSO_2eq$，占总量的 33.33%。

3. 光化学氧化剂生成潜势 （POCP）

一个 FE-6 钢制左翼子板生命周期产生的光化学氧化剂生成潜势总计为

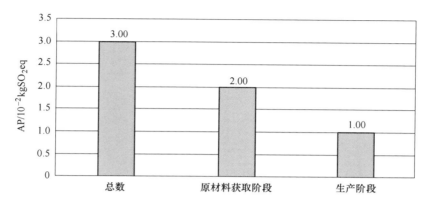

图 4-13　FE-6 钢制左翼子板生命周期各阶段酸化潜势（AP）

$1.20 \times 10^{-3} kgC_2H_4eq$，生命周期各阶段的光化学氧化剂生成潜势如图 4-14 所示。由图可知，原材料的获取阶段产生的 POCP 最大，为 9.78×10^{-4} kgC_2H_4eq，占总量的 81.55%；生产阶段 POCP 为 $2.21 \times 10^{-4} kgC_2H_4eq$，占总量的 18.45%。

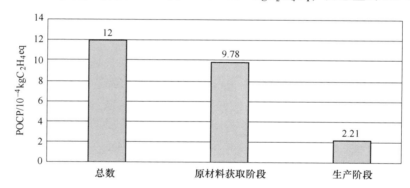

图 4-14　FE-6 钢制左翼子板生命周期各阶段光化学氧化剂生成潜势（POCP）

▶ 4. 富营养化潜势 （EP）

　　一个 FE-6 钢制左翼子板生命周期产生的富营养化潜势总计为 9.86×10^{-4} $kgPO_4^{3-}eq$，生命周期各阶段的富营养化潜势如图 4-15 所示。由图可知，原材料的获取阶段产生的 EP 最大，为 $5.52 \times 10^{-4} kgPO_4^{3-}eq$，占总量的 55.97%；生产阶段 EP 为 $4.34 \times 10^{-4} kgPO_4^{3-}eq$，占总量的 44.03%。

　　据此可分别分析各种零部件在整个生命周期及各阶段的环境影响，并对其进行解释。解释的内容包括哪种环境影响较大、在哪个阶段的环境影响最大、造成以上结果的原因等。

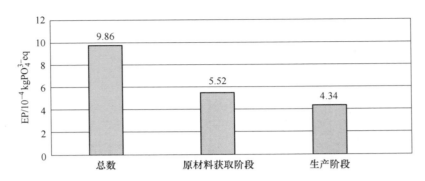

图 4-15   FE-6 钢制左翼子板生命周期各阶段富营养化潜势（EP）

▷▷ 4.5.4　关键零部件的材料选择

在汽车企业进行汽车零部件及用材信息的审核时，须确保零件的综合价值指标最大，以保证整车设计达到相关标准要求。汽车零部件综合价值信息模型 q_i 可表述为

$$q_i = \{P_i, I_i, C_i\} \tag{4-2}$$

式中，i 是零部件编号；P_i 是零部件性能，包括功能性、安全性、美观性等；I_i 是零部件环境影响；C_i 是零部件成本，包括原材料成本、制造成本等。

由于零部件性能及成本均可视为已知条件，因此确定零部件材料是否最优的关键在于确定其环境影响 I_i。在完成清单分析阶段的统计之后，I_i 可通过 LCA 分析的第三步——生命周期环境影响评价得出。生命周期环境影响评价可以分为三步：影响分类、特征化以及数据标准化和加权量化。其中，数据标准化和加权量化是为了便于得到一个简单指定的单一指标，从而对不同方案进行比较，基本计算公式为

$$I_i = \sum_{k=1}^{n} W_k S_k \tag{4-3}$$

式中，W_k 是影响类型 k 的权重因子；S_k 是特征化阶段后的类型参数结果，包括温室气体、酸雨、臭氧层损耗等，可使用 GaBi、SimaPro 等生命周期分析软件计算得出，计算过程可表述为

$$S_k = f_k \{D_{mat}, D_p, D_t, D_{use}, D_r\} \tag{4-4}$$

式中，D_{mat} 是零部件原材料获取阶段输入输出数据；D_p 是零部件加工制造阶段输入输出数据；D_t 是零部件包装运输阶段输入输出数据；D_{use} 是零部件使用维护阶段输入输出数据；D_r 是零部件回收处理阶段输入输出数据。

根据 CML2001 体系，常用的环境影响类型及权重因子 W_k 见表 4-8。

表 4-8　环境影响类型及权重因子

环境影响类型	权 重 因 子
资源消耗潜势	1.5
酸化潜势	4
富营养化潜势	7
全球增温潜势	10
臭氧层损耗潜势	4
光化学氧化剂生成潜势	1.5

分析各零部件的生命周期环境影响，找出单位质量环境影响较大的零部件，根据其环境影响的类型分别分析原因，给出相应的选择替换策略。

参 考 文 献

[1] CHEN M. Automotive product recycling: material efficiency and key technologies [J]. China Mechanical Engineering, 2018, 29 (21): 2615-2625.

[2] WAGNER D, BECKER T. Automated generation of material flow network models with cluster structures using random walks [J]. Procedia CIRP, 2018, 72: 569-573.

[3] 刘志峰，韩雪飞，张雷. 基于汽车材料数据系统的 LCA 方法及应用 [J]. 合肥工业大学学报（自然科学版），2015，38（1）：1-6.

[4] 黄家奇，刘雪峰，孙启林，等. 基于 WEB 的江淮汽车材料数据管理系统开发 [J]. 汽车实用技术，2017（23）：4-6.

[5] 吴蒙. 汽车产品 RRR 计算与回收利用若干问题探究 [J]. 绿色科技，2018（22）：34-35；39.

[6] 周自强，戴国洪，谭翰墨. 报废汽车拆解与回收技术的发展与研究现状 [J]. 常熟理工学院学报，2011（10）：107-111.

[7] 何永明，巴兴强. 废旧汽车零部件拆卸回收信息模型的研究 [J]. 交通运输研究，2008（7）：196-199.

[8] 王寿兵. 复杂工业产品制造阶段生命周期清单数据获取方法：以轿车为例 [J]. 中国环境科学，2016，36（11）：3508-3520.

[9] 龙妍，黄素逸，张洪伟. 物质流、能量流与信息流协同的初探 [J]. 化工学报，2006（9）：2135-2139.

[10] 邓超，王丽琴，吴军. 基于工艺约束的生命周期评价与生命周期成本综合评价与优化 [J]. 计算机集成制造系统，2008，14（8）：1646-1651.

[11] JOSEF-PETER S, BAUMGARTNER R J, HOFER D. Improving sustainability performance in early phases of product design: A checklist for sustainable product development tested in the automotive industry [J]. Journal of Cleaner Production, 2016, 140 (3): 1602-1617.

［12］ SHI J L, WANG Y J, FAN S J, et al. An integrated environment and cost assessment method based on LCA and LCC for mechanical product manufacturing ［J］. International Journal of Life Cycle Assessment, 2019, 24 (1): 64-77.

［13］ 侯倩. 生命周期评价及生命周期成本分析集成方法研究 ［D］. 天津: 天津大学, 2015.

［14］ SAFI M, SUNDQUIST H, KAROUMI R, et al. Development of the Swedish bridge management system by upgrading and expanding the use of LCC ［J］. Structure and Infrastructure Engineering, 2013, 9 (12): 1240-1250.

［15］ DIAO Q H, SUN W, YUAN X M, et al. Life-cycle private-cost-based competitiveness analysis of electric vehicles in China considering the intangible cost of traffic policies ［J］. Applied Energy, 2016, 178: 567-578.

［16］ 游磊, 张雪莹, 王鹏宇, 等. 基于全生命周期成本的铜或铝芯电缆的选择方法 ［J］. 中国电力, 2018, 51 (4): 168-174.

［17］ 宋大凤, 吴西涛, 曾小华, 等. 基于理论油耗模型的轻混重卡全生命周期成本分析 ［J］. 吉林大学学报 (工学版), 2018 (5): 1313-1323.

［18］ 唐维, 陈苡熙, 王子龙, 等. 基于不完整数据的变压器全生命周期成本 ［J］. 浙江大学学报 (工学版), 2014 (1): 42-49.

［19］ KAYRBEKOVA D, MARKESET T, GHODRATI B, et al. Activity-based life cycle cost analysis as an alternative to conventional LCC in engineering design ［J］. International Journal of System Assurance Engineering & Management, 2011, 2 (3): 218-225.

［20］ 诸利君. 面向能耗产品的全生命周期成本估算系统的研究 ［D］. 杭州: 浙江大学, 2014.

［21］ 陈亚禹. 全生命周期成本理论及其在设备供应商评价中的应用研究 ［D］. 重庆: 重庆大学, 2010.

［22］ HE W Y, MENG F R, GAO X Z, et al. Research on life cycle cost modular evaluation system of green building materials: based on entropy decision making method ［J］. Advanced Materials Research, 2013, 798-799: 1152-1157.

第 5 章

——

汽车材料数据管理系统开发

本章所述实例为著者团队联合某汽车公司开发的汽车材料数据管理系统。本系统是以国际材料数据系统为主要原型开发的符合国内车企需求的材料数据系统，已在汽车行业中进行了应用推广。本系统具有信息管理、数据统计与计算、外部数据采集接口、RRR 计算、环境影响管理评价以及辅助功能等。本系统既可作为汽车拆解回收信息管理平台使用，也可作为公司内部的汽车数据信息管理分析软件使用，可实现基于环境影响的汽车材料选择及管理。本章主要介绍本汽车材料数据管理系统的架构、功能及应用。

5.1 材料数据管理系统模块及架构

本材料数据管理系统是联合某汽车公司基于系统功能需求和公司内部业务需求设计开发完成的。本材料数据管理系统具有数据管理、数据分类统计分析、数据交互及信息共享、数据保密、数据审核、拆解数据管理、RRR 计算等功能。

5.1.1 开发需求

汽车可回收利用率及可再利用率（RRR）低下造成了越来越严重的环境污染，随着人们环保意识的提高，汽车的环保性已逐渐成为不可或缺的考核指标。国内外汽车消费市场和汽车上市的审核、认证机构，已经把汽车整车及材料环保性作为评定汽车优劣的重要指标。汽车企业为满足环保法律法规的要求与迎合消费者的绿色需求，建立自己的汽车材料数据系统是必不可少的。

在进行汽车材料数据管理系统开发时，需对系统的功能需求进一步细化分析。由于本系统应实现对汽车产品的材料物质信息、拆解回收信息、法规标准信息、零部件供应商信息和禁/限用物质信息的管理，以及整车及总成的 RRR 计算、整车禁/限用物质的统计与追溯、信息的上传与共享和外部数据的导入等功能，因此，可将以上功能划分为以下几个方面。

1. 信息的管理

物质、材料信息的管理系统内部需要一个基本物质与车用材料库，作为汽车产品可拆解设计与可回收设计的支撑数据库，其中应包括基本物质信息、基本材料信息、材料分类信息、禁/限用物质信息等。拆解信息的管理应包括拆解工具信息、零部件连接方式信息、拆解难度信息以及整车拆解 BOM 信息的管理。供应商基本信息的管理可实现零部件供应商基本信息的添加、删除与修改，自动提取 MDS 数据中的供应商信息并导入系统。这些基本信息包括供应商名称、地址、联系人、联系方式和供应零部件信息等。法规与标准文件的上传与共享功能用于实现汽车相关法规或指令、企业内部标准或文件的上传、查看、维护和管理，以便信息的快速传播和共享。车型 BOM 信息模块及零部件 MDS 模块的功能为：导入系统中的车型 BOM 信息及其结构，结构化显示产品的零部件层次组织关系并实现产品结构及其零部件信息的添加、删除、修改，维护已导入系统的零部件 MDS 信息。

2. 数据的统计与计算

依据相应的标准进行整车、总成的 RRR 计算，得出其可再利用率和可回收利用率。整车禁/限用物质的追溯用以统计整车中各种法规禁/限用物质的含量，并能够追溯含有这些禁/限用物质的零部件。

3. 外部数据采集接口

通过整车 BOM 导入接口将汽车制造厂 PLM 系统中的整车 BOM 导入系统中，作为系统中其他功能运行的基础。零部件 MDS 的导入根据用户的权限不同应分为批量导入和单张导入，用以将某款汽车零部件的 MDS 导入系统，作为数据计算和统计的数据来源。

4. 系统的辅助功能

系统管理涉及的主要内容如下：

1）在系统用户的管理方面，由于汽车产品回收利用信息管理系统为企业内部系统，所以系统不设注册功能，而由系统管理员根据企业内部情况分配用户名和密码，系统管理员可新增用户、修改用户基本信息和取消用户登录系统权限等。

2）在系统用户角色管理方面，系统用户范围较大，根据不同部门的用户应建立不同的角色，用户与角色的关系是一对多的关系，如材料部门工作人员可分配材料员角色，设计部门人员可分配设计员角色等。

3）在系统角色权限管理方面，对角色的管理目的在于控制不同角色的权限。角色与权限是一对多或多对多的关系。不同的角色应赋予不同的系统操作权限，如材料工程师只能进行产品材料的相关操作，系统管理员具备所有权限等。

4）在系统日志管理方面，为方便系统的维护，系统应能记录系统用户对系统执行的结构化查询语句（structured query language，SQL），系统管理员可查看系统日志。

5.1.2 功能模块设计

1. 数据导入功能设计

数据导入的主要功能是将外网数据和内网数据通过接口或文件的形式导入本系统中，并可生成对应的汽车结构树模型。为实现上述功能，设计中将以上功能分为四步实现：数据获取→数据检测→导入并生成结构树模型数据→结构树编辑。数据导入功能实现流程如图 5-1 所示。

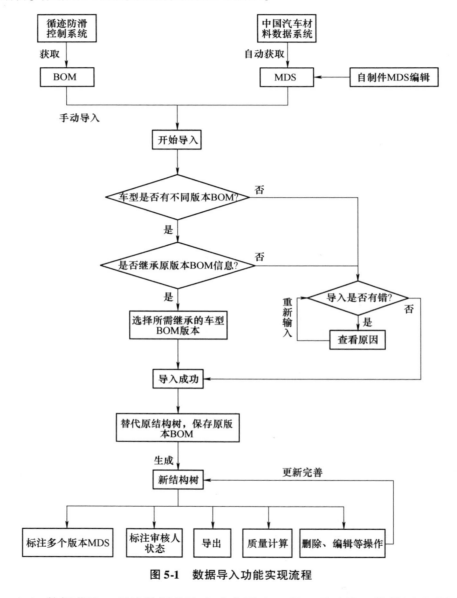

图 5-1　数据导入功能实现流程

（1）数据获取　系统数据获取方式主要有三种：通过接口从外网或内网相关系统中获取；通过手动导入数据文件（如 Excel 文件）获取；通过自制件编辑方式向系统中添加数据信息。

（2）数据检测　在进行数据导入的过程中，系统根据预定的规则对数据进行自动检测，排查重点数据缺失或错误信息（如层级、零部件号缺失），并提示用户修正。数据检测的主要目的是防止数据错误或缺失导致数据无法完全存入数据库，致使后续工作无法进行。

（3）导入并生成结构树模型数据　导入成功后，用户可选择车型以生成对应的结构树模型。在结构树模型中，用户可直观查看汽车整体结构及对应的数据信息。

（4）结构树编辑　结构树模型生成后需对结构树进行编辑以便对结构树中的数据信息进行更新，主要操作包括数据的导出、删除和增加等。

▶▶ 2. 数据审核功能设计

数据审核模块的主要功能是对汽车零部件及用材信息进行审核，以保证整车设计达到相关标准要求。该模块的主要功能及具体审核流程如图5-2所示。根据企业内部业务要求，审核步骤为：系统初审→审核管理→材料审核→结构审核→提交审核结果。

（1）系统初审　系统按照程序设定的规则对零部件及用材信息进行审核，最终提交审核结果并把审核状态反馈给对应人员（主要是供应商和材料工程师），该过程为系统审核，详见图5-2中系统初审部分。系统初审可对信息明显错误（如缺少零部件号、缺少材料或物质信息）的零部件直接拒绝，并自动通过预设的邮件通知对应的审核人员和供应商，从而在很大程度上节省了审核人员的工作量，提高了审核效率。

（2）审核管理　在审核过程中，管理员对待审核零部件信息、审核流程及审核过程中的邮件信息进行系统化管理，详见图5-2中审核管理部分。在该过程中，管理员可指定需审核的零部件及其审核流程（如增加审核、终止审核），除此之外还可对审核过程中发送给供应商的邮件进行设置和跟踪（如通过"邮件设置"功能设置邮件发送频率、次数及模板，通过"邮件查看"功能查看邮件发送信息及内容）。

（3）材料审核　材料审核是数据审核业务中的核心审核过程之一，是指材料工程师对管理员指定的零部件按照规定或标准对其进行审核的全过程，详见图5-2中材料审核部分。该过程中材料工程师根据实际需求，可将某些零部件指定给对应的设计人员进行审核。零部件的最终审核状态由材料工程师在该审核过程中填写并提交。

（4）结构审核　结构审核是数据审核业务中的又一核心内容，是指被指定的审核人员（一般是由材料或设计工程师指定）按照预定的审核规则或标准，对零部件进行审核且将审核结果反馈给材料工程师的过程。结构审核人员无权提交或更改零部件的最终审核状态，其审核结果为材料工程师提供借鉴。

（5）提交审核结果　审核结果分为两种，一种是材料审核结果，即材料工程师提交的审核状态，该审核状态是零部件的最终审核状态；另一种是结构审

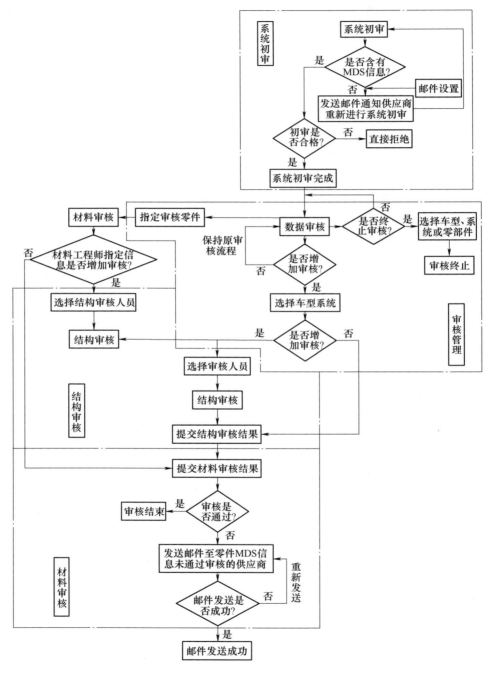

图 5-2　数据审核流程

核状态，即结构审核人员提交的审核状态，该审核状态会反馈给材料工程师，提供借鉴。当两种审核结果不同时，系统会通知管理员，由管理员判定。

▶ 3. 拆解回收技术功能设计

拆解回收技术模块的主要功能包括：拆解回收技术系统化管理、实例库管理及拆解实例的检索和运用。其功能实现流程如图5-3所示。

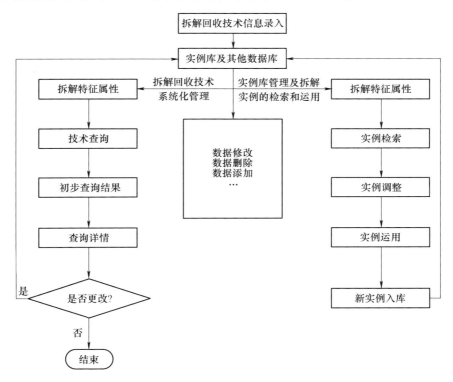

图 5-3　拆解回收技术功能实现流程

▶ 4. 数据分析功能设计

在数据统计分析过程中需对数据进行分类，在此案例中将数据分为五大类：材料数据信息、物质数据信息、法规数据信息、MDS数据信息和供应商数据信息。即数据分析功能主要包括材料分析、物质分析、法规符合性分析、MDS提交状态分析和供应商信息分析。

材料分析是指对整车或系统进行用材统计分析，统计同车型或系统各材料使用情况。对比分析是指统计某材料在不同车型或系统中的使用情况。零部件用材统计分析是指统计某车型或系统含某材料的零部件，并可对统计结果进行分析。设计过程中，材料分析功能实现流程如图5-4所示。

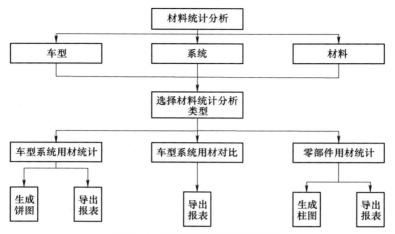

图 5-4　材料分析功能实现流程

　　物质分析是指对整车或系统进行含某物质的零部件及其含量统计、某物质超出规定含量的零部件及其含量统计和不同车型零部件或总成物质含量对比分析，且不同的角色对分析结果具有不同的操作权限。设计过程中，物质分析功能实现流程如图 5-5 所示。

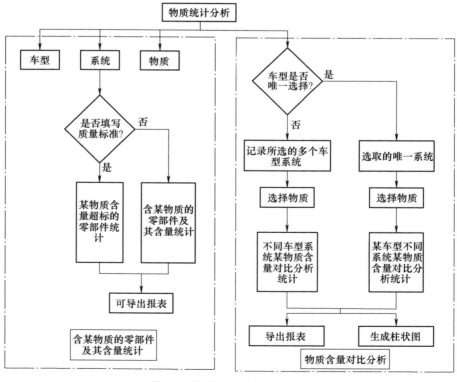

图 5-5　物质分析功能实现流程

法规符合性分析是指对零部件的 MDS 信息进行法规符合性分析，能够统计出不符合法规的零部件信息。在法规符合性分析过程中需进行旧法规更新和新法规录入，因此系统需具有法规添加、更新及删除等功能。设计过程中，法规符合性分析功能实现流程如图 5-6 所示。

MDS 提交状态分析是指对整车或系统数据审核状态进行统计分析，包括车型或系统的零部件审核状态（审核状态包括通过、拒绝、待审核、无 MDS 四种）的统计分析和不同车型或系统审核状态的对比分析。设计过程中，MDS 提交状态分析功能实现流程如图 5-7 所示。

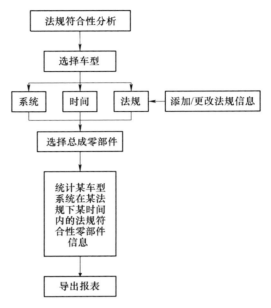

图 5-6 法规符合性分析功能实现流程

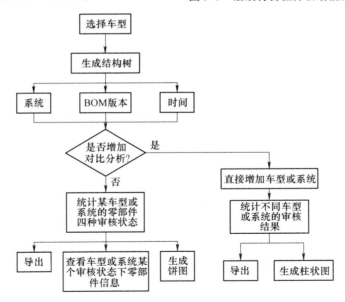

图 5-7 MDS 提交状态分析功能实现流程

供应商信息分析是指供应商 MDS 提交状态统计分析，其基本功能及实现流程与 MDS 提交状态分析相似。

▶ 5. RRR 计算功能设计

RRR 计算模块是指对整车或系统零部件进行 RRR 计算，并对计算结果进行处理。计算结果处理包括对结果的保存、不合格排查和模拟改进。其中，模拟改进是指对可再利用率和可回收利用率不达标的零件，通过改变计算公式中各因素的值，重新计算汽车的可再利用率和可回收利用率，并在计算过程中找出对计算结果影响最大的因子，从而指导设计。RRR 计算功能实现流程如图 5-8 所示。

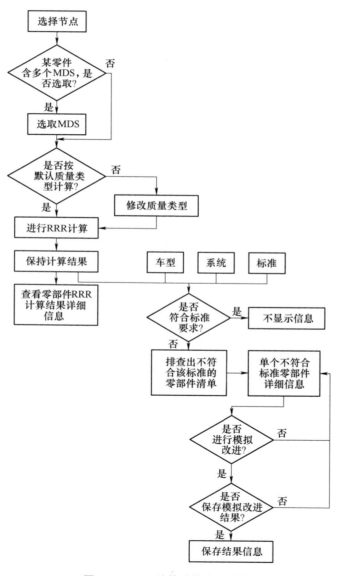

图 5-8　RRR 计算功能实现流程

6. 车型材料信息详细设计

该功能模块的功能主要是：信息录入（单个录入、批量导入）→信息查询 →查询结果统计分析→统计分析结果处理（生成图表和导出等）。

汽车零部件所用材料及物质种类繁多，为便于对信息的管理，需将材料进行必要的分类。本系统将材料信息分为材料清单及禁/限用物质认可信息、材料标准信息、零部件用材推荐信息、非金属材料信息、金属材料信息、化工材料信息、环境性能材料信息等。

作为公司内部系统，为保证数据信息安全，同时便于追查责任，需设置严格的操作权限。本系统对每一分类信息均设置三种权限：不可见、只读和读写，并为权限设计了可配置型。即在实际运用中，可根据业务需求，通过权限配置，为不同用户赋予不同操作权限。

7. 系统管理详细设计

系统管理模块主要是对系统各模块的功能权限以及系统相关的维护工作进行管理。系统管理的主要功能见表5-1。

表 5-1　系统管理的主要功能

功 能 名 称	详 细 描 述
系统配置	对系统相关参数进行设定，如邮件发送次数、反应时间等
修改密码	用户可进行密码修改
找回密码	可发送请求邮件至管理员，管理员验证后将密码发送至用户邮箱
用户管理	可添加、删除及禁止使用相关用户
角色管理	可创建新角色，并可为角色分配权限
日志查看	记录用户操作痕迹，并可对日志进行查询和删除等操作
邮件模板	可编辑邮件模板，并规定其用处
公告管理	可对公告信息及文件进行管理

5.1.3　软硬件架构设计

1. 系统硬件架构设计

本系统兼具内外网的数据搜集、管理、审核及计算功能，应用范围广、人数多，在运行过程中数据处理量和访问量大。因此系统需要一套完善、稳定的硬件架构作为支持。本系统硬件架构如图5-9所示。

整个硬件架构包括：一个负载均衡器（load balance），两个托管服务器（hosting server），一个共用数据库（database），一个数据备份数据库（database）。各个服务器的作用见表5-2。

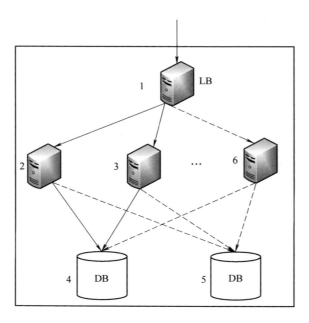

图 5-9　系统硬件架构

1—负载均衡器　2、3、6—托管服务器　4—共用数据库　5—备份数据库　LB—负载均衡器　DB—数据库

表 5-2　各个服务器的作用

名　称	数　量	作　用
负载均衡器	1	增强数据吞吐量 加强网络数据处理能力
托管服务器	2	托管 Web 服务
共用数据库	1	存储系统数据
备份数据库	1	系统数据备份

　　用户的负载请求首先到达负载均衡器，经负载均衡器调度，将用户的请求均匀分配到两台托管服务器 2、3 上，并由相应的托管服务器处理用户的具体操作。两台托管服务器共用数据库 4，在其上进行读写操作，并定期将数据库 4 中的数据镜像备份到数据库 5 中，以防止由于数据库故障而导致数据丢失。

　　本系统采用的数据库为 SQL Server。该数据库的复制操作是通过发布/订阅机制进行多台服务器之间的数据同步，用于数据库同步备份。

　　数据库复制原理为采用基于快照的事务复制。主数据库服务器生成快照，备份数据库服务器读取并加载该快照，然后不间断地从主数据库服务器复制事务日志。

若系统用户进一步增多，数据请求量进一步增大，则可以增加 Web 托管服务器数量进行扩容，如图 5-9 中增加了托管服务器 6。服务器扩容原理如图 5-10 所示。

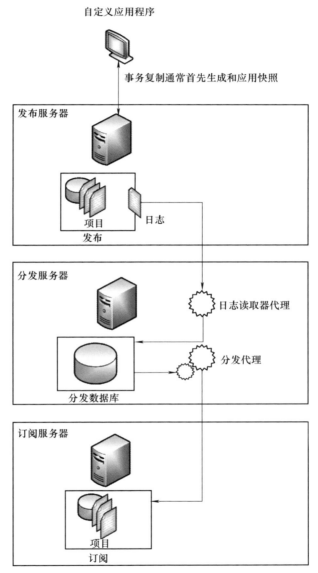

图 5-10　服务器扩容原理示意

▷ 2. 系统软件架构设计

在本系统的开发中采用 Oracle 数据库中的 Oracle SQL Developer 开发工具。

使用 SQL Developer，可以浏览数据库对象，运行 SQL 语句和 SQL 脚本，还可以编辑和调试 PL/SQL 语句。开发人员可运行所提供的任意数量的报表，以及创建和保存自己的新报表。SQL Developer 可以连接到 Oracle 数据库，并且可以在 Windows、Linux 和 Mac OSX 上运行。

在前端/服务器端结构下，用户工作界面通过 Web 浏览器实现，极少部分事务逻辑在前端（browser）实现，主要事务逻辑在服务器端（server）实现。系统软件架构如图 5-11 所示。

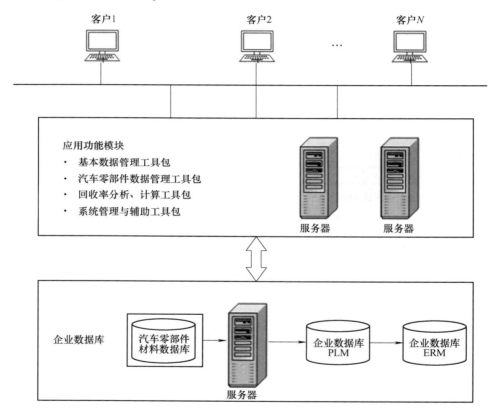

图 5-11 系统软件架构

5.1.4 数据库设计

1. 数据模型向关系模型转化

数据库把系统中的数据按一定的规律和模型组织起来，并提供存储、维护、更新、检索等功能，使数据信息可方便、快捷、准确地录入和获取。数据库是信息系统的核心和基础，为整个系统运行提供数据支持。

汽车拆解回收信息管理系统中的数据库表现为对汽车产品的有序组织和管理，应包括整车基本信息和拆解回收信息、索引和不同车型之间的关联。而数据库之间的关联是通过汽车及其零部件的结构和内在关系等信息实现的。

本系统采用了关系型数据库来存储汽车的各项数据。关系型数据库是以关系模型为基础的数据库，它利用关系描述现实世界。关系既可用来描述实体及其属性，也可用来描述不同实体或同一实体间不同结构的联系。关系模式是用来定义关系的，一个关系型数据库包含一组关系，定义这组关系的关系模式的全体就构成了该数据库的模式。

本系统中的汽车基本信息和拆解回收信息都是基于汽车结构树模型来展开和表达的。结构树模型与关系模型在面向对象的拆解程度上有较大差异，因此，采用关系型数据库来表达结构树拆解信息时需要经过必要的转化。根据关系型数据库和结构树模型的特点，可得到以下几个转化规则。

1）如果某结点上面有父节点，则在"上一级序号"变量中填入父节点零部件对应的序号。

2）如果该结点有子节点，则在"下一级起始序号"变量中填入子节点零部件对应的起始序号。

3）零部件在拆解树中所处层数即为该零部件的拆解阶段（结构树的层数从上向下开始递增）。

4）零部件 ID 由零部件在拆解树上所对应的层数和该零部件在该层的列数两部分构成。

▶▶ **2. 数据库详细设计**

数据库是信息系统的核心和基础，它把信息系统中大量的数据按一定的模型组织起来，提供数据的存储、维护、检索等功能，使信息系统可以方便、快捷、准确地获得所需的信息。

汽车产品回收再利用信息管理系统采用了关系型数据库来存储系统中的各项数据。数据库的设计采用基于实体联系模型（E-R 模型）的方法，先设计数据库的 E-R 图，再转换为数据模型，最后优化数据模型。

▶▶ **3. 数据库的概念模型设计**

概念设计用来反映现实世界中的实体、属性和它们之间的关系。实体联系模型（E-R 模型）是被广泛采用的概念模型设计方法，由三个相互关联的部分构成：实体（数据对象）、实体之间的关系、实体和关系的属性。实体是客观存在并可相互区分的实物；属性是实体所具有的每一个特性；而关系是对现实世界中事务之间存在的各种关系的抽象，包括一对一联系（1）、一对多联系（n）和多对多联系。图 5-12 所示为零部件拆解与回收信息 E-R 图。

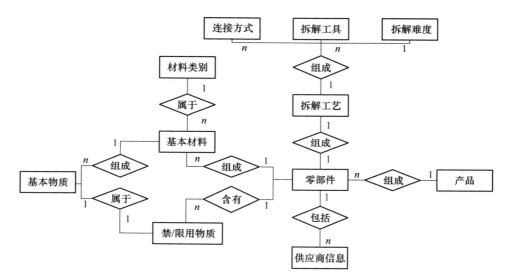

图 5-12　零部件拆解与回收信息 E-R 图

▶ **4. 数据库的逻辑模型设计**

在系统中建立以下数据表:

1)基本物质表(基本物质 ID,中文名称,英文名称,EU-Index,使用状态,Einecs,Einecs 别名,CAS 编号,GADSL 禁用与限用物质,备注)。

2)基本材料表(基本材料 ID,材料代号,中文名称,英文名称,材料注释,材料类别 ID,备注)。

3)材料类别表(材料类别 ID,材料类别名称)。

4)禁/限用物质表(禁/限用物质 ID,编号,中文名称,英文名称,CAS 编号,基本物质 ID,中文名称,英文名称,原因,限值,添加时间,修改时间,备注)。

5)拆解工具表(拆解工具 ID,中文名称,英文名称,类型,规格,备注)。

6)连接方式表(连接方式 ID,中文名称,英文名称,备注)。

7)拆解难度表(拆解难度 ID,拆解难度等级,备注)。

8)拆解工艺表(拆解工艺 ID,拆解工具 ID,连接方式 ID,拆解难度 ID,备注)。

9)车型信息表(车型 ID,车型代号,产品 ID,中文名称,英文名称,拆解手册地址,备注)。

10)零部件信息表(零部件记录 ID,层级,上级零部件号,下级零部件号,零部件号,零部件名称,零部件代号,产品号,供应商 ID,拆解工艺 ID,材料 ID,禁/限用物质及含量,质量,装配数量,金属材料质量,聚合物材料质量,橡胶材料质量，玻璃材料质量，液体材料质量，经过改良的有机天然材料质量，其他材料质量，预处理阶段质量，拆解阶段质量，金属分离阶段质量，非金属材料回收阶段质量，能量回收阶段质量，装配信息，幅面，合共图，关系代号，零部件类型，标准件，装配备注，批次，试制，首次应用，虚拟件，备注）。

11）供应商信息表（供应商信息 ID，企业全称，英文全称，供应车型 ID，零部件 ID，上级部件 ID，DUNS 编码，机构代码，国家，省市，地址，邮政编码，联系人，联系电话，传真，Email，企业主页）。

12）法律法规表（法规 ID，法规名称，内容简介，文件路径，备注）。

13）企业标准表（标准 ID，标准名称，内容简介，文件路径，备注）。

14）用户信息表（用户 ID，用户名，用户密码，角色 ID，启用状态，所属部门，工号，备注）。

15）角色信息表（角色 ID，角色名称，角色注释）。

16）角色权限表（权限 ID，角色 ID，功能）。

5. 数据库表详细设计

根据对数据库的需求分析和概念模型设计及逻辑模型设计，并按照第三范式原则创建字段，每个表创建一个主键（primary key）以满足实体完整性的要求，表与表之间的关系通过外键连接。由于数据库表的数量众多，在此仅列举系统数据库中的核心数据表——零部件信息表，见表 5-3。

表 5-3　零部件信息表

序号	列　　名	注　　释	数据类型	主键	外键	是否可空
1	ID	ID	NUMBER	Y	N	N
2	nLevel	层级	NUMBER	N	N	N
3	szParentID	上级零部件号	NVARCHAR2（200）	N	N	N
4	nHaveChild	下级零部件号	NUMBER	N	N	N
5	nPartID	零部件号	NUMBER	N	N	N
6	szPartsName	零部件名称	NVARCHAR（100）	N	N	N
7	szPartsCode	零部件代号	NVARCHAR2（100）	N	N	N
8	nProductID	产品号	NUMBER	N	N	N
9	nSupplierID	供应商 ID	NUMBER	N	N	N
10	nDisProcess	拆解工艺 ID	NUMBER	N	Y	Y
11	nMaterialID	材料 ID	NUMBER	N	Y	Y
12	szRestrictedSub	禁/限用物质及含量	NVARCHAR2（100）	N	Y	Y
13	nWeight	质量	NUMBER	N	N	N
14	nCount	装配数量	NUMBER	N	N	N

（续）

序号	列　名	注　释	数据类型	主键	外键	是否可空
15	nM1	金属材料质量	NUMBER（18，3）	N	N	Y
16	nM2	聚合物材料质量	NUMBER（18，3）	N	N	Y
17	nM2	橡胶材料质量	NUMBER（18，3）	N	N	Y
18	nM2	玻璃材料质量	NUMBER（18，3）	N	N	Y
19	nM2	液体材料质量	NUMBER（18，3）	N	N	Y
20	nM2	经过改良的有机天然材料质量	NUMBER（18，3）	N	N	Y
21	nM2	其他材料质量	NUMBER（18，3）	N	N	Y
22	nMp	预处理阶段质量	NUMBER（18，3）	N	N	Y
23	nMd	拆解阶段质量	NUMBER（18，3）	N	N	Y
24	nMm	金属分离阶段质量	NUMBER（18，3）	N	N	Y
25	Mtr	非金属材料回收阶段质量	NUMBER（18，3）	N	N	Y
26	nMte	能量回收阶段质量	NUMBER（18，3）	N	N	Y
27	szAssembleInfb	装配信息	NVARCHAR2（100）	N	N	Y
28	szFuMian	幅面	NVARCHAR2（50）	N	N	Y
29	szHeGongTu	合共图	NVARCHAR2（50）	N	N	Y
30	szRelationCode	关系代号	NVARCHAR2（50）	N	N	Y
31	szPartsType	零部件类型	NVARCHAR2（100）	N	N	Y
32	szStandardParts	标准件	NVARCHAR2（20）	N	N	Y
33	szAssembleRemark	装配备注	NVARCHAR2（1000）	N	N	Y
34	szBatchCode	批次	NVARCHAR2（50）	N	N	Y
35	szTrialManufacture	试制	NVARCHAR2（50）	N	N	Y
36	nFirstReference	首次应用	NUMBER	N	N	Y
37	szbPhantom	虚拟件	NVARCHAR2（100）	N	N	Y

5.2　材料管理系统功能及应用

5.2.1　系统功能

本系统主要包含的模块为：数据导入模块、数据审核模块、数据分析模块、RRR 计算模块、材料处理模块、拆解回收技术模块、系统及用户管理模块。

1. 数据导入模块

该模块主要用于维护汽车产品回收再利用过程中的基础信息，包含 BOM 导入、自制件导入、BOM 查看、基础数据初始化四个功能。单击系统界面左侧导航栏中的"基础数据初始化"选项后，可在其中任选一项单击并进入操作。图 5-13 所示为数据导入模块。

图 5-13　数据导入模块

2. 数据审核模块

该模块主要用于审核系统中的数据，包括系统初审、材料审核、结构审核等功能。系统初审是系统对材料数据进行第一次审核，审核通过后交由材料工程师审核，复杂结构件需结构工程师协助完成审核，最终由材料工程师提交审核结果。数据审核模块如图 5-14 所示。

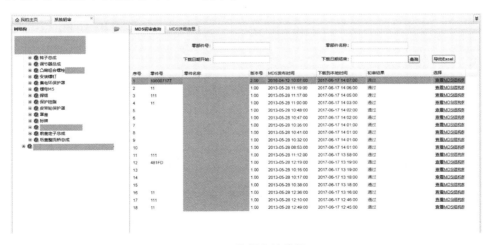

图 5-14　数据审核模块

▶▶ 3. 数据分析模块

该模块主要用于统计汽车中的材料构成与材料中的物质含量分析。单击系统界面左侧导航栏中的"材料分析"选项后，可在其中任选一项单击并进入操作。图5-15所示为数据分析模块。所有导入MDS中的供应商信息都将被自动录入该模块中。

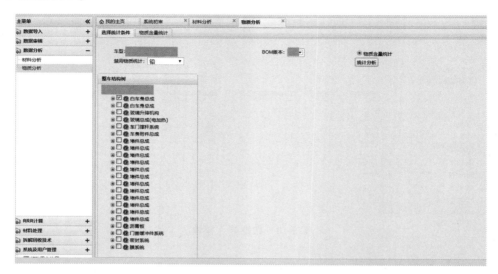

图5-15　数据分析模块

▶▶ 4. RRR 计算模块

该模块的主要功能是对整车、系统或总成进行RRR计算并对计算结果进行查看、排查和模拟改进。该模块采用三个主界面实现RRR计算的所用功能，主要包括：RRR计算、计算结果查看和排查及模拟改进，如图5-16所示。

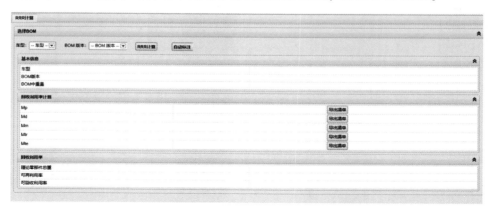

图5-16　RRR计算模块

▶ 5. 材料处理模块

该模块主要用于对车型用材进行录入和查询等操作，方便对车型用材的管理。经调研，车型材料共分为四类，且每一类材料信息管理之间相互独立，以保证各个功能之间的独立性及操作的方便性。该模块采用四个主界面来表达，分别为：材料牌号管理、材料认可管理、VOC（Voice of Customer，客户需求）管理和材料性能数据库，如图 5-17 所示。

图 5-17　材料处理模块

▶ 6. 拆解回收技术模块

该模块主要实现的功能是对零部件的拆解及回收进行查看、信息录入、更新及删除等操作，如图 5-18 所示。"拆解管理"界面的信息主要包括通用名、车型英文名、上市年份、车型、长宽高、轴距等车型信息以及零部件拆解详情。

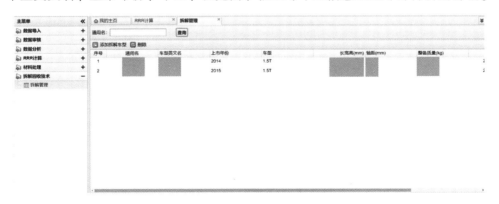

图 5-18　拆解回收技术模块

▶ 7. 系统及用户管理模块

该模块提供了系统的辅助功能，其中系统配置包括所发送的邮件模板信息配置、CAMDS 数据下载时间节点的更改、数据库操作日志的查看、公告信息的更新等。用户管理是系统管理员添加用户的基本途径。系统提供了 Excel 批量增加人员信息的功能，这在系统架设初期避免了大量的重复劳动，并可依据工号和邮箱对新注册用户进行邮件通知。用户可与角色信息进行匹配，通过为用户设置统一的角色，避免了反复对新老用户权限的添加和更改。角色管理模块与拆解回收信息管理功能息息相关，通过配置不同角色的权限实现不同员工的职能分配，如系统管理员可对一切模块进行管理和查看，设计工程师只进行结构审核模块的主要工作，而材料工程师则需要进行材料最终审核结果的提交。系统可添加新的角色，修改已有角色的相关描述，更改角色的操作权限等。为系统及用户管理模块如图 5-19 所示。

图 5-19　系统及用户管理模块

5.2.2　系统应用及效果分析

汽车产品的回收再利用中，数据统计与计算主要包括：整车及总成的 RRR 计算，禁/限用物质的统计与追溯。

数据统计与计算的步骤包括：整车结构数据采集；零部件材料数据采集；零部件拆解数据采集；零部件结点数据校核；完成数据统计与计算。其具体的实施流程如图 5-20 所示。

1. 整车数据采集

（1）整车结构数据采集　通过企业 PLM 系统导出目标车型的产品 BOM，将

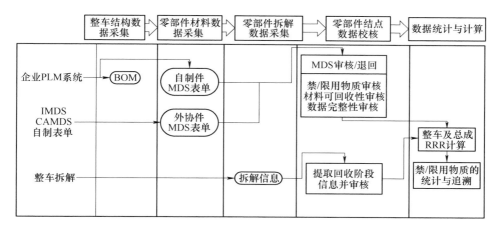

图 5-20   汽车回收再利用数据统计与计算流程

产品 BOM 导入本系统中，系统自动识别产品 BOM 并以树状结构对整车结构进行表达，如图 5-21 所示。单击树上任意结点均可查看该零部件在 BOM 中的设计及工艺信息。

图 5-21   整车结构的树状表达

（2）零部件材料数据采集   可通过如下方式采集数据：通过零部件材料信息采集平台收集零部件材料数据，采用自制表单的形式采集零部件材料数据，通过零部件供应链体系面向供应商采集零部件材料数据。零部件材料采集表样式见表 5-4。

表 5-4　零部件材料数据采集表样式

零部件信息采集表

供应商及产品信息

供应商信息		零部件信息	
名称		零部件号	
国家		零部件名称	
地址		上级零部件号	
邮编		车型	
供应商编号		产品号	
联系人		接收状态	
电话		接收日期	
传真		接收人	
电子邮箱		批准人	

零部件材料与质量信息

零部件材料分类	金属	聚合物（不包括橡胶）	橡胶	玻璃	液体	经过改良的有机天然材料	其他
	质量/kg						

零部件质量		零部件数量	
所属回收阶段			

禁/限用物质含量信息

铅	汞	镉	六价铬	多溴联苯	多溴联苯醚	检测报告编号
含量（%）						

表单主要包括四个组成部分：零部件信息；供应商信息；零部件材料与质量信息；禁/限用物质含量信息。

1）零部件信息：用以标示该零部件在该车型结构中的位置及其从属关系和表单的审核信息。

2）供应商信息：用以记录该零部件供应商的相关信息并与系统中供应商管理模块关联，可实现供应商信息的集成管理。

3）零部件材料与质量信息：涵盖零部件材料分类、零部件质量、数量和零部件在环保法律中所规定的回收阶段。

4）禁/限用物质含量信息：用以收集零部件含有《汽车禁用物质和可回收利用率管理办法》中所规定的铅、汞、镉、六价铬、多溴联苯和多溴联苯醚等禁/限用物质的信息，并以质量百分数计量。

批量导入实例整车的零部件材料数据表单，在BOM中的零部件记录共计2432条。其中，一级部件（总成/装置级）89条，部件（含一级部件）549条，零件1883条。采集到的表单共715张，其中涵盖了所有一级部件，部分非一级部件以及零件表单651张，见表5-5。

表5-5　零部件材料数据采集结果

项　　　目	总 记 录 数	部 　件 　数	零 　件 　数
BOM	2432	549	1883
采集表	715	64	651

完成批量导入零部件材料数据表单后，可在系统的产品结构树下单击任意结点查看、编辑或添加该零部件的材料信息，如图5-22所示。

图5-22　零部件材料分析

（3）零部件拆解数据采集　由于汽车产品上采用了许多不易拆解的连接方式和装配方法，导致部分零部件的拆解需要借助破坏性的方式或者基于回收经济性的考虑而不予拆解。为此，通过对样车的真实拆解来确定整车零部件的回收阶段显得尤为必要。根据该款汽车相关拆解信息的记录，确定各零部件所属的回收阶段。

（4）零部件结点数据校核　通过数据校核算法，检验整车零部件数据，确定可用于汽车产品回收再利用统计与计算的结点集合。如表5-6～表5-9所列，分别将拆解、金属分离、非金属材料回收以及非金属能量回收不同阶段的零部件结点中的质量属性求和，则可得到表 5-10 所列的 RRR 计算中间过程数据。

表 5-6　拆解零部件清单

编号	零部件名称	列入 m_D 理由说明		质量/kg
1	除霜风道下本体总成	单一材料（HDPE），螺钉/卡扣连接，易于拆解，回收利用技术 CPTL-3	m_D1	0.2
2	扶手下盖板总成	单一材料（PP + EPDM-T20/DIP2044），螺钉/卡扣连接，易于拆解，回收利用 CPTL-3	m_D2	0.2
3	后保险杠本体总成	单一材料（PP-B1324UV），螺钉/卡扣连接，易于拆解，回收利用技术 CPTL-3	m_D3	2.7
4	后背门总成	单一材料（PP-LGF40），螺钉/卡扣连接，易于拆解，回收利用技术 CPTL-3	m_D4	3.3
5	后背门总成	单一材料（PP + EPDM-T30），螺钉/卡扣连接，易于拆解，回收利用技术 CPTL-3	m_D5	2.9
6	后风窗玻璃总成	单一材料（白玻），螺钉/卡扣连接，易于拆解，回收利用技术 CPTL-3	m_D6	2.3
7	仪表板本体总成	单一材料（PP + EPDM-T20/DIP2044），螺钉/卡扣连接，易于拆解，回收利用 CPTL-3	m_D7	3.5
8	右 A 柱上护板总成	单一材料（PP + EPDM-T20），螺钉/卡扣连接，易于拆解，回收利用 CPTL-3	m_D8	0.3
9	右车门玻璃总成	单一材料（白玻），螺钉/卡扣连接，易于拆解，回收利用技术 CPTL-3	m_D9	3.1
10	右车门护板总成	单一材料（PP + EPDM-T20），螺钉/卡扣连接，易于拆解，回收利用 CPTL-3	m_D10	2.9
11	左车门玻璃总成	单一材料（白玻），螺钉/卡扣连接，易于拆解，回收利用技术 CPTL-3	m_D11	3.1

表 5-7　金属分离清单

编号	材料分类		质量/kg
1	钢/铸钢/烧结钢	m_M1	23.7
2	非合金钢（碳钢），低合金钢	m_M2	149.2
3	高合金钢	m_M3	7.2
4	铸铁	m_M4	0.1
5	灰铸铁	m_M5	7.0

编号	材 料 分 类		质量/kg
6	球墨铸铁	m_M6	11.6
7	高合金铸铁	m_M7	0.1
8	铝及铝合金	m_M8	108.7
9	铸造铝合金	m_M9	55.3
10	变形铝合金	m_M10	3.4
11	铸造镁合金	m_M11	0.6
12	钛及钛合金	m_M12	0.4
13	铜（线束）	m_M13	5.3
14	铜合金	m_M14	5.7
15	锌合金	m_M15	0.7
16	镍合金	m_M16	0.0
17	铅	m_M17	0.0
18	铂/铑	m_M18	0.0
19	其他特种金属	m_M19	3.6

表 5-8　非金属材料回收清单

编号	材 料 分 类	已获验证技术名称/编号（CPTL）		质量/kg
1	填充热塑性塑料（PC、PP、PBT 等）	CPTL-1	$m_{Tr}1$	2.9
2	非填充热塑性塑料（PVC、PP）	CPTL-1	$m_{Tr}2$	8.5
3	热塑性弹性体（TPO、TPE、TPS-SF）	CPTL-1	$m_{Tr}3$	2.4
4	橡胶（EPDM 密实胶、EPDM 海绵）	CPTL-1	$m_{Tr}4$	7.4
5	热固性塑料（POM 等）	CPTL-1	$m_{Tr}5$	0.0
6	聚氨酯	CPTL-1	$m_{Tr}6$	8.9
7	塑料	CPTL-1	$m_{Tr}7$	0.0
8	织物（纤维、纱线等）	CPTL-1	$m_{Tr}8$	5.2
9	陶瓷/玻璃	CPTL-1	$m_{Tr}9$	1.1
10	电子设备（计算机主板、显示器等）	CPTL-1	$m_{Tr}10$	2.6

表 5-9　非金属能量回收清单

编号	材 料 分 类		质量/kg
1	填充热塑性塑料（ABP-2019、PP + EPDM-T20、PP-1406 等）	$m_{Te}1$	37.0
2	非填充热塑性塑料［PP-30（1）、PC + ABS、PC 黑色等］	$m_{Te}2$	12.6

（续）

编号	材 料 分 类	质量/kg	
3	热固性塑料（聚酰亚胺、PA6-GF30、电木粉等）	$m_{Te}3$	0.2
4	不饱和聚酯（PA9T、环氧树脂封装等）	$m_{Te}4$	0.0
5	其他热固性塑料（环氧玻璃纤维、LCP、PA66-GF20 等）	$m_{Te}5$	0.0
6	塑料（上述分类以外的塑料、波纹管）	$m_{Te}6$	0.4
7	改性有机天然材料（皮革、木材、纸板等）	$m_{Te}7$	0.1
8	其他混合物（热熔型阻尼板、摩擦材料、Y30H-1 等）	$m_{Te}8$	2.1

表 5-10　RRR 计算中间过程数据

所 属 阶 段	各属性值和	质量/kg
预处理阶段	$\sum\limits_{i=0}^{s} N_i^{m}P$	38.288
拆解阶段	$\sum\limits_{i=0}^{s} N_i^{m}D$	565.986
金属分离阶段	$\sum\limits_{i=0}^{s} N_i^{m}M$	359.641
非金属材料回收阶段	$\sum\limits_{i=0}^{s} N_i^{m}Tr$	10.490
非金属能量回收阶段	$\sum\limits_{i=0}^{s} N_i^{m}Te$	34.148
整车	N_{01}^{Weight}	1100

▶▶ 2. 整车和总成的 RRR 计算

目前，在欧盟汽车整车型式认证和我国机动车强制认证体系中，均采用 RRR 计算的形式，即采用整车的可再使用率、可再利用率和可回收利用率来评价某款汽车的回收再利用性能。为了便于汽车制造企业不同设计部门掌握本部门所设计零部件的回收性能，明确各部门责任，系统具有对整车中各个总成件进行 RRR 计算的功能。结合拆解和材料数据得出的整车 RRR 计算结果见表 5-10。

使用本系统，按照上述流程，即可计算出某车型的 RRR 值。本小节中的计算实例为某款汽车的基准车型，其可再利用率和可回收利用率均为 94.9%，超过相应环保法律中规定的目标值。因此，该款汽车其他车型的可再利用率和可回收利用率均能超过目标值。本系统应用过程中所输出的数据也可用于管理和改进整车的回收性能。

参 考 文 献

[1] GALLIMORE A, CHEUNG W M. Effects of environmental impact based on alternative materials and process selection in automotive component design [J]. Journal of Industrial and Production Engineering, 2016, 33 (5): 321-338.

[2] VINODH S, JAYAKRISHNA K. Environmental impact minimisation in an automotive component using alternative materials and manufacturing processes [J]. Materials & Design, 2011, 32 (10): 5082-5090.

[3] LIU Y J, LIU Y, CHEN J N. The impact of the Chinese automotive industry: scenarios based on the national environmental goals [J]. Journal of Cleaner Production, 2015, 96: 102-109.

[4] 林子雨, 邹权, 赖永炫, 等. 关系数据库中的关键词查询结果动态优化 [J]. 软件学报, 2014 (3): 528-546.

[5] 刘晓光. 基于 MySQL 的分布式 SQL 数据库的设计与实现 [D]. 北京: 中国科学院大学, 2016.

[6] 黄家奇, 刘雪峰, 孙启林, 等. 基于 WEB 的江淮汽车材料数据管理系统开发 [J]. 汽车实用技术, 2017 (23): 4-6.

[7] 李真春, 盛步云, 罗丹, 等. 采用动态数据库结构的产品管理技术 [J]. 微计算机信息, 2006 (12): 241-243.

[8] 付跃军, 李忠政. 基于 ASP. NET 的管理信息系统设计与实现 [J]. 机电产品开发与创新, 2019, 32 (4): 97-99.

[9] 邹华英. 基于 WEB 的建筑工程业务管理系统设计与实现 [D]. 成都: 电子科技大学, 2013.

第 6 章

———

超高压水射流汽车轮胎回收技术

2017 年，我国橡胶轮胎废弃量约为 1700 万 t，是世界上最多的国家。由于橡胶材料性质稳定，自然条件下不易降解，汽车轮胎的大量废弃造成了严重的"黑色污染"。现用的大规模掩埋与焚烧等处理方法易导致严重的资源浪费与环境污染，对废旧汽车轮胎进行高效环保的回收再利用迫在眉睫。本章结合著者团队的相关研究介绍利用超高压水射流技术对废旧轮胎进行回收的方法和技术。首先，介绍目前常用的轮胎回收技术及轮胎粉碎技术，并与超高压水射流轮胎粉碎技术进行对比。然后，介绍轮胎破碎过程中应力及化学结构变化，并结合试验分析超高压水射流不同工艺参数下轮胎的破碎机理。接着，介绍核磁共振检测、傅里叶红外光谱检测、胶粉粒度检测、扫描电镜检测等超高压水射流轮胎粉碎胶粉检测技术。最后，分析轮胎破碎后胶粉成形的多种机制之间的相互作用。

6.1 废旧轮胎回收及粉碎技术

6.1.1 废旧轮胎回收技术

1. 轮胎翻新再利用

轮胎翻新是指由于磨损、损坏等原因而失去使用性能的轮胎经局部修整、加工硫化等方法，使其恢复使用价值的一种工艺流程。废旧轮胎在采用高新技术手段翻新后，其性能和质量可以接近或达到新轮胎的使用性能。这不仅延长了轮胎的使用寿命，而且减少了环境污染，是轮胎再利用的主要方式之一。我国废旧轮胎的翻新率约为7%，世界平均水平约为15%。翻新轮胎在一定程度上延长了其使用寿命、节约了橡胶资源，但由于对轮胎的使用性能以及安全性能的要求日趋严格，翻新轮胎难以形成大规模市场。

2. 再生胶

再生胶是指废旧轮胎橡胶在经过机械粉碎、加热等过程后，使其由弹性状态变成具有一定黏性和塑性的状态，并能够再次进行硫化的橡胶。再生胶主要作为生胶的替代品与其他橡胶材料混合使用，在不影响其使用性能的条件下降低制造成本。我国在橡胶材料方面一直处于短缺状态，再生胶作为橡胶材料的第二大资源，对我国橡胶工业的发展起到了至关重要的作用。生产再生胶目前是我国废旧橡胶回收利用的主要途径，其产量居全球首位。我国生产的掺有再生胶的制品除了满足国内需求外，在国际市场竞争中也有较大优势。但是，这种处理方法存在污染严重、耗能高、劳动强度较大等诸多问题。

3. 热能利用

热能利用是指将废旧轮胎作为燃料使用。废旧轮胎是一种高热值材料，其热能利用主要包括以下两种方式：①直接将废旧轮胎破碎作为燃料燃烧，或者将废旧轮胎与其他可燃废弃物按一定比例混合配成固体垃圾燃料燃烧，这种利用方式虽然简单直接，但是会造成严重的环境污染；②作为钢铁厂、水泥厂的热能燃料以及生产材料。废旧轮胎中所含的铁能转化成氧化铁，硫黄则可变成石膏，它们都是水泥的熟料组分，可作为水泥的增强性材料。此项技术对环境保护措施要求高。

▶▶ 4. 降解

废旧轮胎降解利用包括生物降解和热降解两个主要途径。其中，生物降解废旧轮胎难度较大，日本、德国试图利用放线菌生物降解橡胶材料，但目前还处于研究阶段。热降解是指依靠外部加热断裂橡胶内部的化学键，使橡胶材料液化、汽化，产生氢气、一氧化碳、二氧化碳、甲烷等气体产物和烷烃、烯烃、多环芳烃、甲苯、二甲苯及苯乙烯等液体产物，但这些产物中多数为有毒有害物质，若不加以妥善处理，将对环境产生严重影响。

▶▶ 5. 制备胶粉

胶粉是指废旧轮胎橡胶材料经过剪切、研磨等机械过程，使其破碎分离出钢丝、帘布而获得的粉末状物质，具有粉体材料基本的物理性能和化学性能。胶粉的用途非常广泛，例如：作为生胶的替代品加入胶料中制作橡胶制品，可有效减小材料成本；将胶粉掺入沥青、树脂等材料中改性，可提高材料的性能。

▶▶ 6.1.2 轮胎粉碎技术

废旧轮胎橡胶粉碎回收胶粉是回收利用废旧轮胎橡胶材料的重要技术手段，获得的橡胶粉末多用于生成再生胶或作为改性剂添加到其他材料中。采用不同工艺方法破碎得到的橡胶粉末粒径分布规律不同，胶粉的粒径越小，其利用价值越高。因此，近年来，相关企业机构不断开发新的橡胶精细破碎方法，以期得到粒径更小的胶粉，但在工业生产中还必须考虑经济成本、能耗及效率等问题。目前常用的橡胶粉碎方法主要包括以下三种：常温粉碎法、低温粉碎法、湿法粉碎法。

▶▶ 1. 常温粉碎法

常温粉碎法是在常温下对废旧轮胎橡胶进行粉碎的方法。常温粉碎法投资少、能耗低、设备和工艺流程简单，因此成为最常用的轮胎橡胶粉碎方法。它的一般工艺为：首先将废旧轮胎破碎为粒径在 50 mm 左右的橡胶块；然后用粗粉碎机将橡胶块初步粉碎为粒径在 20 mm 左右的橡胶粒，同时用磁选机和风选机分离出夹杂在橡胶里的钢丝和纤维；最后用细粉碎机将橡胶粒研磨成粒径在 120 ~ 420 μm 的胶粉。常温粉碎法工艺效率低。

2. 低温粉碎法

低温粉碎法是将废旧轮胎橡胶材料冷却至玻璃化转变温度以下，然后对材料进行机械粉碎的一种方法。该方法相比于常温粉碎法可以获得更精细的胶粉，粉末粒径在 75～300 μm 之间。目前，用于胶粉生产的工业制冷剂主要为液氮。由于在实际工业生产中液氮的制取成本较高，因此该方法难以实现广泛应用。

3. 湿法粉碎法

湿法粉碎法是指将粗碎得到的橡胶粉末，添加水或者化学药品进行预处理，然后运用圆盘式研磨机进行粉碎加工获得超精细胶粉。该方法得到的橡胶粉末粒径比低温粉碎法还小，在 2～20 μm 之间，但是其成本较高。

综上所述，常温粉碎法得到的胶粉粒径较大，但因成本低、设备简单，是当前胶粉的主要生产方式；低温粉碎法得到的橡胶粉末性能较好，但成本高，使其大规模应用受到限制；湿法粉碎法比较适合贵重橡胶制品的粉碎，不适合大规模粉碎。因此，适用于常温下大规模粉碎橡胶材料的精细粉碎技术具有巨大的市场潜力，其中最为典型的就是水射流粉碎技术。

6.1.3 水射流粉碎技术

水射流技术因其优异的切割、破碎、清洗等能力而被广泛应用于冶金、航空、机械、石油、化工、船舶、建筑等领域。其中，工作压力在 200 MPa 以上的水射流技术称为超高压水射流，主要应用于工业切割、破碎等方面。研究表明，工作压力在 200～300 MPa 的连续水射流切割性能优于许多其他切割工具。其主要特点是对材料无选择性、切缝窄、质量好、不破坏材料内部组织结构、能进行二维和三维异形切割。

水射流根据射流形式可分为连续射流、脉冲射流、空化射流三种类型。

1. 连续射流

连续射流是最普通的射流形式，可通过加温、加入化学清洗剂或者加入磨料提高其使用性能。

2. 脉冲射流

脉冲射流即通过使用射流间断器等方式，将连续的射流变为不连续的射流，不连续射流冲击物料时瞬时的冲击力远大于连续水射流造成的滞止压力，从而明显减小了切割比能。

3. 空化射流

空化射流即采用一定方式在射流中产生空化气泡，激发流体中气泡的生长，气泡接近被清洗或切割的表面时，由于受阻滞而引起破裂，气泡破裂过程中产生极高的压力和高速微射流，作用在冲击物体表面形成冲击力和应力集中，使材料失效。

与连续射流相比，空化射流的优点为：破坏硬质物品所需的工作压力大幅度降低；喷嘴和其他高压部件寿命延长；切缝比连续水射流宽，其表面清洗能力显著增强。然而空化射流也有一些缺点，如：切缝极大；流量比连续射流大；切割质量不好控制；受空化带长度的影响，靶距具有局限性。

匈牙利的潘侬公司（Pannon Jet）是在世界上最早采用水射流技术对废旧轮胎进行破碎与回收的公司之一，该公司开发了基于超高压水射流的磨碎技术，利用超高压水射流直接破碎分离废旧轮胎上的橡胶材料，而不损伤其中的钢丝与帘布，破碎效果如图 6-1 所示。该方法能够在常温下将废旧轮胎橡胶破碎为精细的橡胶粉末并与钢丝绳层、帘线等分离。由于射流能量非常集中，回收过程中橡胶材料内部分子链的化学键被打断，在橡胶颗粒的表面形成新的自由原子团，实现了部分硫化。与传统的破碎方法获得的橡胶粉相比，这种橡胶粉末不需要脱硫处理工序，可直接用于再生。

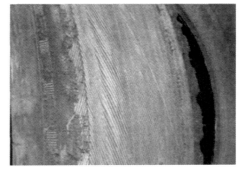

图 6-1　超高压水射流破碎轮胎橡胶效果

此外，在废旧轮胎橡胶材料的回收处理中，与其他破碎方法相比，超高压水射流无须对废旧轮胎进行复杂的预处理，设备和工艺简单。同时，高速水射流的冷却和扰动作用能够及时带走材料粉碎过程中产生的热量，阻止橡胶粉末发生团聚，其高速加载的特性和气泡空化现象使该方法在常温下即可对废旧轮胎的橡胶材料产生低温破碎的效果。

6.2　超高压水射流轮胎破碎机理

6.2.1　应力仿真分析

橡胶材料的破碎与其在射流高速冲击下的内部应力分布规律密切相关，由于超高压水射流破碎胎面胶材料过程是一个瞬时快速冲击的过程，作用时间短暂、机理复杂，并且材料完全破碎，难以对材料破碎过程中内部应力分布进行测量。本小节介绍使用 ANSYS 有限元仿真软件中的 Explicit Dynamic 模块对橡胶材料破碎过程进行应力仿真分析。

1. 应力分析模型

采用 ANSYS/Explicit Dynamic 分析模块进行应力分布仿真分析，做以下假设：水射流过程中使用的水不可压缩，并且水射流冲击运动为无旋运动；所用的废旧轮胎没有裂纹。根据试验实际工况，建立如图 6-2 所示的超高压水射流破碎胎面胶材料的有限元仿真分析模型。模型上方为射流冲击出口，初始速度为 v，单位为 m/s；h 为射流出口高度，即靶距，单位为 mm；x 为射流作用面直径，单位为 mm。模型下方为橡胶胶块，胶块四周表面和底面为约束面，并采用六面体网格划分以提高仿真精度。BAC 为橡胶胶块截面上的初始半椭圆裂纹弧。

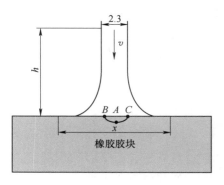

图 6-2 超高压水射流破碎胎面胶
材料的有限元仿真分析模型

仿真分析中以射流初始速度 v 为仿真参数之一，可通过式（6-1）计算。

$$v = 44.7\sqrt{p} \tag{6-1}$$

式中，p 是驱动压力（MPa）。

▶▶ 2. 材料模型及参数

根据仿真前设定的边界条件和选定的材料本构模型可以得到材料粉碎时的计算方法。采用 Yeoh 模型表征胎面胶的力学性能，Yeoh 本构模型表达式为

$$W = C_{10}(I_1 - 3) + C_{20}(I_1 - 3)^2 + C_{30}(I_1 - 3)^3 \tag{6-2}$$

式中，I_1 是应变张量的第一不变量，$I_1 = \lambda_1^2 + \lambda_2^2 + \lambda_3^2$，$\lambda_\alpha$ 是三个主伸长比，$\lambda_\alpha = 1 + \varepsilon_\alpha (\alpha = 1, 2, 3)$，$\varepsilon_\alpha$ 是名义应变的主应变。

通过拟合图 6-3 所示橡胶的名义应力-应变曲线，确定 Yeoh 表达式中的各项系数，见表 6-1。

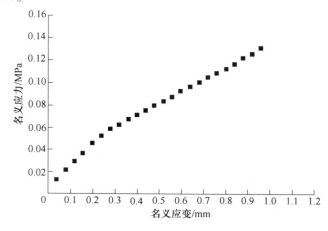

图 6-3 橡胶的名义应力-应变曲线

表 6-1　Yeoh 本构模型系数

C_{10}	C_{20}	C_{30}
7.016×10^{-1}	-2.683×10^{-1}	9.15×10^{-2}

在 ANSYS 材料库中设置橡胶材料和射流的各项仿真参数，见表 6-2 和表 6-3。

表 6-2　橡胶材料参数

剪 切 模 量	密　　度	泊 松 比
7.84 MPa	1.15×10^{3} kg/m^3	0.47

表 6-3　射流参数

驱 动 压 力	靶　　距	喷嘴移动速度	密　　度	体积弹性模量	泊 松 比
180~300 MPa	50 mm	1000 mm/min	1000 kg/min	2.18×10^{9} Pa	0.3

▶ 3. 有限元仿真结果分析

（1）驱动压力对内部应力值的影响　通过有限元仿真分析得到不同驱动压力冲击下橡胶材料内部的等效应力、主应力和切应力等应力值。其中，主应力分为拉应力与压应力。胎面胶材料受到超高压水射流的高速冲击后内部应力重新分布，受冲击范围内的各应力迅速增大。改变射流的驱动压力进行多次破碎仿真，得到不同驱动压力下的应力值和应力分布规律，如图 6-4 所示。由图可以

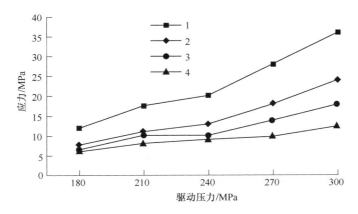

图 6-4　不同驱动压力水射流下的应力值

1—等效应力　2—切应力　3—压应力　4—拉应力

看出，超高压水射流破碎胎面胶时材料内部的各项应力值与水射流的驱动压力呈线性正比关系。根据伯努利方程可知，射流初始速度由驱动压力计算得到，所以胎面胶材料内部应力值与水射流初始速度呈正比关系。

水射流驱动压力作为水射流破碎胎面胶的重要参数，对轮胎的破碎和精细胶粉的获取起着关键作用。根据实际破碎试验参数，调整仿真中的初始速度。随着射流驱动压力的不断增大，水射流初始速度随之增加，材料内部应力随之增大。由胎面胶的破碎痕迹可知，随着胎面胶内部应力值的增加，橡胶的破碎区域随之增大，得到的胶粉也更加精细。

（2）胎面胶内部应力分布规律　超高压水射流通过冲击作用力将应力传递至橡胶材料内部，随着应力增大至材料的承受极限，胎面胶材料发生断裂破碎。运用 ANSYS/Explicit Dynamic 分析模块对该过程进行有限元仿真分析，分别得到等效应力、最大主应力和最大切应力的分布规律。根据应力分布规律仿真结果，可知不同射流驱动压力下胎面胶内部应力值虽然不同，但是呈现出相似的应力分布状态，说明胎面胶材料破碎的方式类似。以 210 MPa 驱动压力下的胎面胶内部应力分布规律为例进行分析，仿真结果如图 6-5 ~ 图 6-7 所示。

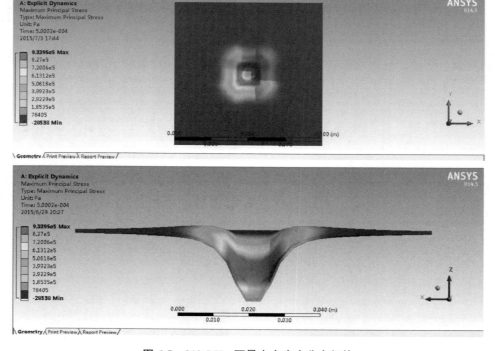

图 6-5　210 MPa 下最大主应力分布规律

由图 6-5 中所示应力分布规律可以看出，在超高压水射流破碎胎面胶材料的过程中，胎面胶内部应力分布呈水纹状，以射流与胎面胶的接触点为中心向外扩散。射流破碎胎面胶时，胎面胶表面受冲击点处产生压应力。随着橡胶材料在射流冲击下变形，由射流中心点向外压应力逐渐减小，并在水射流作用边缘处由压应力转变为拉应力。这是由于橡胶材料受到水射流冲击后逐渐向下产生变形，在变形过程中处于射流作用边缘处的材料内部受到拉伸作用。

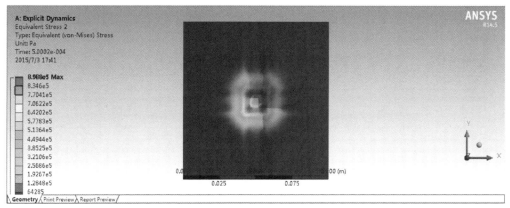

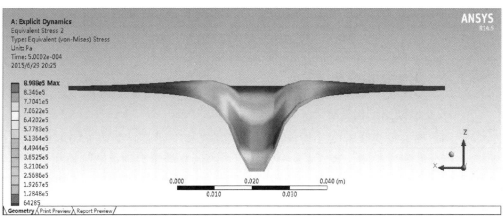

图 6-6　210 MPa 下等效应力分布规律

观察图 6-6、图 6-7 所示的应力分布可知：胎面胶材料在距离中心点 1 mm 处出现最大切应力，在此处胎面胶材料在切应力作用下开始萌生裂纹；随着射流的持续冲击，裂纹开始扩展直至橡胶材料发生断裂破坏，橡胶粉末被剥离橡胶本体。

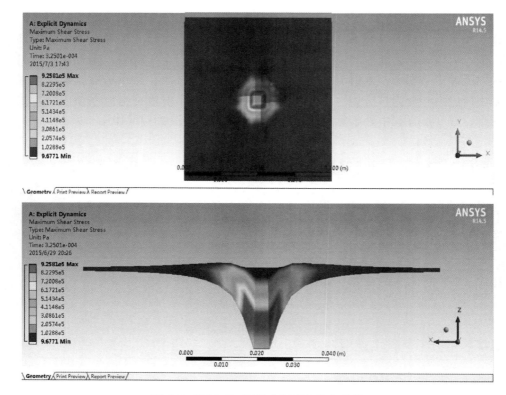

图 6-7　210 MPa 下最大切应力分布规律

6.2.2　化学结构变化

1. 交联网络结构变化

运用核磁共振交联密度分析仪对胎面胶胶块和不同破碎参数下制取的橡胶胶粉进行交联密度检测。表 6-4 所列为 5 组由不同驱动压力制得的胶粉和 1 组胎面胶胶块的交联网络结构中三种链段信号和交联密度的测试数据，其中喷嘴移动速度为 1000 mm/min，喷嘴靶距为 50 mm。通过比较表 6-4 中的各项数据可知，利用超高压水射流技术粉碎胎面胶后，自由链和悬尾链信号比例均有不同程度的提高，说明胎面胶内部交联结构受到了破坏，化学键的断裂造成了更多自由链和悬尾链的产生，而检测结果中交联链信号比例明显降低也验证了存在化学键断裂。

具体变化如下：

1）自由链信号比例首先由 7.1%（胎面胶胶块）增大至 14.5%（180 MPa），然后随着驱动压力的提高略有减小，最后稳定于 11%。

2）悬尾链信号比例首先由 17.6%（胎面胶胶块）增大至 25.3%（180 MPa），然后随着驱动压力的提高略有减小，最后稳定于 21.1%。

3）交联链信号比例首先由 75.1%（胎面胶胶块）减小至 56.7%（180 MPa），然后随着驱动压力的提高逐渐增大，最后稳定于 67.5%。

4）交联密度的变化同样是先增大后减小最后趋于平稳，在 180 MPa 的驱动压力时达到最大，为 1.54×10^{-4} mol/cm^3，最后稳定于 1.43×10^{-4} mol/cm^3。

表 6-4　核磁共振测试结果

类　　型		自由链信号比例 （%）	悬尾链信号比例 （%）	交联链信号比例 （%）	交联密度 /（mol/cm^3）
胎面胶胶块		7.1	17.6	75.1	1.29×10^{-4}
胶粉	180 MPa	14.5	25.3	56.7	1.54×10^{-4}
	210 MPa	12.4	24.1	61.7	1.45×10^{-4}
	240 MPa	10.8	21.4	67.5	1.47×10^{-4}
	270 MPa	11.1	20.7	67.8	1.41×10^{-4}
	300 MPa	11.0	21.1	67.5	1.43×10^{-4}

由以上几组测试数据可以看出，胎面胶材料经过超高压水射流破碎后橡胶材料内部的交联网络结构被破坏，交联链断裂，从而导致交联链减少，自由链、悬尾链增加，交联密度增大。

2. 化学键和分子基团变化

使用傅里叶红外光谱仪对胎面胶胶块和不同破碎参数下制取的橡胶胶粉（与核磁共振检测样品保持一致）进行傅里叶红外光谱分析，测试结果如图 6-8 所示。

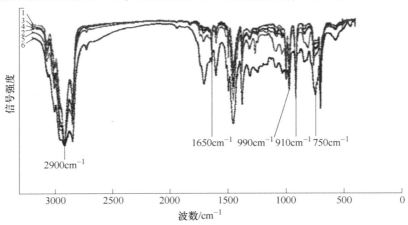

图 6-8　胶块和不同胶粉的红外光谱图

1—180 MPa 胶粉　2—210 MPa 胶粉　3—240 MPa 胶粉　4—270 MPa 胶粉　5—300 MPa 胶粉　6—胶块

其中，喷嘴移动速度为 1000 mm/min，喷嘴靶距为 50 mm。由图可知，由不同破碎参数制取的 5 组橡胶胶粉测出的红外光谱图在多个吸收峰处没有明显区别，表明采用 180 MPa 以上驱动压力破碎胎面胶时橡胶材料内部断裂的化学键种类相同。结合核磁共振试验可知，不同破碎参数下制取胶粉时化学键的断裂数量不同。

经过超高压水射流破碎后，橡胶材料内部分子基团发生了明显的变化，表明材料内部化学键出现了断裂与重组，具体如下：

1）波数在 750 cm^{-1} 处，邻二取代苯基团吸收峰有所减弱，表明苯环上发生部分脱氢反应。

2）波数在 910 cm^{-1} 处，丁二烯 1，2-双键的特征吸收峰增大，表明破碎后的胶粉中该双键含量增加。

3）波数在 990 cm^{-1} 处，C—H 弯曲振动加剧，表明 HRC =CH$_2$ 基团含量增加。

4）波数在 1650 cm^{-1} 处，C—H 伸缩振动增强，说明破碎过程中部分化学键断裂并进一步生成了新的 C =C 双键。

5）波数在 2900 cm^{-1} 处，可以发现羰基和羧基的吸收峰均有所增强，说明在破碎过程中橡胶材料内部主链分子发生了部分氧化降解反应。

6.2.3 轮胎断裂扩展行为

废旧轮胎表面存在许多裂纹、划痕、凹坑等宏观缺陷。在超高压水射流作用下，废旧轮胎胎面胶材料破碎成为橡胶粉末，该过程中橡胶材料表面宏观缺陷处作为材料的薄弱环节首先发生破坏，并影响橡胶材料断裂面的应力应变分布规律、橡胶粉末粒径尺寸以及胶粉的再利用性能。

1. 超高压水射流破碎轮胎胎面胶试验

运用超高压水射流设备对废旧轮胎胎面胶结构进行破碎分离试验，试验设备为最高驱动压力可达 380 MPa 的某型超高压水切割机，试验材料为废旧的米其林 Energy XM1 系列汽车轮胎，型号为 195/65R15（91H）。对废旧轮胎胎面胶进行破碎分离试验的基本参数见表 6-5。

表 6-5 水射流基本参数

驱动压力/MPa	喷嘴直径/mm	靶距/mm	水密度/kg·m^{-3}
200	2	50	998

2. 轮胎橡胶破碎前后裂纹微观形貌

轮胎在长期使用过程中，经过摩擦、疲劳、老化以及有害化学物质的侵蚀，其表面微观结构必然会遭到破坏。虽然轮胎橡胶材料内添加了抗老化、抗氧化的物质，但轮胎表面仍会出现一些裂纹、划痕等缺陷，导致橡胶材料物理性能降低。在超高压水射流冲击作用下，这些初始缺陷部位首先发生破坏。

轮胎胎面胶材料为橡胶和补强炭黑经过密炼、硫化生产的。如图 6-9 所示，通过透射电镜观察，轮胎橡胶呈现出束状片晶微观结构，补强炭黑以黑色的束状带形式存在于边缘部位，与高分子的变形取向理论相吻合。炭黑增强的橡胶是一种非均相高分子填充体系，橡胶基体呈现为连续相，炭黑作为填充剂分散其中。补强炭黑与橡胶基体相比基本不可压缩，且炭黑与橡胶基体形成团聚物，其表面界面性能与橡胶基体不同。

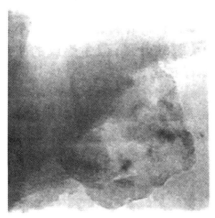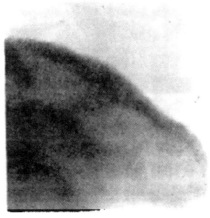

图 6-9　通过透射电镜观察胎面胶

取废旧轮胎胎面胶的表面部分，用清水清洗，干燥后对其进行喷金处理，然后运用 JSM-6490LV 型扫描电子显微镜对其进行观察，得到其破碎前胎面胶表面微观裂纹形貌如图 6-10 所示。

由图 6-10 可知，废旧轮胎橡胶表面存在大量的裂纹、划痕等表面微观缺陷，这些表面微观缺陷的存在将大大增加材料的孔隙性和渗透率，能够显著提高水射流对材料的破坏作用。轮胎胎面胶在受到超高压水射流冲击时，表面微观缺陷作为材料性能薄弱处首先发生破坏。轮胎表面宏观缺陷尺寸在 2000 μm 左右，但大部分表面原始缺陷的尺寸分布在 300 ~ 800 μm 范围，且原始表面微裂纹之间在长度方向存在平行关系，与图 6-9 中轮胎橡胶为片晶微观结构的观察结果相吻合。轮胎橡胶材料在经过长期疲劳磨损后，将沿着结合部位相对薄弱的片晶层发生破坏并扩展，形成相互平行的表面微观裂纹。在部分较大的原始微裂纹尖端出现二次微裂纹，且与原始微裂纹保持平行。

取水射流破碎过程中形成的轮胎破碎断面，运用超声波清洗机进行清洗，

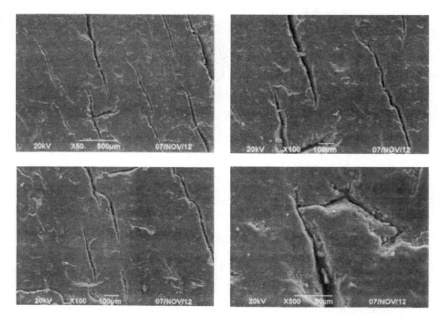

图 6-10　胎面胶表面微观裂纹形貌

然后进行喷金处理，运用扫描电子显微镜观察断面微观形貌，如图 6-11 所示。

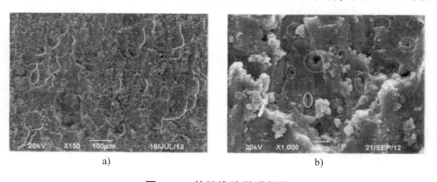

图 6-11　轮胎橡胶微观断面

a）轮胎橡胶的断面微观形貌　b）微射流冲击壁面微观孔状形貌

　　图 6-11a 所示为轮胎橡胶的断面微观形貌（左侧为水射流入射方向），轮胎橡胶破坏断面上存在大量的白色弧形断裂脊线（图 6-11a 中白线部分），弧形断裂脊线附近存在光滑剥离面和层状粗糙断面两种典型的形貌。在左侧初始裂纹深度的位置，存在大小不一的弧形断裂脊线，初步判断为表面裂纹经快速扩展形成。在断面右端超过初始裂纹深度的位置存在大量弧形断裂脊线，且长度明显大于左侧弧形断裂脊线的长度。

对图 6-11b 进行观察可知，橡胶光滑剥离面上存在许多韧窝状小孔，孔规则圆滑，无剪切划痕，判断为炭黑团聚物经水楔拉伸剥离形成，且在圆孔边有层状断面（图 6-11b 中白线部分）。初步判断为：当裂纹扩展遇到炭黑团聚物时，扩展受到阻碍，在剪切作用下断裂，形成层状断面。

⧉ 3. 裂纹面主应变及应变能密度计算

分别对长度为 0.5 mm、1.0 mm、1.5 mm、2.0 mm，长宽比均为 2 的表面裂纹进行有限元仿真分析。分别在半椭圆裂纹弧 *BAC*（图 6-2 中所示）上取点，得出各点的主应变。其主应变分布规律如图 6-12 所示。

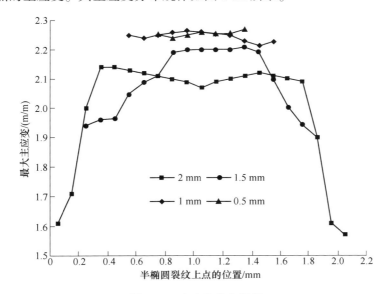

图 6-12 主应变分布规律

由图 6-12 可知，裂纹长度为 0.5 mm 和 1 mm 的半椭圆裂纹弧上各点主应变均达到破碎极限值且数值相近，裂纹在整个裂纹弧上均扩展形成半椭圆形断面。裂纹长度为 1.5 mm 和 2 mm 的半椭圆裂纹弧上，裂纹弧两端主应变较小，随着裂纹深度的增加主应变逐渐增加，在裂纹弧底端附近各裂纹弧主应变值相近，主应变值达到破碎极限值，裂纹扩展形成半椭圆形断面。

图 6-13 所示为双裂纹主应变分布规律。由图 6-13 可知，主应变在两条裂纹上均达到破碎极限值且数值相近；裂纹将沿整个裂纹弧扩展，两裂纹扩展交汇形成橡胶颗粒，被剥离出橡胶材料本体。

根据半椭圆裂纹弧 *BAC*（图 6-2 中所示）上的主应变分布可得出应变能密度分布规律，如图 6-14 所示。水射流作用于轮胎橡胶材料表面，使橡胶材料发生形变，射流动能转化为橡胶材料形变时的应变能。应变能一部分储存于橡胶

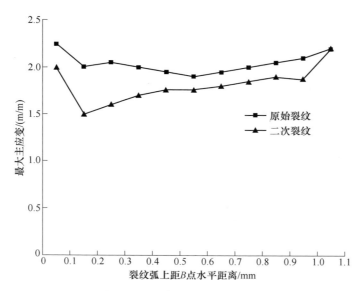

图6-13 双裂纹主应变分布规律

材料内部，一部分转化为裂纹扩展破碎所需的能量以及动能。在裂纹弧上应变能密度沿着射流方向最大。裂纹长度为0.5 mm和1 mm的半椭圆裂纹弧上各点应变能密度值基本相同。裂纹长度为1.5 mm和2 mm的半椭圆裂纹弧两端应变能密度较小，随着裂纹深度的增加应变能密度逐渐增加。若材料破碎各点所需能量基本相同，则应变能密度越大，裂纹扩展动能越大、速度越快。裂纹扩展直至断裂时，将形成半椭圆形断面。

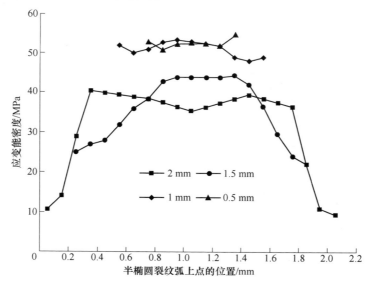

图6-14 应变能密度分布规律

▶ 4. 轮胎橡胶裂纹动态断裂机理

轮胎胎面胶复合结构被超高压水射流破碎分离形成橡胶颗粒，是超高压水射流作用下轮胎橡胶材料表面和内部裂纹萌生扩展与面内剪切作用的结果。结合试验与仿真分析结果，轮胎胎面胶复合结构在超高压水射流作用下的破碎分离过程可描述为：超高压水射流在接触轮胎橡胶表面后，射流在超高压作用下侵入轮胎橡胶表面初始裂纹内部并产生应力场，在表面初始裂纹内部裂纹尖端产生集中应力使裂纹迅速扩展，同时水射流冲击形成的压力场在材料内部产生剪切形变破坏，最终导致橡胶表面破碎形成橡胶颗粒，并被分离出轮胎橡胶材料本体；同时，水射流冲击面下方的橡胶材料受到切应力和压应力共同作用，使材料内部产生新的微裂纹；后续超高压水射流继续补充进入新产生的微裂纹，重复进行前述破坏过程，直至到达钢丝层后被反射出切槽，实现橡胶材料与钢丝分离。

在材料的微观破坏过程中，橡胶内部片晶与片晶之间的结合部位相对不稳定，材料将首先沿此处发生破坏。轮胎橡胶材料在经过疲劳损坏后在其表面形成的微裂纹正是由于片晶层之间的不稳定而产生的。通过对胎面胶断面微观形貌进行观察可知，射流首先使初始表面微裂纹处发生破碎。这是由于超高压水射流冲击轮胎橡胶表面，深埋于橡胶材料内部的微裂纹在冲击形变作用下缓慢扩展，持续射流冲击破碎至裂纹面后，裂纹迅速扩展，形成较大的弧形断裂脊线。

当超高压水射流进入裂缝后，对半椭圆裂纹弧面产生集中应力，当集中应力达到材料的断裂强度后，裂纹沿着裂纹弧方向快速扩展，形成光滑剥离面；同时在橡胶表面施加的压应力使橡胶裂纹面内的切应力增大，在裂纹面上两者的方向呈相互垂直的关系，从而将扩展中的半椭圆裂纹弧剪切破碎，形成弧形的断裂脊线，断面呈半椭圆形。

▶ 6.2.4 不同工艺参数下轮胎破碎机理

通过分析不同破碎方式下轮胎橡胶材料断面的微观形貌变化，可揭示轮胎橡胶材料在不同超高压水射流参数下的破碎行为和破碎机理，为轮胎橡胶材料的高效回收提供理论依据。

▶ 1. 水射流微观破碎机理研究

高压水射流作用于材料表面，破坏了材料表面原本的组织结构与状态，从而达到射流清污、切割及粉碎等效果。高压水射流对材料的破坏过程及机理极其复杂。这一过程不仅与流体本身的性质与状态有关，还与材料的性质密切相关。

高压水射流冲击破坏材料原有的组织结构，主要是由射流的冲击力作用、水楔作用、射流引起的疲劳破坏作用和空化破坏作用等引起的。材料的破碎形式通常可分为两类：一类是以金属为代表的线弹性材料在切应力作用下发生的塑性破坏，另一类是以岩石为代表的脆性材料在拉应力作用下发生的脆性破坏。还有一些材料，如橡胶类，在高压水射流冲击破碎过程中，上述两种破坏形式可能同时发生。

根据伯努利方程，当水射流驱动压力超过 50 MPa 时，从喷嘴射出的流体速度超过 332 m/s。当高速射流冲击材料表面时，材料会发生脆性变形或具有脆性破坏趋向。射流冲击材料表面时射流速度突变，导致射流冲击力迅速增加至被作用材料的临界破碎值，通常产生脆性破坏，此时断裂强度应低于屈服强度，在这种情况下：

$$\frac{\mathrm{d}\varepsilon}{\mathrm{d}t} > \frac{\sigma}{\xi} \tag{6-3}$$

式中，ε 是最大应变；t 是外载荷作用时间；σ 是破坏强度；ξ 是内部结合系数。

微粒从基体上分离，是由材料内部微裂纹的萌生和扩展造成的，材料内部微观缺陷可由材料的结构变形、微小裂纹、刮痕、凸起以及外来夹渣等引起。水射流冲击材料的微观模型可以简化为图 6-15 所示的点负荷受力图。

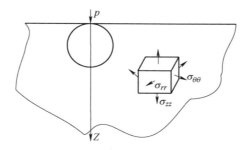

图 6-15　点负荷受力图

该点在水射流冲击作用下的应力表达式为

$$\sigma_{rr} = \frac{p}{2\pi}\Big[(1\text{-}2r)\frac{1}{r^2}\frac{2}{(r^2+z^2)^{1/2}} - \frac{3r^2z}{(r^2+z^2)^{5/2}} \Big] \tag{6-4}$$

$$\sigma_{zz} = -\frac{3pz^3}{2\pi(r^2+z^2)^{5/2}} \tag{6-5}$$

$$\sigma_{\theta\theta} = \frac{p}{2\pi}(1-2r)\Big[-\frac{1}{r^2} + \frac{z}{r^2(r^2+z^2)^{1/2}} \Big] \tag{6-6}$$

$$\sigma_{rz} = -\frac{3p}{2\pi}\frac{rz^2}{(r^2+z^2)^{5/2}} \tag{6-7}$$

式中，p 为射流点压强；σ_{rr}、σ_{zz}、$\sigma_{\theta\theta}$ 分别为在坐标系 $rz\theta$ 中 r、z、θ 方向的应力；σ_{rz} 为 r、z 方向应力的合力。

高压水射流接触材料表面时，由射流冲击力在材料表面中心部位产生的高压应力是材料破坏的主要原因。如图 6-16 所示，材料内部应力随着压力的增加而增大，而最高压力点在射流边界上。因此，由压力产生的内部切应力最大，当切应力达到破坏临界值时（区域Ⅰ）裂纹将在材料的表面扩展。在持续射流冲击作用下，趋于材料临界失效值的应力集中在区域Ⅱ内。

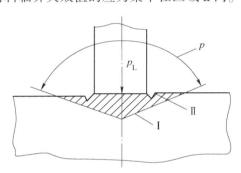

图 6-16　水射流冲击破碎材料表面示意图

水射流中心由水锤作用呈现出压缩状态。射流在接触到材料表面时发生扩散，向四周流动，流体压力得到释放。同时，压缩波由材料表面边缘向中心部位传播。当其达到中心部位后，材料表面的压力从最高压力值降至冲击射流的滞止压力值，射流内部的受压状态消失。水射流与材料相互作用过程的最高压力维持的时间（$1\sim2$ μs）与射流驱动压力、射流移动速度、喷嘴结构以及压缩波等有关，最高压力维持时间是压缩波扩展至冲击中心所需时间的函数。材料局部的最高压力可由式（6-8）确定：

$$p_{\text{L}} = \frac{E_{\text{w}}v}{C_0} \tag{6-8}$$

式中，C_0 是水中声速，$C_0 = 1440$ m/s；E_{w} 是水的弹性模量，$E_{\text{w}} = 2 \times 10^3$ MPa；v 是射流移动速度（m/s）。

水射流的动能为 E_{f}，材料形变时的总弹性应变能 E_{p} 为克服微粒间的结合力所需的能量，则材料破碎时：

$$E_{\text{f}} = E_{\text{p}} = E_{\text{s}} + E_{\text{t}} \tag{6-9}$$

式中，E_{s} 是表面热量；E_{t} 是热能和波传播过程热量。

裂纹扩展可以看成是水射流冲击破坏材料内分子结合能的结果。水射流粉碎物料主要依靠射流的冲击力和水楔作用将物体材料破碎分离。在高压作用下水射流流体作用于材料表面，将在材料内部产生较大的压应力，当压应力值达到材料的抗压强度时，材料发生压缩破坏。高压水射流粉碎技术与其他传统的技术方法不同，由于水具有流动性，因此水射流具有水楔作用。一般情况下，材料的抗压能力远远大于其抗拉能力，因此，水射流的水楔作用将显著提高其粉碎效率。

如图 6-17 所示，在水楔作用下，水射流进入材料裂缝内，在裂纹尖端产生拉应力集中，持续射流冲击使裂纹迅速扩展直至材料破碎。水射流进入微小裂纹、孔隙及其他缺陷部位，降低材料的抗拉强度，裂纹萌生与扩展，引起材料失效。

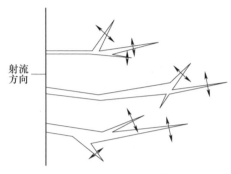

图 6-17 水楔作用示意图

▶▶ 2. 超高压水射流下轮胎橡胶断面形貌变化

以米其林 Energy XM1 系列废旧汽车轮胎［型号为 195/65R15（91H）］为例，使用最高压力可达 380 MPa 的某型超高压水射流设备对轮胎胎面胶进行非淹没条件下的破碎分离试验，其射流喷嘴内径为 1 mm。

不同压力下轮胎橡胶形貌变化试验参数见表 6-6。

表 6-6 水射流压力参数

序 号	驱动压力/MPa	靶距/mm	移动速度/（mm/min）
1	200		
2	240		
3	280	50	1000
4	320		

对各驱动压力下的轮胎橡胶断面进行扫描电镜观察，如图 6-18 所示。图 6-18 显示了靶距为 50 mm，移动速度为 1000 mm/min，驱动压力分别为 200 MPa、240 MPa、280 MPa、320 MPa 的破碎轮胎橡胶微观断面。通过观察可知，水射流破碎橡胶断面主要由层状粗糙断面和光滑剥离面两种典型形貌组成，并分布有少量的针孔状凹坑（如图 6-18 中白色标记线所示）。比较四组橡胶断面可知，光滑剥离面的面积随着水射流压力的升高不断增加，粗糙断面面积随着压力的升高而逐渐减小。另外，随着压力的升高，水射流作用于同等体积内的射流能量增大，使在同等体积内克服沿晶破坏和穿晶破坏形成新表面所需表面能增加，从而导致破碎橡胶粉末粒径减小。断面中存在少量针孔状凹坑，孔径大小在 2 ~ 5 μm，且光滑规则。

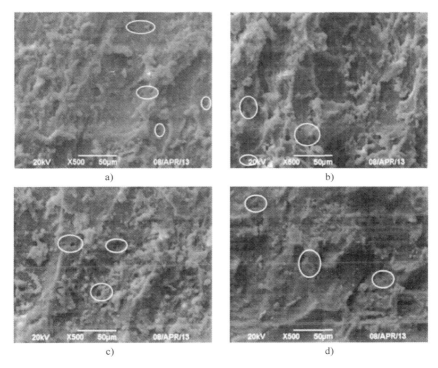

图 6-18 不同驱动压力下轮胎橡胶微观断面

a）200 MPa b）240 MPa c）280 MPa d）320 MPa

当水射流速度大于 30 m/s 时，便会发生空化现象。空化现象是指当液体内局部压力突然降低时，在固液交界面、液体内部空穴和空泡形成、发展和溃灭的过程。在超高压水射流中，流体速度远大于这一临界速度，因此，超高压水射流破碎分离废旧轮胎过程中存在空化破坏效应。超高压水射流形成的空泡在破碎溃灭瞬间产生的微射流，冲击橡胶面形成微观孔状形貌。

不同移动速度下轮胎橡胶形貌变化试验参数见表 6-7。图 6-19 所示为驱动压力为 200 MPa，靶距为 50 mm，移动速度分别为 500 mm/min、1000 mm/min、1500 mm/min 和 2000 mm/min 的破碎橡胶微观断面。破碎橡胶断面主要存在光滑剥离面和层状粗糙断面（图中白色标记线），并存在少量的针孔状凹坑。光滑剥离面的面积随射流移动速度的增大未发生明显变化，但层状粗糙断面随射流移动速度的增大逐渐减小，且断面厚度逐渐减小。这是因为光滑剥离面的形成与裂纹扩展有关，而裂纹扩展引起的沿晶破坏作用强弱与驱动压力大小相关，因此未发生明显变化。但是随着射流移动速度的增大，其作用于橡胶表面的射流冲击时间缩短，由射流冲击力引起的剪切作用减弱，因此剪切作用产生的层状粗糙断面减少。对比断口微观组织形貌可知，移动速度越小，作用于橡胶表面的射流冲击力时间越长，射流能量越大，其破碎橡胶形成新表面的表面能越大，胶粉粒径越小。

表 6-7　水射流移动速度参数

序　　号	移动速度/（mm/min）	驱动压力/MPa	靶距/mm
1	500		
2	1000		
3	1500	200	50
4	2000		

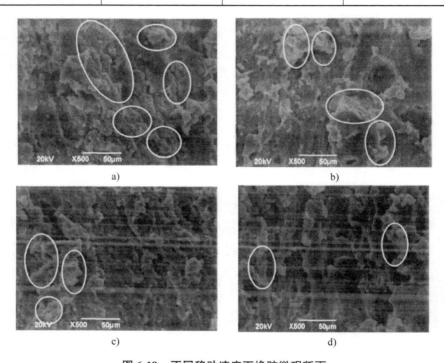

图 6-19　不同移动速度下橡胶微观断面

a）500 mm/min　b）1000 mm/min　c）1500 mm/min　d）2000 mm/min

不同靶距下轮胎橡胶形貌变化试验参数见表 6-8。

表 6-8　水射流靶距参数

序　　号	靶距/mm	驱动压力/MPa	移动速度/（mm/min）
1	35		
2	50		
3	65	200	1000
4	80		

图 6-20 所示为驱动压力为 200 MPa，移动速度为 1000 mm/min，靶距分别为 35 mm、50 mm、65 mm 和 80 mm 时破碎轮胎橡胶的微观断面。破碎橡胶断面普遍存在光滑剥离面和层状粗糙断面（图中白色标记线）两种形貌。水射流冲击轮胎橡胶表面时，因裂纹扩展引起橡胶材料发生沿晶破坏形成光滑剥离面，在剪切作用下发生穿晶破坏形成层状粗糙断面。随着靶距的增加，光滑剥离面的面积逐渐减小，层状粗糙断面厚度逐渐变小。这是因为靶距较小时，达到轮胎橡胶表面的射流冲击能量较大，若轮胎橡胶材料破碎所需的能量相同，则其裂纹扩展动能越大，裂纹扩展越快，形成的光滑剥离面积越大；同时由射流冲击力引起的剪切力较大，从而形成的层状粗糙断面较为明显。随着靶距的增加，因剪切作用引起的穿晶破坏减弱，其层状粗糙断面的面积逐渐减小，同时空化作用减弱。但是空化作用产生的空泡数量有限、作用面积小，因此不是其破坏的主要原因。轮胎橡胶破碎主要是由裂纹扩展引起的沿晶破坏和剪切作用引起的穿晶破坏导致的。

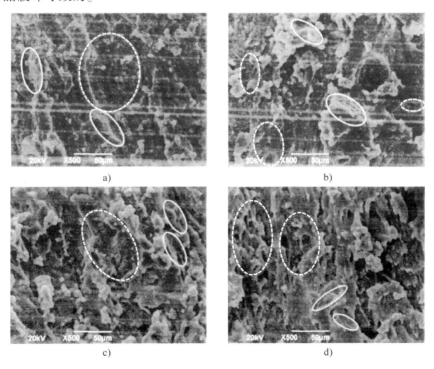

a)　　　　　　　　　　　　　b)

c)　　　　　　　　　　　　　d)

图 6-20　不同靶距下橡胶微观断面

a）35 mm　b）50 mm　c）65 mm　d）80 mm

对图 6-20 进行观察可知，在破碎橡胶断面中存在许多针孔状凹坑（图中虚线）。与图 6-18 中针孔状凹坑的形貌有所区别，其凹坑孔径随着靶距的增加逐渐增大。在高压水射流冲击破碎材料过程中，空化现象中空泡由形成到溃灭的过程中与材料表面的距离影响着破碎针孔的大小，靶距太短时，空泡尚未完全发展，空化作用形成的针孔状凹坑很小；随着靶距的增加，空泡发展长大，到达壁面时形成较大的凹坑。

6.2.5 化学键断裂分析及判据

1. 核磁共振判据

轮胎橡胶材料内部是十分复杂的交联网络结构，各个交联链错综复杂，自由链、悬尾链数量较少。当橡胶材料受到超高压水射流冲击破碎时，材料内部的交联结构受到破坏，交联链断裂形成新的悬尾链和自由链。

通过胶粉的核磁共振试验数据分析可知，胎面胶经过超高压水射流技术破碎后，内部交联链比例减少，相应的自由链、悬尾链比例都有所增加，且在180 MPa 的驱动压力时各链的变化程度最大。这表明在水射流破碎胎面胶时不仅破坏了橡胶内部的分子间作用力，同时还破坏了橡胶材料内部的部分化学键，在 180 MPa 的驱动压力下化学键断裂程度最大。在超高压水射流破碎工艺试验中，胎面胶内部交联链信号比例由75% 降到了 67%，而对应的自由链信号和悬尾链信号比例分别由7% 和17% 增加到了 11% 和21%。通过这几组数据的变化可以发现，超高压水射流破碎胎面胶过程中橡胶内部 10% 左右的化学键发生断裂与重组，这些分子间作用力遭到破坏，化学键断裂促成了胎面胶的破碎和胶粉的形成。

2. 红外光谱判据

通过傅里叶红外光谱试验，可以确定超高压水射流破碎胎面胶过程的化学键变化。由傅里叶红外光谱检测可以发现，胎面胶经过超高压水射流破碎工艺后，橡胶材料内部原有的 C—C 键、C—S 键、C—H 键以及苯环上的—H 键均有了不同程度的断裂，同时 $HRC\!=\!CH_2$ 基团、羰基和羧基等基团含量的增加说明各化学键断裂后生成了新的 $C\!=\!C$ 双键、C—H 键和 C—O 键等化学键。

3. 计算判据

当超高压水射流粉碎胎面胶时，胎面胶内分子受到应力变化的影响，电子从冲击射流中获得额外能量。随着电子的能量不断增大，电子慢慢远离原子核，当电子出现在核连线以外的地方时，核之间就会相互排斥，从而导致化学键的断裂。在此过程中维持两个核之间作用的力称为库仑力，从另一方面讲，维持化学键不断裂的原因就是库仑力的存在。

库仑力的计算表达式为

$$F = K\frac{Qq}{r^2} \tag{6-10}$$

式中，K 是库仑力常数（$N \cdot m^2/C^2$），$K \approx 9 \times 10^9$（$N \cdot m^2/C^2$）；Q 是某一电荷的带电量（C）；q 是另一电荷的带电量（C）；r 是两电荷间的距离（m）。

由傅里叶红外光谱试验可知，在胎面胶破碎过程中，断裂的键主要有 C—C 键、C—S 键、C—H 键和 C—O 键等。各断裂化学键库仑力计算结果见表 6-9。

表 6-9　各断裂化学键库仑力计算结果

化　学　键	化学键键长/10^{-12} m	库仑力 F/10^{-12} N
C—C	154	3.5
C—S	109	1.2
C—H	143	10.8
C—O	182	13.4

由仿真分析可知，在 180 MPa 的驱动压力下的断裂区切应力最大值为 6.460 MPa。应力计算公式为

$$\sigma = \frac{F}{A} \tag{6-11}$$

由式（6-11）可以计算出在橡胶胶粒脱落的瞬间该胶粒上的作用力（F）。为简化计算，假设胶粒侧面为正方形，取高压水射流破碎胎面胶所得胶粉的平均粒度为 75 μm（由胶粉粒度检测可得），可由其受力面积（A）与断裂区切应力（σ）计算出最大作用力 $F = 0.036$ N，大于维持胶粒整体稳定的库仑力。

由表 6-9 可知，各库仑力的数量级很小，在 180 MPa 以上驱动压力的破碎过程中库仑力不能够维持化学键的稳定，导致胎面胶在破碎时部分化学键发生断裂与重组。

6.3　超高压水射流轮胎粉碎胶粉检测技术

轮胎橡胶材料受水射流冲击作用后直接粉碎成精细胶粉，此过程是各项物理、化学的宏观与微观机理共同作用的结果，同时也与轮胎本身的微观结构、固有裂纹等紧密相关。本节介绍水射流粉碎回收废旧轮胎的工业方法，以及核磁共振、红外光谱、粒度分析、电镜扫描等检测方法。

6.3.1　超高压水射流破碎胎面胶

1. 设备及参数

胎面胶破碎采用某型超高压水射流切割数控机床，机床驱动压力范围为 0 ～

380 MPa，材料为回收的米其林 Energy XM1 系列废旧轮胎，型号为 195/65R15 (91 H)。为后续能够收集到纯净的精细胶粉，故在非淹没条件下采用纯水射流进行试验，具体设备示意图如图 6-21 所示。

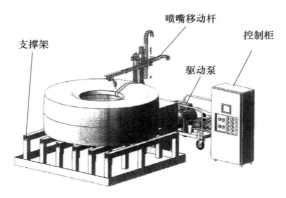

图 6-21 超高压水射流破碎轮胎设备示意图

将回收的废旧轮胎侧面橡胶切除，并将轮胎胎面胶切割成 170 mm × 170 mm 的胎面胶胶块。采用自制夹具将胶块固定，置于特定切割容器之中，以实现切割破碎后橡胶胶粉的高效回收，如图 6-22 所示。将胎面胶表面 130 mm × 130 mm 的区域作为切割破碎区，并在超高压水射流切割数控机床中进行编程，设计切割路径，以实现破碎区域的可控化，如图 6-23 所示。

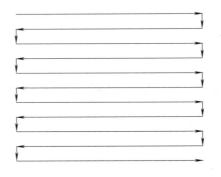

图 6-22 胶块夹具　　　　　**图 6-23 切割路径示意图**

▶ 2. 工艺参数

针对驱动压力 p、喷嘴靶距 H 和喷嘴移动速度 v 三个重要工艺参数，采用单因素变量法进行设计，喷嘴直径为 2.3 mm，具体参数见表 6-10。

表6-10 超高压水射流破碎胎面胶工艺参数

序　　号	驱动压力 p/MPa	靶距 H/mm	移动速度 v/（mm/min）
1	180		
2	210		
3	240		
4	270		
5	300		1000
6		50	
7			
8			
9			
10	240		500
11			750
12			1250
13			1500

废旧轮胎经过超高压水射流冲击破碎后，钢丝层、帘布层与轮胎橡胶完全分离，可高效地进行废旧轮胎回收，并制取精细胶粉。对各组工艺参数下破碎后得到的胶粉进行分类收集，并利用烘箱干燥处理，以便后续分析检测。

6.3.2 核磁共振检测

1. 交联结构检测方法

废旧轮胎是典型的硫化橡胶，其内部交联结构主要由交联链、自由链和悬尾链三部分组成，如图6-24所示。轮胎橡胶的各项物理、化学性能与内部交联结构比例密切相关，为后续研究破碎过程中化学键断裂与重组、破碎机理等，需要对破碎前后胎面胶和胶粉的交联密度进行测量。平衡溶胀法和门尼瑞福林机械测试法是两种传统的硫化橡胶交联密度测量方法，但是由于这两种方法测试周期较长且存在较大的测量误差，不适合测量粉末状样品。

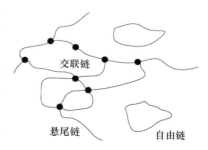

图 6-24 胎面胶内部交联结构

核磁共振法（NMR）是测试高分子材料内部交联结构的新方法，核磁共振波谱与红外吸收光谱、紫外吸收光谱以及质谱统称为"四谱"。由于橡胶材料内部各个交联链比例决定着交联密度，因此选用核磁共振法对破碎前后胎面胶和胶粉内部交联链、自由链、悬尾链的比例进行测量，进而分析胎面胶材料受超高压水射流冲击破碎后内部交联密度的变化。

▶ 2. 检测原理

国外研究学者 Parker 等人研究了橡胶内部交联结构和核磁共振法的关系，得出了核磁共振法中的横向弛豫过程对聚合物内部各个链的动力学性能具有更高的敏感性。而由于聚合物单链中氢质子被作为核磁共振法测量的探针，特引入一种修正的单链模型（XLD 模型）计算测量样本的交联密度大小，该模型已被验证并应用于实际检测中。

XLD 模型可以表示为

$$M_{(t)} = A \times \exp\left(-\frac{t}{T_{21}} - \frac{1}{2}qM_{\text{n}1}t^2\right) + B \times \exp\left(-\frac{t}{T_{21}}\right) + C \times \exp\left(-\frac{t}{T_{22}}\right) + A_0$$

$$(6\text{-}12)$$

式中，A 是内部交联链部分信号比例；T_{21} 是内部悬尾链和交联链信号的弛豫时间；q 是极间作用，当温度远高于玻璃态温度时，可忽略不计；$M_{\text{n}1}$ 是刚性晶格分子内的偶极矩；B 是悬尾链部分信号比例；C 是溶胶信号占总信号的比例；T_{22} 是溶胶信号的弛豫时间；A_0 是分析时用到的直流分量。

交联密度 ρ_{C} 的计算可以表示为

$$\rho_{\text{C}} = \frac{D\rho}{M_{\text{C}}} \tag{6-13}$$

$$M_{\text{C}} = \frac{3C_{\infty}M_{\text{ru}}}{5N\sqrt{q}} \tag{6-14}$$

式中，D 是计算系数（一般取 1）；ρ 是样品密度（g/cm^3）；N 是重复单元内的主链键数；C_{∞} 是 Kuhn 链段内的主链键数；M_{ru} 是重复单元内的摩尔质量（g/mol）。

由式（6-13）、式（6-14）即可得出交联密度的表达式：

$$\rho_{\text{C}} = \frac{5\rho N\sqrt{q}}{3C_{\infty}M_{\text{ru}}} \tag{6-15}$$

橡胶在常温下，q 值由分子间和分子内两种极间作用所决定。橡胶在远高于玻璃态温度时，由于分子间作用力非常小，q 值只由分子间作用力所决定，此时 q 值与交联密度正相关。检测中使用 Levenberg-Marquardt 算法迭代寻优求出各参数，最后计算出各样品的交联密度。

▶ 3. 检测参数及步骤

核磁共振检测使用某型号的核磁共振交联密度分析仪完成，整个检测系统属于变温系统，分析参数见表 6-11。检测中，将超高压水射流破碎试验中得到的胎面胶和胶粉样品装入直径为 10 mm 的试管内，高度为 20 mm 左右。

表 6-11　核磁共振分析参数

共振频率/MHz	磁体强度/T	线圈直径/mm	试验温度/℃
21.798	0.52	10	80

检测基本步骤：①样品制备，胎面胶剪成小立方体胶粒，橡胶胶粉干燥；②样品预热，烘箱预热 15 min，放入仪器中预热 5 min；③样品测试，CPMG 采样，XLD2 反演。

6.3.3　傅里叶红外光谱检测

1. 检测仪器和原理

超高压水射流破碎胎面胶的过程不仅破坏了橡胶的宏观结构使橡胶块粉碎为胶粉，而且也破坏了橡胶内部微观结构。内部化学键的断裂与重组、橡胶分子基团的变化，有效地反映了橡胶材料受水射流冲击后内部破碎的微观机理，也影响了橡胶胶粉的再利用性。因此运用傅里叶红外光谱仪对破碎试验前后的胎面胶和胶粉进行检测分析，研究橡胶材料在破碎过程中内部分子基团的变化情况。

傅里叶红外光谱仪结构如图 6-25 所示。分束器将光源发出的光分成两束，一束经过透射到定镜 A，另一束反射至动镜 B。然后两束光经定镜、动镜反射后又回到分束器，从而产生干涉。由于动镜运动形式为直线运动，所以干涉条纹会出现连续的变换。干涉光在分束器处合并后进入样品池，由检测器接收（常用的傅里叶红外光谱仪检测器有 MCT、DTGS 和 TGS 等），最后由计算机输出处理后的数据。

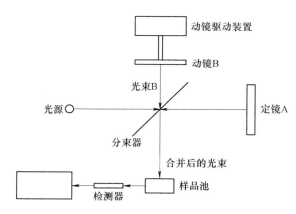

图 6-25　傅里叶红外光谱仪结构

本次试验采用某型号傅里叶红外光谱仪，能够进行分子基团鉴定、半定量和定性分析等，具体的技术指标见表 6-12。

表 6-12　傅里叶红外光谱仪主要技术指标

频率/MHz	分辨率/cm^{-1}	线 性 度	分 束 器	检 测 器
0.13	0.09	≤0.07% 以下	KBr 和 CaF 双分束 切换系统	DTGS 和 InCaAs 自动 切换系统

2. 检测步骤

因为轮胎橡胶材料中含有的金属化合物、小分子杂质、炭黑填充物等物质会严重影响傅里叶红外光谱检测的准确性，并且橡胶材料透光性弱，无法直接进行红外光谱检测，所以在进行检测前使用索氏提取器对胎面胶胶粒和胶粉进行提取处理，制备溶胶提取物，然后再进行傅里叶红外光谱检测。具体检测步骤如图 6-26 所示。

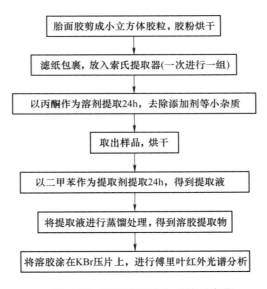

图 6-26　傅里叶红外光谱检测步骤

6.3.4　胶粉粒度检测

1. 检测原理

橡胶胶粉作为一种粉粒状材料，胶粉粒径尺寸（比表面积）对于它的各项性能有重要影响。激光粒度仪具有重复性好、自动化程度高、操作简单、检测范围宽和检测迅速等优点。使用某型激光粒度仪对各破碎参数下所收集的胶粉进行粒径和比表面积测量。激光粒度仪是利用样品颗粒对光的散射现象来进行检测的，其内部构造如图 6-27 所示。光在传播时碰到测试样品后部分光会偏离原本的传播方向，且光的偏离量和样品粒度呈反比关系，粒度越小，偏离量越大。所以散射光的强度就代表了该粒度尺寸的样品数量。最后由不同角度上的散射光的强度测出样品的粒度分布规律。对于橡胶胶粉这类微米量级的小颗粒，利用 MS2000 型激光粒度仪使用波长为 466 nm 的蓝光进行检测，以提高检测信号强度。

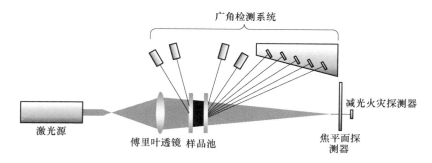

图 6-27   激光粒度仪构造

▶▶ 2. 检测步骤及分析

检测前将胶粉放入装有无水乙醇的烧杯中并加入少量聚山梨酯作为表面活性剂，然后在超声波清洗机中振荡 10 ~ 15 min，保证团聚的胶粉分离并均匀分布于介质中。具体步骤如图 6-28 所示。检测中采用水作为分散介质，其折光率为 1.33。

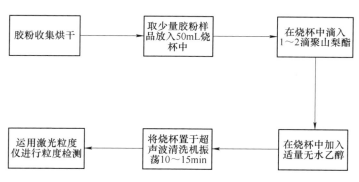

图 6-28   粒度检测步骤

在不同射流驱动压力下制取的胶粉粒径分布规律如图 6-29 所示，测得的胶粉粒径在指数横坐标下呈正态分布规律。根据粒径分布规律可知，胶粉平均粒径小于 100 μm，相当于甚至低于低温粉碎法制取的胶粉粒径（75 ~ 300 μm），其再利用性能较优。根据检测结果，粒度试验残差为 0.2% ~ 0.3%，表明检测结果较好，胶粉粒径分布均匀。虽然存在少量大尺寸颗粒，但水射流破碎具有扰动和冷却作用，胶粉没有发生明显的团聚现象。

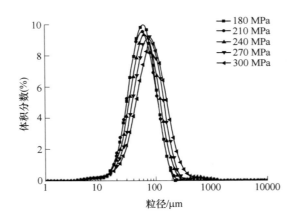

图 6-29　粒径分布规律

6.3.5　扫描电镜检测

1. 检测仪器

超高压水射流的高速冲击作用能在瞬间破碎胎面胶材料，难以进行实时观测。故使用 JSM-6490LV 型钨灯丝扫描电子显微镜，观察不同参数下胎面胶破碎表面的微细组织及断面形貌。观察材料表面的微观组织、断口形貌，以及样品的晶体取向与结构，主要技术指标见表 6-13。

表 6-13　钨灯丝扫描电子显微镜主要技术指标

点分辨率	加速电压	放大倍数	角分辨率	采集时间
3 nm	0.5 ~ 30 kV	5 ~ 300000	< 0.25° ~ 1°	0.01 ~ 1 s/point

2. 检测步骤

在检测前对样品表面采取喷金处理，使不能导电的胎面胶样品满足检测的要求，然后放入仪器抽真空进行观察。具体检测步骤如图 6-30 所示。

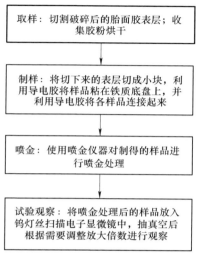

取样：切割破碎后的胎面胶表层；收集胶粉烘干

制样：将切下来的表层切成小块，利用导电胶将样品粘在铁质底盘上，并利用导电胶将各样品连接起来

喷金：使用喷金仪器对制得的样品进行喷金处理

试验观察：将喷金处理后的样品放入钨灯丝扫描电子显微镜中，抽真空后根据需要调整放大倍数进行观察

图 6-30　电镜扫描检测步骤

6.4　超高压水射流轮胎胶粉成形机制

超高压水射流破碎轮胎橡胶材料的过程中，材料断裂方式与机理非常复杂，既存在射流冲击应力场的影响，同时也存在裂纹扩展与射流空化效应对材料分离的作用，而橡胶材料自身性能也会随力的加载方式变化而变化，进而影响材料断裂行为。本节介绍材料脆性转变过程的机理。

6.4.1　韧性断裂特征及判据

1. 时温等效性

轮胎橡胶高分子材料的温度和应变率是影响高聚物材料综合力学性能的两个重要因素。在不同的温度或者应变率下高聚物材料会表现出玻璃态、橡胶态和黏流态三种不同的力学状态。时温等效性是指：高聚物的力学松弛现象可以在较短的时间内和较高的温度下观察到，也能在较长的时间内和较低的温度下观察到同一现象。高聚物材料在高应变率下的力学性能与低温下的力学性能相似，高聚物的温度相关性和时间相关性之间存在转换关系。

轮胎胎面胶材料在室温下表现为橡胶态的力学性能，但是在超高压水射流的极高加载速度下，材料变形速率很高。由时温等效性可知，高应变率状态下橡胶材料会表现出低温时的力学特征，应变率达到一定临界值时，将会表现出玻璃态的脆性特征，这也为高速冲击试验中橡胶材料表现出的脆性断裂特征提供了理论依据。

▶ 2. 金属材料脆性断裂特征

材料发生脆性断裂时，试样无明显的塑性变形，断口比较平坦，观测不到
纤维区。解理断裂是裂纹沿解理面扩展而使
晶体沿解理面分裂的一种脆性断裂方式。解
理断口的微观形貌理论上应该为一个平坦完
整的晶面，但这样理想的状态是不存在的。
实际晶体总有缺陷的存在，如位错、晶界和
第二相，它们都会影响解理裂纹的扩展，而
最终影响解理断裂的微观形貌。因此，解理
断裂实际上是沿一族相互平行的晶面解理而
引起的，在不同高度的平行解理面间形成了
所谓的解理台阶，如图 6-31 所示。解理台阶
是解理断裂的基本特征。

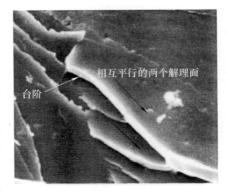

图 6-31　解理台阶

而实际解理断裂的微观形貌比较复杂，其典型的解理断口是由河流花样、扇
形花样或羽毛状花样构成的，但其基本特征还是由多种形态的解理台阶组成的。

▶ 3. 轮胎橡胶材料脆性断裂特征

选取米其林乘用车 Primacy ST 型轮胎胎面胶作为试验样件，高速冲击设备
采用 14.5 mm 分离式霍普金森杆进行分离式 Hopkinson 压杆（SHPB）试验。试
验选取 2000 ~ 5400 s^{-1} 共 4 种高应变率进行 SHPB 试验，每组选择 6 个橡胶样件
进行分析，并采用合适的波分离技术。

图 6-32 所示为材料在高速冲击状态下 4 种应变率-时间曲线，分别为 2000 s^{-1}、

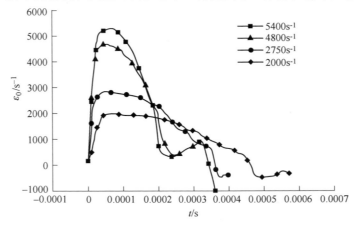

图 6-32　应变率-时间曲线

2750 s^{-1}、4800 s^{-1}、5400 s^{-1}。通过伯努利方程计算得出，当水射流泵压为
0.31 MPa时，喷嘴出口流速为25 m/s，考虑到射流在空气中的减速，流速达
到25 m/s所需泵压应大于0.31 MPa。而实际破碎试验过程中，水射流泵压范
围是160~300 MPa，所以实际破碎过程中胎面胶材料应变率应远高于
5400 s^{-1}。

图6-33所示为4种应变率情况下的真应力-应变均值曲线，每条曲线由6个
样件取平均值得到。由图6-33分析可知，由于采用了波分离技术，每条曲线包
含屈服阶段和压实阶段，有效地延长了曲线测量范围，相对于传统SHPB试验只
能得到屈服阶段试验结果，该技术提升较大。由屈服阶段观察可知，样件存在
应变率效应，随应变率升高，材料存在一定动态增强效果。同时，材料在到达
屈服点后进入卸载段，断裂应力小于屈服应力，没有明显塑性变形区域。由此
可知，材料在高速冲击状态下存在韧脆转变现象，脆性断裂帮助形成了极细样
胶粉末。

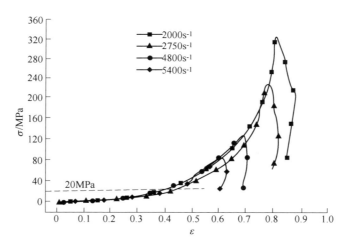

图6-33　4种应变率状况下真应力-应变均值曲线

由图6-33中真应力-应变均值曲线分析可知，胎面胶材料在高速冲击状态下
真应力应变关系呈现高度非线性特征，具有较宽的非线性弹性区域。由于轮胎
橡胶属于高聚物材料，定义其真应力-应变均值曲线极大值点为屈服点。随应变
率不断增加，屈服应力由89 MPa增至345 MPa，弹性区域斜率也相应增大，体
现了胎面胶高聚物材料的应变率强化效应。当应力超过屈服应力时，材料并未
出现明显塑性变形段，而是直接进入卸载段，应力急剧减小，最终断裂，断裂
应力小于屈服应力，塑性伸长率几乎为零。由此可知，材料在高速冲击载荷下
应变率较大，最终形成脆性断裂。

▶ 6.4.2　材料的韧脆转变

▶ 1. 超高压水射流作用下材料的韧脆转变现象

材料的韧脆转变现象是指材料韧性随着温度的降低而降低，最终由韧性断裂转变为脆性断裂的现象。观察胎面胶断面的微观形貌，发现存在脆性断裂。通过粒度检测结果可知，由超高压水射流法破碎胎面胶制得的胶粉粒度低于100 μm，接近甚至低于由橡胶低温粉碎法制得的胶粉粒度。通过粒度比较、微观形貌分析、应力波传播与力学分析，可验证超高压水射流作用下胎面胶破碎过程是否存在韧脆转变现象。

使用电镜扫描检测观察橡胶胶粉和胎面胶断面的微观形貌，通过分析研究橡胶断裂痕迹和胶粉剥离痕迹，初步验证超高压水射流破碎胎面胶过程中材料韧脆转变现象的存在。

图 6-34 所示为 210 MPa 驱动压力、1000 mm/min 喷嘴移动速度、50 mm 靶距下的胎面胶断面微观形貌。通过断面微观形貌，分析橡胶材料的脆化倾向与脆性断裂。

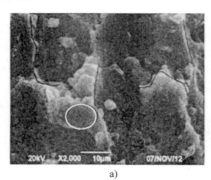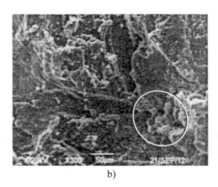

a)　　　　　　　　　　　　　　　b)

图 6-34　胎面胶断面微观形貌

a) 光滑断裂面　b) 放射状断裂面

观察断面的微观形貌可知，胎面胶断面主要包括起裂区、瞬时断裂区和裂纹扩展区。这是因为橡胶材料内部并不是均质，当材料受到破坏后，内部裂纹在扩展过程中由于材料的不均质容易向材料薄弱处扩展，最后破坏材料并形成上述三类主要断裂形貌。由图 6-34a 可知，胎面胶断面存在很多光滑整齐的断裂面，与脆性断裂面形貌相同，表明橡胶材料在射流冲击下发生了韧脆转变现象。同时，脆性断裂面尺寸为 50 ~ 100 μm，通过粒度检测可得胶粉粒度低于 100 μm，两者尺寸一致。由此可知，橡胶胶粉由此脆性断裂面脱离橡胶本体，形成精细胶粉。图 6-34b 所示的微观形貌显示，断裂面各裂纹相接，其分布与河流状相似，整个裂纹扩展区为典型的放射状脆性断裂面形状。因此可以初步判定，在胎面胶破碎过程中橡胶材料内部发生了韧脆转变现象，存在脆性断裂。

图 6-34a 中实线标出的形貌为典型的韧性断裂形貌，由于橡胶材料的塑性变形，断面形貌表现为粗糙断裂面。但是图 6-34a 中断面形貌大部分表现为光滑整齐的脆性断裂面形貌，表明此处发生了大规模脆性变形。虽然橡胶材料没有完全转变为脆性，但断裂仍以脆性断裂为主。

由超高压水射流技术制得的胶粉微观形貌如图 6-35 所示。由图可知，胶粉断裂面同样表现为光滑整齐的脆性断裂形貌，且胶粉尺寸与胶粉粒度测试结果相同，接近于胎面胶光滑断面的尺寸，说明橡胶颗粒确实是因为材料发生脆性断裂而从橡胶本体脱离，并形成了精细胶粉。

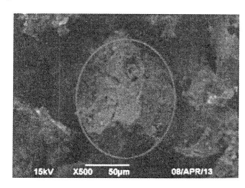

图 6-35　在 210 MPa 驱动压力下制得的胶粉微观形貌

材料的脆性与材料的弹性响应有关，通常韧性断裂的形变是不均匀的，具有较大形变，需要很大的能量。脆性断裂的形变是均匀的，断裂时材料内部裂纹与内部应力方向垂直，并迅速贯穿材料形成光滑整齐的断裂面，因此，断裂过程中材料没有较大形变。

材料在断裂时发生韧脆转变主要受材料内部应变率、材料缺口和外界温度三个因素的影响。而对于超高压水射流破碎胎面胶过程，材料缺口与外界温度对韧脆转变影响较小。因此，本节主要研究材料内部应变率对韧脆转变的影响。为了进一步验证分析材料的脆性断裂，运用应力波传播等力学理论对胎面胶破碎过程中材料的脆性断裂进行分析研究。

⯈⯈ 2. 韧脆转变的应力波分析

弹性固体介质内的所有质点以内聚力互相联系，其中一个质点发生振动后，会将振动能量传递给周围质点，从而引起周围质点共同振动，这些质点在弹性介质内的振动传播过程称为波动，即质点振动以波动形式向四周传播，因此形成应力波。应力波传播需要一定的条件，即介质的可变形性和惯性。对于不可变形的刚体，局部的振动（位移或力）会立即传播到整个刚体，而不能形成波动。

材料的塑性变形是个缓慢的过程，需要充足的时间发生，而超高压水射流破碎胎面胶过程十分短暂，橡胶材料没有充足的时间发生塑性变形。在超高压水射流这种高加载速率下，材料无法产生完全的塑性形变，从而使脆化倾向增强。因此，可以运用应力波传播的波动性质来研究材料的动态断裂规律。

应力波理论通常被用来分析研究脉冲射流和高速射流下材料的破碎。在超高压水射流破碎胎面胶过程中，橡胶材料受到水射流的高速冲击后，射流中心处的材料处于受压状态，材料内部的应力波迅速向四周传播，当材料内部应力达到橡胶材料的破裂强度后，橡胶材料便开始出现裂纹而发生断裂。

规定应力-应变曲线中 D 为塑性模量，E 为弹性模量，屈服强度记为 σ_y，试样密度记为 ρ_0。当试样受到的外力大于屈服强度时，试样会出现塑性变形。当橡胶材料屈服强度 σ_y 小于材料受到的名义应力 σ_0 时，可以通过式（6-16）计算橡胶材料内部应力的传播速度 C_L。

$$C_L = \sqrt{\frac{E}{\rho_0}} \tag{6-16}$$

名义应力 σ_0 大于屈服强度 σ_y 的部分，即（$\sigma_0 - \sigma_y$）部分的传播速度 C_P 为

$$C_P = \sqrt{\frac{D}{\rho_0}} \tag{6-17}$$

显然，$C_P > C_L$，因此材料内部的应力波被分为两部分，且两部分的传播速度不同。随着应力波的不断传播，两部分应力波之间的距离越来越远。因此，橡胶材料应力-应变曲线的塑性阶段并不是斜率固定的直线。选取橡胶材料应力-应变曲线上某一点进行分析，σ 为应力，e 为应变，则其切线斜率 k 和该点的应力波传播速度 v_1 为

$$k = \frac{\mathrm{d}\sigma}{\mathrm{d}e}, v_1 = \sqrt{\frac{\mathrm{d}\sigma/\mathrm{d}e}{\rho_0}} \tag{6-18}$$

当胎面胶受到超高压水射流的高速冲击后，材料内部出现新的应力和应变，当材料内单元体的应变从 0 增大至 e_p 后应力波的传播速度 v_2 为

$$v_2 = \int_0^{e_p} \sqrt{\frac{\mathrm{d}\sigma/\mathrm{d}e}{\rho_0}}\mathrm{d}e = \int_0^{e_p} C_L \sqrt{\frac{\mathrm{d}\sigma/\mathrm{d}e}{E}}\mathrm{d}e \tag{6-19}$$

橡胶材料应力-应变曲线上应力、应变断裂强度点处的切线斜率 k_0 为

$$k_0 = \frac{\mathrm{d}\sigma_0}{\mathrm{d}e} = 0 \tag{6-20}$$

此时 $C_P = 0$，胎面胶材料受冲击时冲击点处的运动速度 v_c 为

$$v_c = \int_0^{e_b} \sqrt{\frac{\mathrm{d}\sigma/\mathrm{d}e}{\rho_0}}\mathrm{d}e \tag{6-21}$$

式中，e_b 是橡胶材料断裂强度处的真实应变。

以 v_c 作为韧脆转变的临界速度，当材料内部应力波传播速度大于 v_c 时，应力波就不能以塑性波形式继续传播。因此当应力波以超过临界速度传播时，橡胶材料因受到持续射流冲击而在射流冲击中心附近发生破坏断裂，材料不能完

全表现出橡胶高分子材料的黏弹性，从而使胎面胶材料出现脆化倾向，最终使材料发生脆性断裂。

根据超高压水射流破碎胎面胶试验的仿真分析与式（6-21），可以计算得到韧脆转变的临界速度约为 150 m/s。当材料内部压应力达到最大时，材料内部应力波的传播速度 v_0 为

$$v_0 = \frac{\sigma_0}{\sqrt{E\rho_0}} \tag{6-22}$$

通过前期有限元仿真可分析计算得到材料受水射流冲击时材料内部的最大压应力，再通过式（6-22）计算得到应力波此时的传播速度约为 2500 m/s，远远大于韧脆转变时的临界传播速度，从而致使胎面胶材料没有完全表现出黏弹性，完成了韧脆转变，最终使材料发生脆性断裂。

▶▶ 3. 韧脆转变的力学分析

通过橡胶材料的应力-应变曲线可以分析研究其受外力作用时的屈服行为。应力-应变曲线作为一种力学试验结果被广泛用于分析评价材料的诸多指标，如屈服强度、弹性模量、断裂伸长率等。当高聚物材料处于不同应变率范围内时，应力-应变曲线可以用于分析研究材料的韧脆和强弱。

图 6-36 所示为橡胶材料在一般情况下的应力-应变曲线。观察图中曲线可知，图中 A 点即为整条应力-应变曲线的屈服极限。在 A 点之前即图中 OA 段，橡胶材料处于弹性阶段，当材料受力卸载之后材料发生的形变能完全恢复，此时材料内部对应于 A 点的应力称为材料屈服应力。在 A 点之后，材料进入塑性阶段，材料受力卸载后材料发生的形变不能完全恢复，橡胶材料在此阶段会经过一段应变软化，即图中的 AB 段。在此期间材料受力后应变增加，内部应力却有所减小。

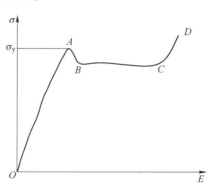

图 6-36　普通应力-应变曲线

AB 段之后，橡胶材料会经过取向硬化即图中的 CD 段，此间材料应力急剧增加，最后材料在 D 点发生断裂，此点即为断裂应力点。

橡胶材料在高应变率冲击下的应力-应变曲线如图 6-37 所示。对该曲线进行分析可知，高应变率冲击下材料的应力-应变曲线具有较宽的弹性阶段，且非线性度极高。

由图 6-37 可知，应变率 2000 s^{-1}、4800 s^{-1} 对应的屈服应力分别为 89 MPa、236 MPa。由此可知，材料屈服应力随着应变率的增大而增大，且弹性阶段的斜率也随着应变率的增大而增加，充分体现了材料的黏弹性和高应变率敏感性。

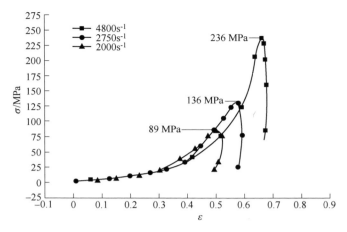

图 6-37　高应变率冲击下的应力-应变曲线

对比可知，橡胶在此高应变率作用下，在屈服点之后没有出现典型的塑性变形区，而是在断裂应力点处直接进入卸载段。在此阶段，材料内部应力快速减小，当断裂应力减小至小于屈服应力后，材料发生破碎断裂。同时，在此阶段，材料形变并没有增加，反而出现了小范围的收缩，塑性伸长率几乎为零。结合应力波理论可以判定，在超高压水射流破碎胎面胶的过程中，橡胶材料受到高应变率的冲击作用，材料出现韧脆转变现象，呈脆化倾向，并以脆性断裂方式发生破坏断裂，从而制得与低温粉碎法制得的胶粉粒径相近的橡胶粉末，与微观形貌分析结果和胶粉粒度分析结果相吻合。

▶▶ 6.4.3　超高压水射流作用下的胶粉成形机理

基于超高压水射流法的废旧轮胎回收能够高效破碎胎面胶，得到高质精细胶粉。超高压水射流破碎胎面胶过程短暂而复杂，橡胶材料的破碎与材料本身动态响应特征、表面初始缺陷、受力方式和内部应力分布等因素有关。因此，橡胶胶粉的成形机制并非唯一，橡胶材料的断裂与胶粉的成形是多种破碎机制综合作用的结果。超高压水射流破碎胎面胶过程中，除韧脆转变和脆性断裂外，还涉及机械力化学机理、裂纹扩展机理和空泡溃灭机理等。胶粉成形是以上机理机制共同作用的结果，即各参数下均存在不同的成形机制，只是各机制作用比重在不同参数下不同。本小节进一步介绍超高压水射流作用下的其他成形机制，分析参数仍为 210 MPa 驱动压力、1000 mm/min 喷嘴移动速度和 50 mm 靶距。

▶▶ 1. 机械力化学机理

机械力化学反应是指高聚物受到机械力作用后材料内部发生的化学转变和

物理化学转变。机械力化学机理按其变化方向与结果可以分为力降解、力结构化、力化学流动、机械力活化和机械力化学合成等。

由核磁共振检测和红外光谱检测结果可知，在超高压水射流的高速冲击作用下橡胶材料内部结构发生了变化且存在一定的化学反应，表明胎面胶破碎过程中，橡胶材料在受到冲击、压缩和拉伸剪切等形式的机械力作用后发生了物理化学转变，从而产生机械力化学反应。机械力化学机理中的冲击、压缩、拉伸剪切作用导致橡胶材料内部出现破碎源并由此逐渐破碎，最终产生破碎坑，水流由此将精细胶粉冲出，如图6-38a所示。如此循环往复，直至橡胶材料全部破碎并形成精细胶粉与规则长型切槽，如图6-38b所示。

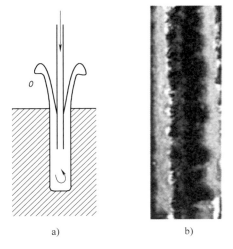

a)　　　　　　　b)

图6-38　切槽形状

a）水射流冲击橡胶示意图

b）水射流冲击橡胶切槽

▶ 2. 裂纹扩展机理

裂纹扩展机理是目前研究超高压水射流破碎材料机理的常用方法。一般裂纹扩展机理可以分为两类：①水楔拉伸破碎机理，超高压水射流冲击胎面胶后材料内部初始裂纹尖端开始产生应力集中区，致使初始裂纹迅速扩展，最终材料失效破碎，形成橡胶胶粉；②应力波破碎机理，超高压水射流冲击胎面胶后材料内部萌生新的微裂纹，随着射流不断冲击，材料内部应力逐渐扩大，致使微裂纹不断延伸、交汇，最终材料失效破碎，形成橡胶胶粉。

废旧轮胎由于长期使用，橡胶材料表面和内部必然存在初始微裂纹等缺陷，如图6-39所示，胎面胶材料受到超高压水射流高速冲击后，内部初始裂纹尖端

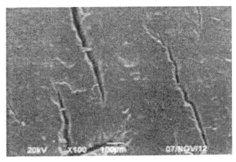

图6-39　胎面胶微观裂纹形貌

在应力集中作用下迅速扩展。同时由于内部应力急剧增加，材料内部萌生新的微裂纹。新旧两种微裂纹共同萌生、扩展，从而使材料失效破碎，形成精细胶粉。

3. 空泡溃灭机理

空化作用主要包含热能作用、化学作用和机械力作用等形式。空泡溃灭过程中会产生瞬时高能量，在瞬间形成高温高压，从而对材料造成破坏，引起材料表面发生振动、剥蚀、粉碎，形成微孔状凹坑和粗糙断裂面，最终使精细胶粉从橡胶材料表面剥离出来。

射流空化作用是超高压水射流中常见的作用机理之一。通常，当射流速度大于 30 m/s 时，射流中便会出现空化现象。水射流中空泡数量较多，大量空泡溃灭时产生的破坏作用能够引起材料断裂破坏，同时在胎面胶断面微观形貌中能观察到空泡溃灭作用造成的典型形貌，如图 6-40 所示。

图 6-40　空泡溃灭破坏形貌

6.4.4　胶粉形成

1. 胶粉粒度分析

胶粉粒度是评价胶粉质量高低和超高压水射流破碎胎面胶效果的重要指标。胶粉粒径会影响其再利用性能，作为添加材料时，粒径越小与基体材料的结合性越好，材料性能越优异。采用英国 Malvern 公司制造的激光粒度分析仪，对回收的橡胶粉末粒度分布规律进行分析。分析前需进行预处理，在胶粉中加入聚山梨酯作为表面活性剂，倒入无水乙醇中，通过超声波清洗机充分振荡分散后进行分析。不同射流压力破碎得到的胶粉粒径分布较为均匀，且胶粉粒度相对传统的常温破碎方法所得胶粉更为精细。由于受到水射流技术特有的冷却和扰动影响，破碎所得橡胶粉末不易发生团聚等不利于二次使用的现象。

图 6-41 中 d（0.5）表示全部胶粉颗粒中占比达 50% 的粒径大小，d 表示平均体积粒径，两者随驱动压力增加逐渐减小。可以发现，基于水射流破碎方法回收的橡胶粉末极为精细，随着驱动压力的升高，胶粉粒径甚至低于常规低温粉碎法所得胶粉（粒径为 0.3~0.075 μm），在胶粉粒径方面体现出了很高的优越性，能够极大改善胶粉的二次使用性能。

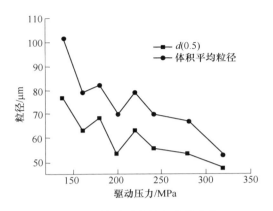

图 6-41　橡胶粉末粒径变化规律

⏵ 2. 胶粉制造效率分析

通过控制单一变量试验分别研究单个参数对轮胎分离效率的影响。首先，将靶距和走刀速度设为定值，即靶距为 50 mm，走刀速度为 1000 mm/min，泵压在 160 ~ 320 MPa 范围内变化。不同泵压 p 下轮胎的分离效率 E 如图 6-42 所示。在泵压低于 240 MPa 时分离效率随泵压的增大而增大，泵压在高于 240 MPa 时分离效率随泵压的增大而减小，轮胎的分离效率在泵压为 240 MPa 时达到最大值。

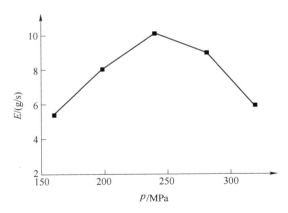

图 6-42　不同泵压下轮胎的分离效率

其次，将泵压和走刀速度设为定值，即泵压为 200 MPa，走刀速度为 1000 mm/min，靶距在 20 ~ 80 mm 范围内变化。不同靶距 H 下轮胎的分离效率 E 如图 6-43 所示。靶距不同时轮胎的分离效率变化不大，而在靶距为 50 mm 时轮胎的分离效率出现明显的下降。

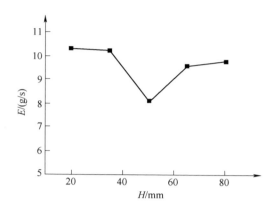

图 6-43　不同靶距下轮胎的分离效率

最后，将泵压和靶距设为定值，即泵压为 200 MPa，靶距为 50 mm，走刀速度在 500～2000 mm/min 范围内变化。不同走刀速度 v 下轮胎的分离效率 E 如图 6-44所示。轮胎的分离效率随走刀速度的增大而增大。但当走刀速度过大时，轮胎上会残留部分橡胶，致使橡胶材料利用率降低。

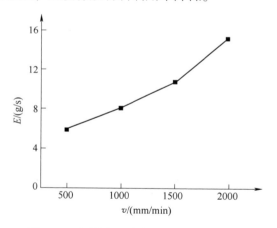

图 6-44　不同走刀速度下轮胎的分离效率

通过正交试验分析水射流三个参数（泵压、靶距、走刀速度）对轮胎分离效率的影响程度，其中，走刀速度对轮胎分离效率的影响最为明显，而靶距对轮胎分离效率的影响并不明显。这是因为在水射流破碎轮胎胎面胶的过程中，切深和切槽宽度由泵压、靶距、走刀速度共同决定，而单位时间内的切割长度仅由走刀速度决定。

参 考 文 献

[1] 黄菊文, 李光明, 贺文智, 等. 废旧轮胎热解资源化技术研究进展 [J]. 化工进展, 2010 (11): 2159-2164.

[2] YAMASHITA S, KATO S I, KAWABATA N, et al. Reclamation of vulcanized rubbers by chemical degradation. VIII. Absorption of oxygen and degradation of cis-1, 4-polyisoprene by phenylhydrazine-iron (II) chloride system [J]. Journal of Applied Polymer Science, 1978, 22 (2): 353-360.

[3] 张友谊, 王晓川, 胡东. 磨料射流中高分子聚合物的微量添加对切割性能的影响 [J]. 四川大学学报 (工程科学版), 2014, 46 (5): 181-187.

[4] 张成光, 张勇, 张飞虎, 等. 新型后混合式磨料水射流系统的研制 [J]. 机械工程学报, 2015, 51 (5): 205-212.

[5] 覃柳莎, 赵素合. 废橡胶再生技术研究进展 [J]. 橡塑技术与装备, 2007, 33 (3): 22-26.

[6] 薛胜雄. 高压水射流技术工程 [M]. 合肥: 合肥工业大学出版社, 2006.

[7] 张新星, 卢灿辉, 梁梅. 废旧轮胎橡胶的常温应力诱导固相力化学脱硫化研究 [J]. 高分子材料科学与工程, 2006, 22 (6): 118-121.

[8] 孙家俊. 水射流切割技术 [M]. 徐州: 中国矿业大学出版社, 1992.

[9] 柳兆龙. 基于高压水射流技术的废旧轮胎解离参数研究 [D]. 淮南: 安徽理工大学, 2013.

[10] 王伟. 高压磨料水射流切割碳纤维复合材料的试验研究 [D]. 哈尔滨: 哈尔滨理工大学, 2015.

[11] 李晓芳, 杨晓翔. 橡胶纯剪试件变形与断裂的有限元分析 [J]. 机械工程学报, 2007, 43 (6): 232-238.

[12] 李明毓, 杨立新, 何志勇. 高压水射流切割加工技术及其应用 [J]. 公路与汽运, 2007 (1): 128-130.

[13] 宋守许, 查辉, 田光涛, 等. 超高压水射流中空化现象对轮胎破碎作用研究 [J]. 中国机械工程, 2015, 26 (9): 1205-1209.

[14] 付胜, 李海涛, 刘丽丽, 等. 空化水射流的形成方法及其应用研究 [J]. 机械科学与技术, 2006, 25 (4): 491-496.

[15] 王宝珍, 周相荣, 胡时胜. 高应变率下橡胶的时温等效关系及力学形态 [J]. 高分子材料科学与工程, 2008, 24 (8): 5-8.

[16] 罗云, 蒋文春. 高压水射流喷丸降低焊接残余应力有限元分析 [J]. 压力容器, 2013, 30 (11): 42-46.

[17] KARAKURT I, AYDIN G, AYDINER K. An investigation on the kerf width in abrasive water-jet cutting of granitic rocks [J]. Arabian Journal of Geosciences, 2014, 7 (7): 2923-2932.

［18］ AYDIN G, KARAKURT I, AYDINER K. Prediction of the cut depth of granitic rocks machined by abrasive waterjet（AWJ）［J］. Rock Mechanics and Rock Engineering, 2013, 46（5）: 1223-1235.

［19］ HU Y, KANG Y, WANG X C, et al. Mechanism and experimental investigation of ultra high pressure waterjet on rubber cutting［J］. International Journal of Precision Engineering and Manufacturing, 2014, 15（9）: 1973-1978.

［20］ ZOHOURKARI I, ZOHOOR M, ANNONI M. Investigation of the effects of machining parameters on material removal rate in abrasive waterjet turning［J］. Advances in Mechanical Engineering, 2014, 35（1）: 110-121.

［21］ LIU D, HUANG C Z, WANG J, et al. Modeling and optimization of operating parameters for abrasive waterjet turning alumina ceramics using response surface methodology combined with Box-Behnken design［J］. Ceramics International, 2014, 40（6）: 7899-7908.

［22］ YUE Z B, HUANG C Z, ZHU H T, et al. Optimization of machining parameters in the abrasive waterjet turning of alumina ceramic based on the response surface methodology［J］. The International Journal of Advanced Manufacturing Technology, 2014, 71（9）: 2107-2114.

［23］ 宋守许, 余德桥, 吴师强. 高速冲击下子午线轮胎胎面胶的本构模型［J］. 机械工程材料, 2015, 39（12）: 43-46.

［24］ 田光涛. 超高压水射流破碎子午线轮胎脱硫机理研究［D］. 合肥: 合肥工业大学, 2014.

第 7 章

———

基于超临界流体法的汽车用碳纤维增强树脂基复合材料回收再利用技术

碳纤维增强复合材料（carbon fiber reinforced plastic，CFRP）是汽车轻量化材料中应用较为广泛的材料之一。本章主要介绍基于超临界流体法的汽车用碳纤维增强树脂基复合材料的回收再利用技术。首先，对 CFRP 在汽车行业中的应用及发展过程中存在的再利用问题进行介绍，并阐述了碳纤维复合材料的机械回收法、热解回收法、化学回收法等主要回收技术；然后，重点介绍基于超临界流体法的碳纤维复合材料降解回收机理及工艺；之后，从回收碳纤维性能表征、回收碳纤维再利用技术及碳纤维增强复合材料再制造技术方面介绍再生纤维的质量评估手段与高价值再利用案例；最后，从 CFRP 产品生命周期的角度对超临界流体法回收工艺的环境影响进行分析。

7.1　汽车零部件碳纤维复合材料的应用

在目前应用较多的汽车轻量化材料（镁合金、铝合金、先进高强度钢和碳纤维复合材料）中，碳纤维复合材料具有低密度、高比强度、高比模量、耐疲劳性能好、耐蚀性好、可设计性强、减振等明显优势，是汽车轻量化材料的最佳选择（见表 7-1）。使用碳纤维复合材料可使车身质量降低 60% 以上，续驶里程提高 25% 以上，既能降低质量及油耗，还可使汽车更轻便灵巧。

表 7-1　碳纤维与其他汽车轻量化材料对比

材　料	密度/（kg/m³）	强度/MPa	模量/GPa	价格/（元/kg）
高强度钢	7.8	130	27	5
钛合金	4.5	150	27	40
铝合金	2.8	160	25	70
镁合金	1.8	210	25	80
碳纤维复合材料	1.8	550	25	120

1979 年，美国福特公司提出了用碳纤维复合材料进行汽车轻量化制造的构想，将碳纤维复合材料应用在车体面板、传动轴和板弹簧、发动机机体、连杆和活塞等部件。20 世纪 80 年代以后，随着碳纤维复合材料在汽车工业中的应用，复合材料不仅能够用于制造简单的汽车非承力件，还能够用于制造承力件。目前碳纤维复合材料已经在汽车车体和零部件中得到了广泛应用，例如汽车的车身、内外饰、尾翼、汽车底盘、发动机罩等。碳纤维复合材料在汽车零部件中的应用占比如图 7-1 所示。

德国宝马公司在碳纤维汽车轻量化领域一直走在世界前列，是第一个大批量使用碳纤维作为车身材料的整车厂商。以丰田、通用、奥迪、奔驰、大众、福特、日产等为代表的知名汽车厂商正逐渐将碳纤维复合材料应用于旗下不同

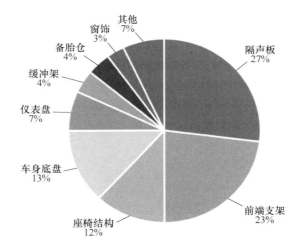

图 7-1 碳纤维复合材料在汽车零部件中的应用占比

车型，见表 7-2。

表 7-2 碳纤维在汽车上的应用实例

公 司	车 型	部 位
宝马	I3、I8	车厢主体的 Life 模块
	Z-9、Z-22	车身
	M3	顶盖和车身
日产	Shyline GT-R	外装（行李舱盖）
丰田	MARK II	内饰
雅马哈	SRC 新概念跑车	底盘
大众	2L 车	车身等
大众	Boxster S	发动机罩盖
戴姆勒	Dodge Viper	挡板支架系统
大众	Porsche AG	碳纤维-陶瓷制动盘
通用	载货汽车	传动轴
福特	野马 Shelby GT350R	轮毂

汽车轻量化趋势拉动了全球汽车工业对碳纤维的需求，如图 7-2 所示。碳纤维需求近年来保持持续增长，2017 年全球碳纤维在汽车领域的需求量已达 0.98万 t，占全球碳纤维需求总量的 11.64%。

现阶段我国汽车以钢材作为主要的车身材料，占比达到 55%～60%，碳纤维复合材料应用仍处于起步阶段。奇瑞、观致、北汽等已开始将碳纤维复

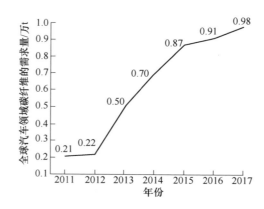

图 7-2　全球汽车领域碳纤维的需求量

合材料应用在新能源电动汽车上：2014 年，奇瑞公司和中科院合作推出的插电式混合动力车艾瑞泽 7，将碳纤维复合材料应用在车身上，外壳重量减轻了 10%，能耗降低了 7%，车身总体重量减轻了 40% ~ 60%；2017 年，北汽集团与康得复材签订了我国首个碳纤维汽车部件量产订单，同年，北汽集团生产的电动汽车 ARCFOX-1 采用了康得复材设计开发的整体成型碳纤维复合材料。根据预测，到 2025 年国内汽车产量将达到 3000 万辆，电动汽车达到 600 万辆，按照分别减重 25% 和 50% 的标准，汽车领域对碳纤维的需求将至少达到 10 万 t。

目前，碳纤维在汽车领域的推广使用存在两大阻碍：

1）碳纤维昂贵的价格使其应用范围受到极大的限制。目前，汽车用碳纤维价格高达 400 元/kg，远远高于其他的轻量化材料，只适用于豪华型汽车或者跑车，在汽车行业的渗透率较低。根据专业测算，汽车用碳纤维价格需要下降到 60 ~ 100 元/kg，经济性才会与铝合金相同。高成本是汽车用碳纤维大规模产业化的重大阻碍，是生产汽车用碳纤维的企业亟须解决的一大难题。

2）碳纤维复合材料难以降解回收与回收技术发展不成熟等问题，导致其难以满足汽车整体材料回收利用率政策要求。为满足汽车轻量化要求，汽车用碳纤维复合材料通常采用高分子材料作为基体，而高分子材料具有极高的耐蚀性，导致其无法被自然环境降解且难以进行回收利用。

推广碳纤维复合材料在汽车领域的市场应用，不仅要解决碳纤维复合材料的制造成本问题，还需使其满足可回收利用政策要求。对复合材料中的碳纤维进行回收再利用，不仅可以大幅度降低碳纤维的制造成本，同时满足了汽车产品材料回收利用的政策需求，是未来碳纤维复合材料在汽车轻量化领域推广使用的必经之路。

7.2　碳纤维复合材料回收技术

目前，废弃 CFRP 的主要处理方式是填埋，占处理总量的 97%。填埋不仅浪费土地，深埋后 50～100 年不能降解，对资源造成极大的浪费，对生态环境造成严重影响。开发环境友好并能高效、高值回收 CFRP 的方法和技术，不仅可实现高价值资源的循环再用，而且可降低废弃有机材料对生态环境的影响。

热固性 CFRP 因具有三维交联网状结构而无法再次熔融和二次成型加工，并且耐热、耐化学腐蚀和生物降解，使得其回收和再利用成为国内外先进复合材料行业共同面临的一个难题。当前对 CFRP 的回收方法大致可分为四类：能量回收法、机械回收法、热解回收法和化学回收法，如图 7-3 所示。CFRP 中的热固性聚合物具有一定热值，燃烧过程中产生很高的热量。能量回收法通过焚化处理将 CFRP 废弃物燃烧的热量转化为其他能量加以利用，但该方法无法得到可利用的碳纤维和其他材料，不能实现碳纤维材料的再资源化。虽然该方法生产成本低、处理方式简单，但焚烧过程中易产生有毒气体以及大量含有有毒物质的灰分，会对环境造成二次污染。

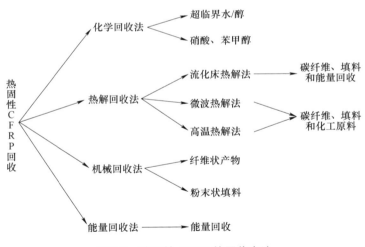

图 7-3　热固性 **CFRP** 的回收方法

▷▷7.2.1　机械回收法

机械回收法是在切割、辗压、研磨等机械力的作用下粉碎复合材料，破坏纤维和树脂基体之间的界面结合力，从而使纤维从交联结构中剥离出来，经筛分可得到富含基体树脂的粉末和短切纤维状产物，如图 7-4 所示。该方法主要应用于纤维增强复合材料（fiber reinforced plastic，FRP）的回收，回收产物在新的复合材料结构件中作为填料或增强体降级使用。

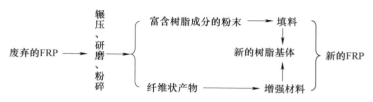

图 7-4　机械回收法回收纤维增强复合材料

采用机械回收法可以获取纤维和树脂材料，工艺简单，回收过程中不使用或不产生有毒有害物质，但回收过程中纤维的结构受到极大破坏，无法回收长纤维，纤维的力学性能显著降低。回收产物的潜在用途取决于颗粒的尺寸，通过机械回收法获取的再生产物应用领域有限且实用价值不高，见表 7-3。

表 7-3　回收所得混料尺寸及应用范围

粒 子 尺 寸	应 用 领 域
>25 mm×25 mm	建材，如废纸制造的纸板、轻型水泥板、农用地面覆盖材料和隔声材料等
3.2～9.5 mm	屋顶沥青、BMC、混凝土等填料，铺路材料补强剂/或填料等
<60 μm	SMC、BMC 和热塑性塑料填料等

7.2.2　热解回收法

热解回收方法是指通过加热方式使 CFRP 树脂基体产生热裂解，而碳纤维由于具有极高的耐热性，可承受 1000℃ 以上高温而得以在热环境下保留回收。热解回收法按不同加热手段分为高温热解法、微波热解法及流化床热解法。

1. 高温热解法

高温热解法是通过空气或惰性气体热量将复合材料的树脂基体分解为 H_2、甲烷、碳氢化合物等气体以及低分子量的有机物，如图 7-5 所示。Ushikoshi 等研究了惰性气氛环境中温度对高温热解 CFRP 的影响，结果表明：温度为 600℃ 时，回收碳纤维表面有着明显的氧化，其力学性能损失约为 30%。

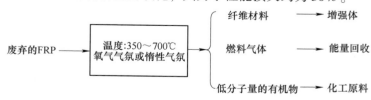

图 7-5　高温热解法回收纤维增强复合材料

高温热解法回收复合材料过程中未使用化学试剂，减少了化学试剂对环境的二次污染，复合材料分解的产物可作为燃料气体提供能量加以利用。但回收过程中会产生有毒气体，回收的碳纤维的表面因高温氧化作用存在积炭，回收的碳纤维的力学性能损失为 4% ~ 20% ，且力学性能易受到工艺参数的影响。

2. 微波热解法

微波是频率为 300 MHz ~ 300 GHz 的电磁波，可以通过材料进行吸收、转移和反射，而 CFRP 中的碳纤维是电导体，可以吸收微波。微波热解法通过微波腔内的微波辐射作用加热分解复合材料中的树脂基体。

微波热解法具有清洁环保、回收效率高的优点，但回收过程中纤维表面的热损伤较大，导致纤维力学性能大幅度降低。

3. 流化床热解法

流化床热解法是指在流化床反应器内用空气作为流化气体，通过高温的空气热流将复合材料中的基体成分分解，同时充分利用回收过程中产生的热量，并通过旋风分离获得纤维材料，如图 7-6 所示。该方法最早由诺丁汉大学提出，在温度为 450 ~ 550℃的热气流作用下，内置于流化床反应器中的纤维增强复合材料中的树脂基体被汽化为含有纤维和填料的燃料气体，并经旋风分离获得纤维材料。当热气流的温度为 450℃时，所回收的玻璃纤维的强度损失为 50% ；当温度为 550℃时，所回收的碳纤维的强度损失为 20% 。

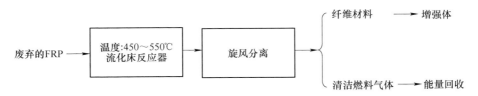

图 7-6　流化床热解法回收纤维增强复合材料

流化床热解法能够回收包含部分金属部件的复合材料，可实现金属部件类污染物的分离收集。该技术以回收短切碳纤维为主，无法从树脂基体中回收其他化工原料，回收过程中能够产生清洁燃料气体作为能量回收加以利用，回收的碳纤维表面不存在积炭现象。但回收过程中砂粒对纤维表面因摩擦作用会造成一定的表面损伤，同时纤维与分离器壁之间的摩擦也会造成纤维表面的破坏，在高温和摩擦的作用下使回收的纤维长度变短，纤维的强度损失为 25% ~ 50% 。

7. 2. 3　化学回收法

化学回收方法是通过化学试剂使废弃 FRP 中的树脂基体转化为小分子脱除，从而达到解离 FRP 回收纤维的目的，主要包括常压溶解法和超临界流体法。

▶▶ 1. 常压溶解法

常压溶解法常采用硝酸、苯甲醇、氨水、乙二醇等作为反应溶剂破坏聚合物基体中的化学键，实现基体树脂的降解，如图 7-7 所示。采用常压溶解法可以从复合材料中回收树脂材料，并能回收得到保持长纤维状的高性能纤维材料，但大量化学试剂的使用会对环境产生二次污染，反应液的后处理复杂。而硝酸作为强氧化、强腐蚀的化学试剂虽能很好地分解复合材料，但对设备的耐蚀性和抗氧化性要求比较高，树脂材料的降解耗时较长，纤维材料的回收效率较低。因此，需要探索一种新的环境友好的反应介质解聚纤维增强复合材料以回收纤维材料。超临界流体作为一种新的反应介质，降低了溶剂对环境的影响性，并对 CFRP 中的树脂基体具有良好的降解能力，对树脂基体的降解产物具有很好的传质能力，有望实现 CFRP 的高效回收。

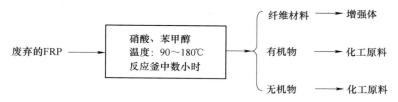

图 7-7　低温溶解法回收纤维增强复合材料

▶▶ 2. 超临界流体法

超临界流体是指对比温度（$T_r = T/T_c$）和对比压力（$p_r = p/p_c$）同时大于 1 的流体，其中，临界点是指相图中气液平衡线向高温延伸时气液界面恰好消失的点，此处所对应的温度和压力即为临界温度 T_c 和临界压力 p_c。超临界流体所呈现的是一种既非气态又非液态的形态，其密度、黏度和扩散系数如图 7-8 所示。

对于超临界流体，其密度比气体的密度大数百倍，与液体的密度接近；黏度接近气体，但比液体小两个数量级；扩散系数介于气体和液体之间，大约是气体的 1/100、液体的数百倍。超临界流体既具有

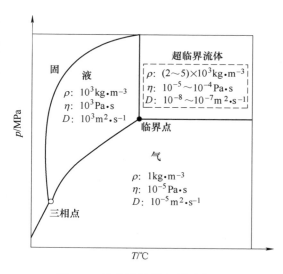

图 7-8　纯物质的压力-温度相图

液体对溶质有较大溶解度的特点，又具有易于扩散和运动的特性，传质速率远高于液相过程，兼具气体和液体的性质。由于超临界流体的表面张力为零，使得其向多孔物质中的渗透扩散特别容易。在临界点附近（$1.00 < T/T_c < 1.10$ 且 $1.00 < p/p_c < 1.10$），超临界流体的密度、黏度、扩散系数、介电常数和溶剂化能力等物化参数随温度和压力的变化十分敏感，区域内微小的压力变化将极大改变超临界流体的物理化学性能。超临界流体的物理化学性能主要包括：

1）超临界流体分子间的相互作用以及微观性能受温度和压力综合作用影响。

2）在临界点附近，体系的局部密度不再受压力控制，即局部密度可在大于分子间的距离内紊乱地涨落，导致强烈的光散射从而造成乳光现象。

3）等温压缩率随着温度的升高逐渐下降，在高于 1.1 倍的 T_c 温度下，压力对体系密度的影响很小。在临界点附近，溶质在超临界流体中的溶解度随压力的升高增大较为迅速，而在较高压力下，溶解度随压力的升高变化则较为缓慢。

4）在超临界流体中，溶质的偏摩尔体积在临界点附近出现很大负值，由于临界点附近的超临界流体分子具有很大的自由体积，同时，溶质分子的高度可极化使超临界流体、溶质分子间的吸引力大于超临界流体分子间的吸引力，导致超临界流体分子在溶质分子周围聚集或凝结，产生聚集现象。

超临界流体常用于植物萃取、废旧塑料回收、聚合物降解等领域。近年来，超临界流体在废旧 CFRP 回收方面得到快速发展。英国诺丁汉大学与西班牙巴利亚多利大学合作开发了超临界水回收废旧 CFRP 的工艺技术，与原碳纤维相比，回收碳纤维的拉伸强度保持率为 90% ~ 98%，碱性催化剂 KOH 可促进 CFRP 中树脂基体的降解，降解率可达 95.3% 以上。Okajima 等采用超临界水回收 CFRP，当反应温度为 380℃、反应压力为 25 MPa 时，回收碳纤维的表面干净，力学性能保持良好。

超临界流体优异的溶解能力、扩散能力以及溶剂化能力等多方面的特殊性能，都有利于降解反应的进行。在生态环境方面，超临界流体常用于废弃塑料回收、生物质转化以及聚合物降解等领域。超临界流体法对 FRP 的回收过程如图 7-9 所示。

图 7-9　超临界流体法回收纤维增强复合材料

国际上从事废弃 CFRP 材料回收及再生利用研究的主要单位见表 7-4。CFRP 的不同回收方法对比见表 7-5。超临界流体可以有效地从 CFRP 中回收保持长纤维状的高性能碳纤维，目前用于回收 CFRP 的反应介质主要是超临界水、超临界正丙醇和超临界甲醇。水的临界温度（$T_c = 374℃$）和临界压力（$p_c = 22.1$ MPa）高于醇，因此回收过程的能耗较高。同时，超临界环境为强酸或强碱环境，对设备和操作条件要求苛刻。醇具有较低的临界压力（$p_c = 2.0 \sim 8.0$ MPa）和高的临界温度（$T_c = 200 \sim 300℃$），对环境友好，反应条件较为温和。同时，超临界状态下的醇可发生脱氢反应，产生的 H 自由基可对聚合物的大分子链段进行有效碰撞。因此，应用超临界醇有望实现 CFRP 的高效、高值回收。

表 7-4　国际上从事废弃 CFRP 回收的主要单位

国家		单位名称	核心技术
欧洲	英国	Nottingham University	热分解、流化床分解、超临界流体分解、再生纤维取向控制
		Imperial College London	波音公司的废材、热分解回收碳纤维、制备回收碳纤维毡、加环氧树脂压缩成型（纤维体积分数为 30%）、物性考察（横纵方向物性区别、压缩-拉伸断裂模式、裂纹进展等）
		Recycled Carbon Fibre	2008 年成立 技术：连续热分解回收技术。在 West Midlands 建立 1200 t/a 的中试车间
	德国	Fraunhofer ICT	长纤维增强热塑性材料、树脂传递成型废料与聚丙烯共混，并添加玻璃纤维再次强化后热压成型
	意大利	KARBOREK Recycled Carbon Fibres	2008 年由波音公司和意大利航空部件商 Alenia Aeronautica 公司合资成立，并由意大利能源开发委员会、英国 Milled Carbon 集团公司提供资助。拟对飞机用碳纤维、CFRP 废弃物回收处理，计划处理能力达 1000 t/a
美国		Adherent Technologics, Inc	1992 年成立，受 DARPA、美国能源部、波音公司等资助，建立美国唯一的中试线，将在阿布奎基建立 1000 t/a 的装置 技术：真空热分解、低温/高温流体处理技术
		Firebird Advanced Materials	2005 年成立，受美国空军、美国国立科学财团资助 技术：微波辅助回收设备，对回收流程路线详细探讨
		North Caloraina State University	再生碳纤维的成型加工，采用真空辅助树脂传递成型、团状模塑成型、注射成型三种成型方式，评价相应的力学性能
亚洲	日本	日立化成	常压溶解法，无需粉碎预处理，规模为 12t/a
		日本コークス工业公司	2006 年开始，由三菱、东丽、东邦投资兴建碳纤维及 CFRP 热分解生产线，1000 t/a 处理量
		静冈大学	超临界流体法，实验室规模
		熊本大学	亚临界流体法，无需粉碎预处理，实验室规模

国　家		单 位 名 称	核 心 技 术
亚洲	中国	上海交通大学	热分解技术及设备，中试 溶剂分解技术，实验室规模 CFRP 粉碎溶解后直接制备热塑性复合材料 再生碳纤维的成型加工，力学性能及在应用领域的研究开发
		合肥工业大学	超临界流体回收法，实验室规模 超临界正丁醇降解碳纤维增强环氧树脂复合材料的机理及工艺 超临界水-醇混合流体回收法，实验室规模 回收的碳纤维的再资源化研究

表7-5　CFRP 的不同回收方法对比

工艺	优　点	缺　点	研 究 者	回收规模程度
机械回收法	1）纤维和树脂都能回收 2）不使用也不产生有毒材料	1）纤维力学性能明显下降 2）结构紊乱、粗糙的短切纤维	ECRC（2003）	中试规模：10 t/a
			Kouparitsas et al（2002）	实验室规模
			Ogi et al（2007）	实验室规模
高温热解法	1）纤维力学性能保留较好 2）从树脂中回收化工原料 3）不使用化学试剂	1）纤维表面可能产生积炭 2）工艺参数对纤维力学性能较为敏感 3）环境有害尾气	RCFL（2009）	商业规模：2000 t/a
			JCMA（2006）	商业规模：1000 t/年
			MIT-RCF（2010）	商业规模：500 t/a
			CFK（2007）	中试规模
			Karborek（1999）	中试规模：1000 t/a
			Firebird（2005）	中试规模
			Lesteret al and Meyer et al.	实验室规模
流化床热解法	1）纤维表面不存在残余积炭 2）可以回收被污染的复合材料 3）回收过程无污染	1）纤维强度降低25% ~50% 2）纤维长度变短 3）不能回收树脂材料	Kennerley et al（1998）	中试规模
			Pickering et al（2000）	实验室规模
			Yip et al（2002）	实验室规模
			Jiang et al（2007，2008）	实验室规模
			Turner et al（2009）	实验室规模
化学回收法	1）回收的纤维具有优异的力学性能 2）可回收长纤维 3）能够从树脂材料中回收化工原料	1）使用的有毒溶剂对环境产生影响 2）对受污染的复合材料回收效果较差	ATI（1994）	中试规模：1000 t/a
			Nakagawa et al（2009）	中试规模
			Hyde et al（2006）	实验室规模
			Pinero-Hernanz et al（2008）	实验室规模
			Jiang et al（2009）	实验室规模

7.3 超临界流体法对碳纤维复合材料的降解回收技术

7.3.1 超临界流体法回收碳纤维复合材料

本小节将对超临界 CO_2 回收处理 CFRP 废弃物的工艺过程进行简单介绍，说明树脂基体的分解机理，介绍 CFRP 层合板废弃物在碳纤维回收工艺前的预处理方法，并对预处理后的 CFRP 层合板的回收效果进行评估；最后介绍回收过程中 CFRP 应力分布的分析方法。

1. 超临界 CO_2 流体回收碳纤维复合材料

CO_2 因其无毒性、价格便宜、容易获得、不易燃爆等特性已经成为替代一般有毒有机溶剂的最佳选择。超临界 CO_2 具有许多显著优于普通流体的性能，如临界温度和临界压力适中（临界温度 $T_c = 31.06℃$、临界压力 $p_c = 7.39\ MPa$），操作安全，而且其化学性质稳定，易于回收循环再利用，无溶剂杂质残留，对设备没有腐蚀等。因此，超临界 CO_2 流体已作为优选溶剂被广泛研究和利用。超临界 CO_2 协助渗透技术用于溶胀聚合反应，通过调节温度和压力，CO_2 对高聚物的溶胀能力和对共混物的溶解能力会发生巨大变化，从而控制共混物小分子单体对高聚物的渗透能力。

（1）超临界 CO_2 的反应特点

1）超临界 CO_2 反应技术是一种清洁的反应方法，无毒、无色、无臭、不燃、不产生光化学反应；对环境友善（不破坏臭氧层、不产生烟雾）；使用的夹带剂易于与 CO_2 完全分离。

2）超临界 CO_2 中加入相应的夹带剂，可大大加快反应速度，并可减少以有机溶剂为反应主体带来的环境影响。同时，选用不同的夹带剂种类配合不同的温度和压力参数，可极大增强超临界 CO_2 对反应分解产物传质的选择性。

3）可通过 CO_2 为主体的反应，以及恒温减压或等温降压实现反应产物及 CO_2 之间的分离，较容易掌握工艺参数。

4）CO_2 其实是工业副产品，如发酵工业、石化工业制程中都会产生高浓度 CO_2，经收集纯化、压缩液化后可以储存使用。CO_2 易于取得、费用便宜、不受有限石化能源危机影响，安全性高；CO_2 回收率可达 95% 以上。

（2）物理模型　超临界 CO_2 法回收复合材料层合板的反应过程中，超临界 CO_2 及夹带剂对树脂进行解聚，结合层合板自身的热应力效应和树脂层较高温度下的热解作用，多重效应叠加，使纤维层间的树脂部分解聚，并及时传质，可达到较高的反应效率和较好的反应效果，如图 7-10 所示。

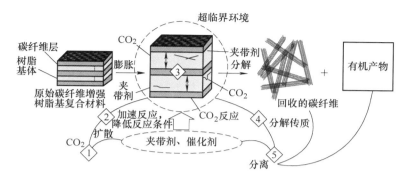

图 7-10 超临界 CO₂ 反应机理模型示意图

原始状态下 CFRP 的形状为由纤维束形成纤维层，并彼此平行地连接起来形成层合结构。在解聚过程中，树脂层的厚度减小直至纤维层彼此分离。至聚合物完全降解，分解的树脂仍然是单独的团状物，该团状物为交联密度较小的树脂，或树脂解聚后形成的分子量较小的有机物。超临界 CO_2 可将分解后的树脂传递出来，配合夹带剂的作用，完成传质的过程，具有加速降解反应的作用。

从流体对固体的萃取机理观点看，其过程一般被认为是溶剂由外向内与反应物接触，萃取物及反应产物（往往是多组分）分子溶入溶剂后由固体表面或内部向外部扩散，并逐步达到扩散平衡。在此过程中，固体由表面至内部形成了一个由内而外逐渐减小的产物浓度分布，因此，质量传递的方向由内而外。在超临界 CO_2 反应过程中，超临界 CO_2 流体是溶剂，而树脂产物分子为溶质，因此认为超临界 CO_2 流体处理复合材料层合板的传质过程与机理与此相似。

与液体溶液相比，超临界 CO_2 流体的可压缩性要高得多，且其表面张力较小，渗透性好，容易渗透到空隙内部，即分子具有较大的自由体积，传质速率高。因此，采用超临界 CO_2 流体对反应产物进行传质时，当超临界 CO_2 流体与产物接触后，在分子间吸引力作用下，辅助以夹带剂的作用，溶剂（超临界 CO_2 流体）的分子就会在溶质（产物）分子的周围集聚起来，产物分子被超临界 CO_2 流体及夹带剂分子包裹在中间而形成包合现象，产生一种"新物质"——溶解了溶质组分的超临界 CO_2 流体混合物，然后在浓度梯度作用下扩散至表面。

当反应条件发生变化，流体状态偏离超临界条件区域时，包合现象就不复存在，溶解了溶质组分的超临界 CO_2 流体混合物便"解析"为 CO_2 流体与反应产物，从而析出树脂并分解复合材料。

反应树脂溶解是一个非均衡过程，包括五个主要的传质步骤（图 7-11）：①和②为扩散（或分解）纤维表面的反应物（双膜理论），③为纤维表面的反应，④为分解的产物扩散至流体中，⑤为外部流体通过对流进行传质。传质步骤①、②、④和⑤只可通过充分混合来增强。

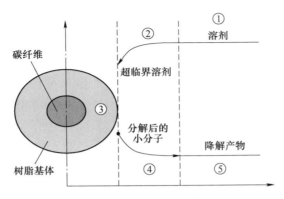

图 7-11　传质过程示意图

（3）化学反应模型　选用应用广泛的双酚 A 型环氧树脂为复合材料树脂基体的典型代表，经与超临界流体反应将环氧树脂的交联体系破坏，将 C—O 键或 C—C 键打破，经由反应及二次反应生成一系列较低分子量的有机物。经过超临界流体反应的化学过程分析，可确定双酚 A 型环氧树脂分解后的大致产物，由分解机理得到大体上的化学反应模型，如图 7-12 所示。

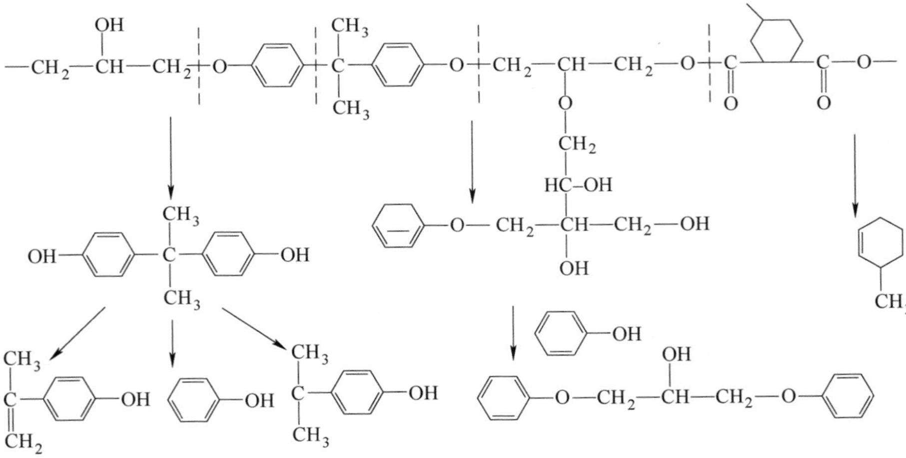

图 7-12　双酚 A 型环氧树脂分解机理

（4）超临界 CO_2 回收 CFRP 试验系统和工艺流程　回收试验过程采用的蒸馏水、甲醇（CH_3OH）、乙醇（C_2H_5OH）、正丙醇 [$CH_3(CH_2)_2OH$]、正丁醇 [$CH_3(CH_2)_3OH$] 及催化剂 KOH 购自国药集团化学试剂有限公司，纯度规格为分析纯（analytical reagent，AR）。采用容积为 650mL 的间歇式超临界反应釜进行碳纤维增强环氧树脂（carbon fiber reinforced epoxy，CF/EP）复合材料的降解回收试验，如图7-13所示。

首先按照配比配制混合流体溶液，将（5±0.05）g的CF/EP复合材料置于反应釜中，注入定量的混合流体溶液，密封后由程序控制升温至设定温度。反应完成后，取出CF/EP复合材料降解后的碳纤维丝，并收集反应釜中的液体。碳纤维丝用丙酮浸泡清洗，并在110℃恒温环境下干燥至质量恒定，如图7-14所示。

图7-13　超临界流体与碳纤维复合材料的回收反应装置

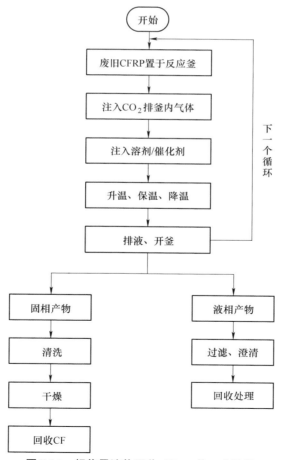

图7-14　超临界流体回收CFRP的工艺流程

（5）超临界 CO_2 回收复合材料层合板试验

1）试验规划。表7-6列出了9组试验参数，该系列试验目的在于探索超临界 CO_2 配合夹带剂及催化剂对复合材料层板的降解回收效果，了解回收反应对层板的分层和分解作用，故设置可能影响试验效果的几个参数（温度、处理时间、夹带剂、催化剂、试样大小，有无侧边切口），进行对比试验，以表明各因素对试验的影响效果。

表7-6 初步试验参数

编号	温度/℃	压力/MPa	处理时间/h	夹带剂	催化剂	试样大小	侧边切口	降解率（%）
1	290	20	1	无	无	大	无	1.3
2	290	20	2	无	无	大	无	2.4
3	200	20	2	无	无	大	无	0.8
4	290	20	2	乙醇	无	大	无	4.5
5	290	20	2	乙醇	KOH	大	无	4.7
6	200	20	2	乙醇	KOH	大	无	2.9
7	290	20	2	乙醇	KOH	小	无	5.2
8	290	20	3	乙醇	KOH	大	无	6.7
9	290	20	2	乙醇	KOH	大	有	5.8

超临界 CO_2 对固体溶质的溶解度与其密度密切相关，故选用了20MPa的压力和相对高的温度进行试验。为对比反应对分层效果的影响，在试验编号5和编号7中，选用了不同大小的试样，以初步研究试样大小对处理效果的影响。在试验编号7和编号9中，对比了侧面切口对试验过程造成的影响。反应釜实物如图7-15所示。

图7-15 简易反应釜实物

① 环氧树脂基体降解率分析。对于试验结果的表征，采用拍照对比以及称重对比的形式，以确定超临界 CO_2 处理复合材料层合板的具体效果。

② 环氧树脂基体降解率的计算。CF/EP 复合材料中环氧树脂基体的降解率（Y）可由式（7-1）计算：

$$Y = \frac{m_1 - m_2}{m_1 w_t} \times 100\% \tag{7-1}$$

式中，m_1 是反应前复合材料的质量（g）；m_2 是反应后复合材料的质量（g）；w_t 是 CF/EP 复合材料中树脂的质量分数（%），$w_t = 33.296\%$。

经计算，各试验的环氧树脂基体的降解率见表 7-6。

③ 根据所得环氧树脂基体的降解率进行分析。以 CO_2 为溶剂的回收反应效果不理想，纯 CO_2 所能分解的树脂量较低，需配合夹带剂及催化剂，表明超临界 CO_2 对树脂基体的分解作用较弱。

处理时间的影响：处理时间越长，反应效果越明显。

夹带剂的影响：加入夹带剂可使反应有明显增强，表明在该温度和压力下，夹带剂对树脂基体有一定的分解作用。

温度的影响：在加入夹带剂的情况下，温度越高，反应效果越明显，可能是由于温度影响了夹带剂对树脂的分解作用，加速了超临界 CO_2 的传质，同时温度上升，越来越接近树脂基体的热解温度，可能对加速树脂基体分解有一定作用。

催化剂的影响：催化剂对较低反应温度下反应效果的改善较为明显。

试样大小的影响：分别尝试了大小两种试样，证明试样大小对试验效果影响不明显，但较大的试样出现分层现象时，各层较难脱落。考虑到需要在树脂降解后快速有效地分离各层纤维，反应试样的大小选择也应作为预处理的参数做详细考虑。

侧边切口的影响：由于未来处理的对象不一定为整体材料，可能为被破坏的零件，故制作了侧边带切口的试样，经试验，带有破坏边缘会导致分解加速，这与破坏的树脂和纤维结合界面以及增大的接触表面积有关。

2）反应产物表征。图 7-16 所示为反应后典型试样。可见，经回收反应后，

a)

b)

图 7-16　反应后典型试样

a）纯 CO_2 处理后的复合层板　b）夹带剂、催化剂协同作用处理后的层板

表面的透明树脂层被分解，由光滑的平面变为裸露的纤维表层。

由图 7-17 可以看出，经过处理，层合板宏观上出现了不同程度的分层现象。

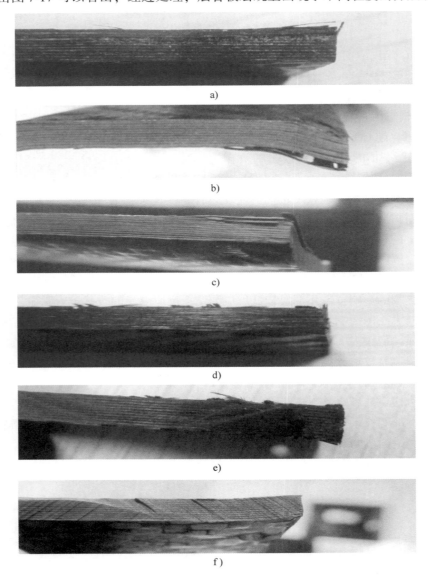

图 7-17　分层情况

a）试验参数：290℃、20 MPa、无夹带剂、无催化剂、大试件、处理时间 2 h　b）试验参数：290℃、20 MPa、乙醇为夹带剂、无催化剂、大试件、处理时间 2 h　c）试验参数：290℃、20 MPa、乙醇为夹带剂、无催化剂、大试件、处理时间 2 h　d）试验参数：290℃、20 MPa、乙醇为夹带剂、KOH 为催化剂、大试件、处理时间 2 h　e）试验参数：290℃、20 MPa、乙醇为夹带剂、KOH 为催化剂、大试件、处理时间 2 h　f）试验参数：200℃、20 MPa、乙醇为夹带剂、KOH 为催化剂、大试件、处理时间 2 h

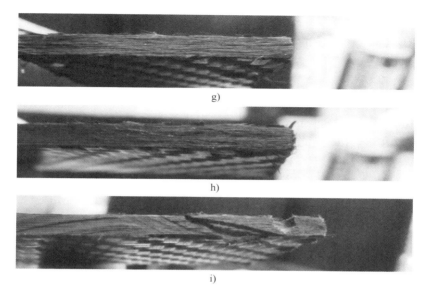

g)

h)

i)

图 7-17 分层情况（续）

g）试验参数：290℃、20 MPa、乙醇为夹带剂、KOH 为催化剂、小试件、处理时间 2 h

h）试验参数：290℃、20 MPa、乙醇为夹带剂、KOH 为催化剂、大试件、处理时间 3 h

i）试验参数：290℃、20 MPa、乙醇为夹带剂、KOH 为催化剂、大试件、侧边有切口、处理时间 2 h

3）结果与分析。

① 纯超临界 CO_2 处理时，反应较为轻微，层合板出现了变色现象，如图 7-16a 所示（上侧为处理后的结果，下侧为未处理）。

② 超临界 CO_2 加入夹带剂乙醇处理时，反应效果有明显增强，层板出现了较为明显的分层，树脂层间的树脂被分解，且处理过后的边缘仍然较为平整，但由于试样较大，并未出现整层纤维完整剥离的现象。

③ 超临界 CO_2 同时加入夹带剂乙醇和催化剂 KOH 时，反应效果有所增强，出现了较为明显的分层现象，且处理过后的边缘开始有细微的纤维丝剥离，出现毛边的现象，表明加入了催化剂后，有利于反应在纤维层内进行，分解了部分纤维层内用以连接纤维的树脂，造成在分层的同时，纤维层内树脂也被分解。

④ 由图 7-17i 所示切口边缘处有较为明显的分层现象可知，选取适当形式的切口，可加快反应的进行。

经过试验，超临界 CO_2 回收处理 CFRP 具备一定的实际效果，但由于试验目的是探索各个条件及参数对反应的影响，只适当选取了相应的参数进行试验，并未对各个参数进行细致比对和优化选取。该试验从宏观上反映了各参数条件对反应的影响，为回收工艺参数优化模型的建立奠定了基础。

▶ 2. 复合材料应力分布有限元分析及数值模拟

CFRP 废弃物回收前的预处理可有效提高回收过程中树脂的降解效果，提高碳纤维回收率。为寻找可促进超临界 CO_2 反应进行的可行预处理工艺，可以依据树脂基复合材料湿热条件下加速老化的特点，将湿热处理的单向连续碳纤维环氧树脂复合材料作为对象，采用有限元分析方法模拟温度为 80℃ 的水分在环氧树脂基 CFRP 中的质量扩散过程；同时采用热力耦合分析方法，通过数值模拟方法对 CFRP 在湿热以及超临界环境下的热应力、剥离应力和界面切应力进行仿真计算，结合仿真结果设计 CFRP 废弃物回收预处理工艺。

（1）数值计算模型及流程的建立

1）六元胞模型。有限元分析（finite element analysis，FEA）的思想是将要分析的结构离散为有限个简单而又相互作用的单元的组合，各个单元之间通过有限个节点相连接，然后根据约束条件进行综合求解，从而获得问题的解。

选择一个适当的有限元模型作为代表体元（representative voxel element，RVE）。用于研究复合材料性能的力学模型有：圆柱模型、四元胞模型、六元胞模型。其中，六元胞模型是假设纤维在树脂基体内呈正六边形排布（图 7-18），表现出 12 组对称结构。与圆柱模型和四元胞模型相比，六元胞模型可以用于分析任意纤维含量的复合材料，其结果受边界条件的影响比较小，具有精确度高、可靠性强的特点，是目前最常用的复合材料模型。

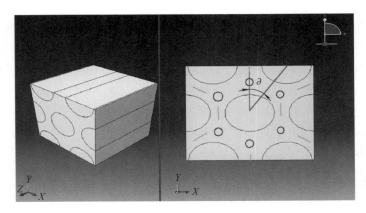

图 7-18 六元胞复合材料模型

对于单向连续复合材料，通常以垂直于纤维纵向的横截面上纤维的排列方式来描述其分布特征。在纤维随机排列方式中只有正六方排列才能实现材料的横观各向同性，即在横截面内沿各方向的弹性性质相同，此时纤维呈六角形阵列排列。式（7-2）为纤维间距 S 与纤维体积比 V_f 的关系式。

$$S = 2\left[\left(\frac{\pi}{2\sqrt{3}V_f}\right)^{\frac{1}{2}} - 1\right]r \qquad (7\text{-}2)$$

式中，r 为纤维半径。

选取碳纤维的单丝直径为 7 μm，体积比为 30%，通过式（7-2）可计算出碳纤维的间距为 5 μm。模型长度为纤维直径的 5 倍，建立的六元胞复合材料模型如图 7-18 所示。可采用模型中 ∂ 的角度描述复合材料的湿热应力分布规律。$\partial = 0°$ 的区域是由三根碳纤维所包围的环氧树脂区域，即纤维间距离较远的富树脂区，$\partial = 30°$ 的区域为由两根碳纤维所包围的环氧树脂区域，即纤维间距离较近的贫树脂区。可将复合材料模型划分为区域 1 和区域 2，其中，区域 1 为复合材料模型端部（即水分开始传播的表面），区域 2 为复合材料模型内部区域。

2）数值计算流程。分析温度为 80℃ 的水分在六元胞复合材料模型中的质量扩散过程，将湿热平衡态时的水分浓度场作为初始条件，应用温度-位移耦合分析，数值模拟 CFRP 的湿热应力。将湿热应力作为初始条件，应用温度-位移耦合分析，数值模拟 CFRP 在超临界环境下的应力分布，主要包括正应力、剥离应力和界面切应力。数值计算流程如图 7-19 所示。

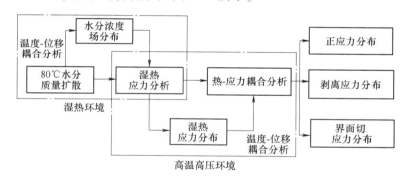

图 7-19　数值计算流程

3）热应力分析过程与步骤。在 ANSYS 软件的多物理场（multiphysics）模块中，包含有结构-热耦合的热应力计算。耦合场的计算方法有直接法（direct）和载荷转换法（load transfer）。选用载荷转换法，其涉及两次或更多次的分析，每次分析属于不同的场。将首次分析得到的结果作为载荷，施加到下次分析中来进行两个场的耦合分析。例如在热-应力耦合过程中，将来自于热分析的节点温度作为"体载荷"施加到随后的应力分析中，如果分析是完全耦合的，第二次分析的结果将会对第一次分析的某些输入进行改变。其中，边界条件和载荷可分为以下两类：基本物理量，与其他物理分析无关，也可以成为名义上的边界条件；耦合载荷，是另外物理模拟的结果。

在热-应力耦合分析中，能够使用命令"LDREAD"读入热分析的节点温度值，然后将其载荷施加到结构分析中，其分析流程如图 7-20 所示。

（2）水分的质量扩散数值计算 ABAQUS 中质量扩散模块遵循菲克扩散定律（Fick's law），可用于模拟受浓度梯度影响。式（7-3）为质量扩散方程。而热传导过程遵守傅里叶导热方程（Fourier's law），可用于模拟热传导问题。式（7-4）为热传导方程。由于质量扩散方程和热传导方程的导出极为相似，只需将质量扩散过程所满足的物理规律与热传导过程所满足的物

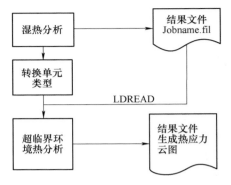

图 7-20 热-应力耦合分析流程

理规律做类比，即可应用热传导模块分析温度为 80℃ 的水分在六元胞复合材料模型中的质量扩散过程，通过方程参数的类比定义来互相等效，见表 7-7。在 ABAQUS 中定义的材料参数见表 7-8。

$$\int_{t_1}^{t_2}\left\{\iint_\phi \lambda(x,y,z)\frac{\partial U}{\partial n}\mathrm{d}S\right\}\mathrm{d}t = \iiint_\Omega\left[U(t_2,x,y,z)-U(t_1,x,y,z)\right]\mathrm{d}x\mathrm{d}y\mathrm{d}z \tag{7-3}$$

$$\int_{t_1}^{t_2}\left\{\iint_\phi k(x,y,z)\frac{\partial T}{\partial n}\mathrm{d}S\right\}\mathrm{d}t = \iiint_\Omega c(x,y,z)\rho(x,y,z)\left[T(t_2,x,y,z)-T(t_1,x,y,z)\right]\mathrm{d}x\mathrm{d}y\mathrm{d}z \tag{7-4}$$

式中，c 是介质的比热容；ρ 是介质的密度；$k(x,y,z)$ 是介质在坐标位置 (x,y,z) 的热导率；$T(t,x,y,z)$ 是介质在坐标位置 (x,y,z) 的温度；$\lambda(x,y,z)$ 是介质在坐标位置 (x,y,z) 的湿扩散系数；$U(t,x,y,z)$ 是介质在坐标位置 (x,y,z) 的浓度。

表 7-7 热传导与质量扩散系数的等价替换

质 量 扩 散	热 传 导
$\lambda(x,y,z)$	$k(x,y,z)$
$U(t,x,y,z)$	$T(t,x,y,z)$
1	$N\rho$

表 7-8 在 ABAQUS 中定义的材料参数

参 数	碳 纤 维	环氧树脂
弹性模量/GPa	200	3.45
泊松比	0.15	0.35
密度/（kg/m³）	1	1

参　　数	碳　纤　维	环　氧　树　脂
比热容 ［J/（kg·℃）］	1	1
湿扩散率（80℃）/（μm²/s）	0	0.78
平衡吸湿量（80℃）（%）	0	1.75

1）水分的质量扩散过程。设置单胞模型区域1为吸湿面，并施加平衡吸湿量，将单胞模型的其他5个面设置对称约束条件，分别取100 s、600 s、1800 s、2050 s时的水分浓度场云图，如图7-21所示，NT11表示节点温度，对应于质量扩散中的水分含量。碳纤维不吸收水分，水分是在单胞模型内绕开碳纤维扩散的。$t=2050$ s 时，单胞模型吸水平衡，吸收水分达到平衡吸湿量。湿热平衡曲线如图7-22所示。

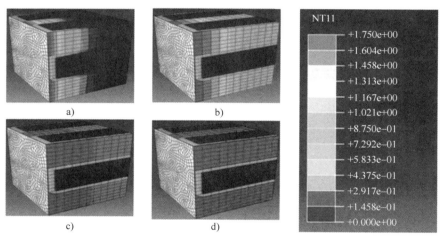

图 7-21　复合材料的水分浓度场分布（80℃）

a）$t=100$ s　b）$t=600$ s　c）$t=1800$ s　d）$t=2050$ s

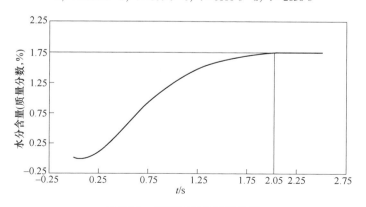

图 7-22　CFRP 湿热平衡曲线

2）CFRP 的湿热应力数值模拟。吸水后的复合材料力学性能与材料含水量有关，含水量越大，复合材料性能越低，达到饱和含水量后，复合材料达到最低的湿态性能。水分子通过组分及界面逐渐向内传递，造成树脂发生溶胀，纤维和基体界面上产生内应力，导致界面结合强度降低，破坏纤维之间的树脂。采用顺序耦合分析方法，以 $t=2050$ s 时的水分浓度场分布作为初始条件，利用 ABAQUS 中的预定义场将其施加于单胞模型，应用温度-位移耦合分析，设置分析时间 $t=2050$ s，时间增量为 1 s，湿热膨胀系数为 $3.24\times10^{-5}\mathrm{K}^{-1}$，其他材料参数设置见表 7-8，将模型区域 1 作为吸湿面，并施加平衡吸湿量，其他面设置对称约束边界条件。

由于定义碳纤维的湿热膨胀系数为 0，碳纤维与环氧树脂基体的热膨胀系数存在较大差异，温度变化与相对湿度引起环氧树脂的湿热膨胀行为总是通过界面使纤维表面受到某种程度的约束作用。在六元胞复合材料模型区域 1，碳纤维受到来自界面单一方向的约束作用，使碳纤维表面产生较大的应力集中。富树脂区树脂含量的增多使其由于温度和相对湿度变化而产生的湿热膨胀行为对纤维的约束力增大。因此，最大湿热应力 149.2 MPa 出现在区域 1 富树脂区的碳纤维表面；最小湿热应力 91.7 MPa 出现在区域 1 贫树脂区的碳纤维表面，如图 7-23 所示。在六元胞复合材料模型区域 2，碳纤维受到来自界面的两个相反方向的约束力作用，两者在一定程度上相互抵消，使得碳纤维表面的湿热应力沿纤维轴向逐渐减小。

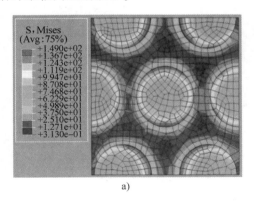 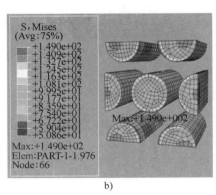

图 7-23　富树脂区和贫树脂区的碳纤维表面湿热应力分布

a）材料的湿热应力分布　b）碳纤维表面湿热应力分布

六元胞复合材料模型区域 1 的环氧树脂基体的湿热膨胀变形行为受到不均衡的界面约束作用而产生较大的应力集中。富树脂区距离碳纤维的距离较远，通过界面对环氧树脂基体施加的约束力较小，湿热应力就较小，产生的最小湿热应力为 11.7 MPa；贫树脂区碳纤维间的距离小，从而增大了对树脂基体的约束作用，产生较大湿热应力，最大湿热应力为 68.5 MPa，如图 7-24 所示。模型区域 2 树脂基体的湿热膨胀变形行为会受到较为对称的约束作用，从而使其产生的湿热应力相对较小，其湿热应力分布规律与区域 1 相似。

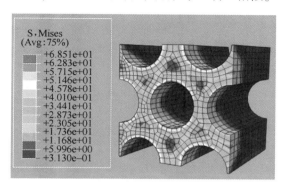

图 7-24　富树脂区和贫树脂区的环氧树脂湿热应力分布

由于环氧树脂的湿热膨胀特性，因温度变化和相对湿度使得六元胞复合材料模型中的碳纤维与环氧树脂基体界面处产生切应力。界面切应力沿纤维轴向的分布如图 7-25 所示，界面浅色区域处的最大界面切应力为 32.2 MPa，深色区域处的最大界面切应力为 32.3 MPa，其方向与浅色区域处的界面切应力方向相反。六元胞复合材料模型区域 2 的界面切应力沿纤维轴向逐渐减小，其界面切应力与到模型区域 1 的距离呈线性关系，如图 7-26 所示。

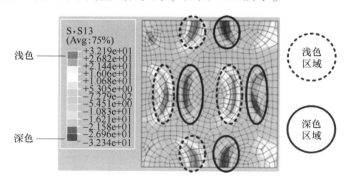

图 7-25　界面切应力分布

（3）超临界环境下的 CFRP 力学性能数值模拟　在超临界环境下，温度和压力会在两个方面对复合材料力学性能产生影响：一方面，由于膨胀系数不一致，温度和压力使得树脂和纤维之间的结合界面产生切应力，严重破坏碳纤维增强环氧复合材料的界面结构，降低纤维和树脂的粘接性能，使纤维和树脂之间出现界面分离；另一方面，树脂基体在一定温度、压力下产生很大的剥离应

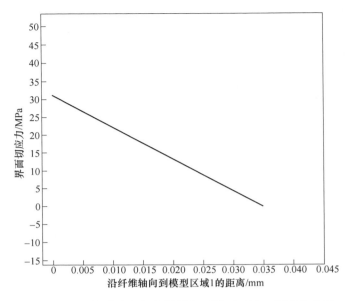

图 7-26 界面切应力与沿纤维轴向到模型区域 1 距离的关系

力，破坏基体结构，致使复合材料出现分层现象。

　　复合材料吸水后将导致复合材料软化而降低其玻璃化温度，进而降低致使复合材料力学性能下降的临界温度。以 $t = 2050$ s 时的湿热应力分布作为初始条件，利用 ABAQUS 中的预定义场将其施加于单胞模型，应用温度-位移耦合分析，在 ABAQUS 中设置的材料参数见表 7-9，模型区域 1 施加一定温度和压力载荷，其他面设置对称约束边界条件。分别研究温度、压力对 CFRP 结构破坏的影响规律。

表 7-9 在 ABAQUS 中设置的材料参数

参　数	碳　纤　维	环氧树脂
弹性模量/GPa	200	3.45
泊松比	0.15	0.35
密度/（kg/m³）	1750	1200
比热容/[J/（kg·℃）]	0.7	1
热导率/[W/（m·K）]	8	0.2
热膨胀系数/（1/℃）	5×10^{-6}	60×10^{-6}

　　1）温度对 CFRP 复合材料结构破坏的影响。当压力为 10 MPa 时，不同温度环境下 CFRP 的最大应力见表 7-10，由于热膨胀系数差异，模型区域 1 的环氧树脂最大湿热应力仍出现在贫树脂区，最小湿热应力出现在富树脂区，均比湿热

环境下的区域 1 环氧树脂湿热应力大幅度增加，如图 7-27 所示。环氧树脂基体在较高的湿热应力作用下从区域 1 开始发生屈服，可引发界面形成微裂纹，使得复合材料产生脱粘破坏。随着温度的升高，垂直于纤维轴向的剥离应力逐渐增加，致使复合材料出现分层现象，如图 7-28 所示。碳纤维沿轴向的应力云图如图 7-28 所示，当温度为 250℃时，碳纤维沿轴向的最大应力 280.3 MPa 出现在富树脂区的碳纤维表面。中等模量的高强碳纤维的实际强度 HT 与它们的弹性模量 E 之间的关系为 HT = （0.010 ~ 0.014）E。因此，碳纤维的实际强度为 2 ~ 2.8 GPa，可知碳纤维沿轴向的最大应力远小于实际强度，力学性能损失较小。而且超临界 CO_2 对碳纤维主要是以物理刻蚀为主，可有效改善纤维表面的粗糙度，对处理过的碳纤维和树脂的结合性有明显改善。

表 7-10　不同温度下的复合材料最大应力

温度/℃	碳纤维拉伸强度/MPa	环氧树脂最大湿热应力/MPa	最大剥离应力/MPa	最大界面切应力/MPa
150	158.1	142.1	104.7	72.8
200	219.2	193.8	139.2	99.2
250	280.3	245.5	173.3	125.7

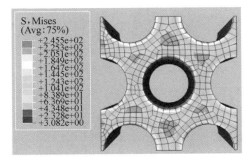

图 7-27　环氧树脂湿热应力分布

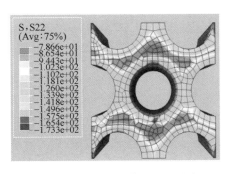

图 7-28　纤维轴向截面应力分布

在设置温度和压力载荷下，碳纤维和环氧树脂的界面出现较大切应力，如图 7-29 所示。CFRP 的界面剪切强度见表 7-11，界面切应力均超过了界面剪切强度（interfacial strength shear，IFSS）。因此，复合材料模型区域 1 的界面结构发生破坏，产生界面脱粘现象，破坏纤维和树脂基体之间的界面结合力，从而使碳纤维从复合材料结构中剥离出来。

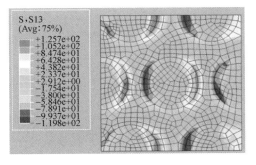

图 7-29　界面切应力分布

六元胞复合材料模型区域2的应力分布规律与区域1类似，界面切应力沿着纤维轴向逐渐减小，如图7-30所示。因此，碳纤维增强环氧树脂的潜在破坏区域位于区域1碳纤维和环氧树脂基体间的界面处，分层破坏和界面脱粘均从区域1表面开始，主要的损伤形式是引发界面处形成微裂纹导致界面脱粘破坏和因树脂基体剥离应力过大而产生的复合材料分层破坏。

表7-11　CFRP 的界面剪切强度（IFSS）

碳　纤　维	IFSS/MPa	碳　纤　维	IFSS/MPa
T50	20 ±2	P100-O	39 ±3
T50-O	45 ±4	P120	6 ±2
P100	17 ±3	P120-O	38 ±4

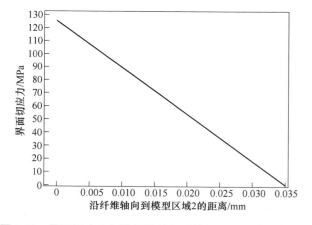

图7-30　界面切应力与沿纤维轴向到模型区域2距离的关系

2）压力对 CFRP 结构破坏的影响。分析温度为200℃，压力分别为10 MPa、15 MPa、20 MPa 的 CFRP 的湿热应力、剥离应力和界面切应力。随着压力条件的改变，CFRP 的湿热应力、剥离应力和界面切应力均有所增加，但是期间的变化幅度并不是很高，压力为20 MPa 时的剥离应力比10 MPa 时的剥离应力增加0.4 MPa，环氧树脂湿热应力和界面切应力变化幅度均很小。因此，超临界环境下等温调压不会改变 CFRP 的潜在破坏区域。

（4）结论

1）环氧树脂的含量会影响碳纤维和环氧树脂的湿热应力集中分布区域。碳纤维表面最大湿热应力出现在富树脂区域的纤维表面，最小湿热应力出现在贫树脂区域的纤维表面；环氧树脂的最大湿热应力出现在贫树脂区域，最小湿热应力出现在富树脂区域。

2）湿热处理将导致 CFRP 软化而降低其玻璃化温度，进而降低复合材料界面力学性能下降所需的温度，从而降低了超临界环境下致使 CFRP 结构破坏的压力和温度，加速 CFRP 在超临界环境下的结构破坏。

3）当温度为 150℃、200℃、250℃，压力为 10 MPa 时，碳纤维和环氧树脂之间的界面出现较大切应力，均超过了界面剪切强度（IFSS）（大小为 45 MPa），复合材料模型区域 1 的界面结构发生破坏，产生脱粘现象，破坏纤维和树脂基体之间的界面，从而使碳纤维从复合材料结构中剥离出来；环氧树脂基体在设置温度、压力下产生很大的垂直于纤维轴向的剥离应力，破坏基体结构，致使复合材料出现分层现象。压力的变化对碳纤维增强复合材料结构破坏的影响并不明显，温度是决定性因素。

4）CFRP 的潜在破坏区域位于区域 1，分层破坏和界面脱粘从区域 1 表面开始，主要的破坏形式是界面脱粘破坏和复合材料分层破坏。

3. 反应釜内超临界流体流场数值模拟

（1）CFRP 超临界流体回收装置　CFRP 回收装置主要由增压单元和超临界流体降解单元组成，如图 7-31 所示。超临界流体由增压单元提供并通过反应釜加热而获得。增压单元由溶剂存储器、质量流量计、高压柱塞泵、闸阀、单向阀等依次通过不锈钢管依序连接而成。超临界流体降解单元由反应釜、搅拌叶片、预加热器、釜内温度和压力监测装置、安全阀、闸阀等组成。其中，反应釜体中内置水冷却管，釜体内的最高温度为 500℃、最高压力为 40 MPa。辅助压力可由 CO_2 或 N_2 提供。液体催化剂可通过过氧化氢（H_2O_2）液体催化剂存储器向反应釜提供。固体催化剂一般需溶解在溶剂中并配制复合液，由增压单元的夹带剂泵送至反应釜。

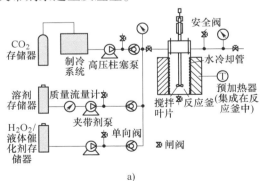

a)   b)

图 7-31　CFRP 超临界流体回收

a）CFRP 回收装置示意图　b）CFRP 回收试验平台

带有搅拌器的 CFRP 超临界流体降解反应釜如图 7-32 所示，设计参数见表 7-12。反应釜的槽体为圆柱体。搅拌器为能够产生径向流的四直叶开启涡轮式，搅拌器底面距离降解反应釜底的高度 h 可选择为 50 mm、80 mm、110 mm。搅拌过程中，搅拌器的旋转运动会使降解反应釜内的超临界流体做切向圆周运动从而产生高速流体，高速流体带动周围更多低速的流体一起流动，使釜内速度场的分布不均匀。由于降解反应釜内的速度分布不均匀，流体在运动的过程中会产生动能，动能会转化为超临界流体的内能。同时，搅拌器的转动也会带走一部分热量，从而使釜内温度也出现不均匀分布的现象。

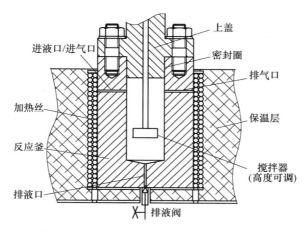

图 7-32　CFRP 超临界流体降解反应釜结构

表 7-12　试验装置的参数

序　　号	参　　数	参　数　值
1	搅拌器轮毂直径 d_1/mm	20
2	搅拌器桨叶宽度 a/mm	20
3	搅拌器桨叶厚度 b/mm	2
4	搅拌器桨叶直径 D/mm	50
5	搅拌轴直径 d_2/mm	10
6	降解釜直径 T/mm	90
7	降解釜的总高度 H/mm	180

CFRP 降解的流体反应介质为超临界乙醇（$T_c = 515.8$ K，$p_c = 6.36$ MPa），搅拌器的转速 $n = 200$ r/min，降解反应釜内的温度 $T = 280℃$、压力 $p = 9$ MPa。乙醇的主要物性参数见表 7-13。

表 7-13　乙醇的主要物性参数　（$T = 280℃$，$p = 9$ MPa）

序　号	参　　数	参　数　值
1	密度/kg·m^{-3}	176.9572
2	黏度/kg·s·m^{-2}	2.51427×10^{-4}
3	热导率/W·(m·K)$^{-1}$	0.0999
4	扩散系数/m^2·s^{-1}	7.52723×10^{-8}
5	比热容/J·(kg·K)$^{-1}$	7.5018×10^3

（2）CFRP 降解的超临界流体流场模型　带有搅拌器的降解反应釜槽体三维模型如图 7-33 所示。计算区域可分为包含运动叶片的转子区和包含降解釜内腔壁的定子区。采用 Cooper 方法对模型进行 Hex/Wedge 网格划分。为提高计算的精确度，对桨叶、交界面采取网格加密处理。

搅拌轴及其桨叶设为无滑动（静止）壁面，对近壁区域流动计算的处理采用 Scalable 壁面函数模型。计算采用多重参考系模型（MFR），如图 7-34 所示，即转子区采用以桨叶速度旋转的参考系，定子区采用静止参考系。两个不同区域内的动量、能量、热量交换是通过在交界面上转换实现的，差分格式使用一阶迎风格式，残差设置为 10^{-3}。

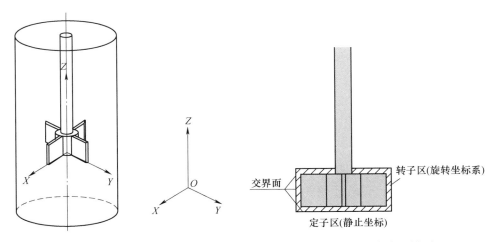

图 7-33　三维模型采用的坐标系　　　　图 7-34　多重参考系模型

（3）超临界流体速度场分析　降解反应釜内速度场的分布与搅拌器的型式、搅拌器底面距离反应釜底的高度 h、反应釜内腔结构等因素有关。当搅拌器型式及反应釜内腔结构等要素确定时，采用 Fluent 分析不同高度 h 对应的降解反应釜中超临界流体的流场分布，如图 7-35 所示。

由图 7-35 可知，降解反应釜内超临界流体最大速度的位置出现在搅拌器的

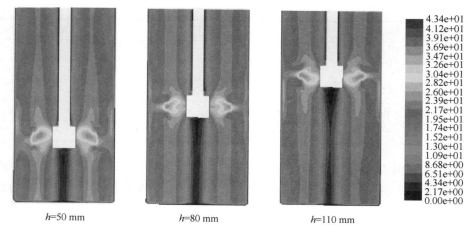

h=50 mm	4.34e+01
	4.12e+01
	3.91e+01

图 7-35 速度分布云图

流体射流处，随着流体流动远离搅拌器叶片，流体速度逐渐降低。由叶片位置喷射出的高速流体进入周围大量低速运动的流体中，卷吸周围流体，并向轴向和径向扩散。以降解反应釜的轴线作为 z 轴，搅拌器底面所在的平面为 xOy 平面，如图 7-36 所示，降解反应釜轴线方向位于 xOy 平面正下方的流体速度分布最小。随着 h 的逐渐增大，反应釜内的速度分布云图呈现整体上移的趋势。搅拌器位于不同高度时的流体速度与坐标 z 的关系如图 7-36a 所示。搅拌器处于 $h=50$ mm 时，反应釜轴线方向上流体的最大速度位于坐标 $z = -36 \sim -32$ mm 处；搅拌器处于 $h=80$ mm 时，反应釜轴线方向上流体的最大速度位于坐标 $z = -50 \sim -46$ mm 处；搅拌器处于 $h=110$ mm 时，反应釜轴线方向上流体的最大速度位于坐标 $z = -52 \sim -48$ mm 处，且当 $h=110$ mm 时流体在轴线方向上的

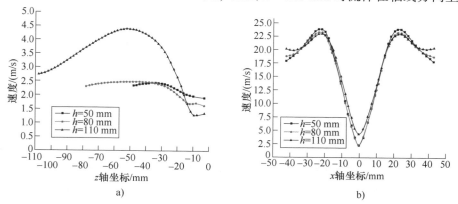

a)

图 7-36 速度分布关系

a）轴线方向上速度分布　b）径向方向上速度分布

速度分布整体偏大。

在 z 轴方向上选取最大速度所在的径向截面，分析径向截面中的流体速度分布与径向距离之间的关系，如图 7-36b 所示。由图可知，在径向上距离中心线 $20 \sim 25$ mm 处速度分布最大，z 轴上的速度分布最小，随着高度 h 的增加，不同 h 对应的流体最小速度逐渐增大。

（4）超临界流体温度场分析　降解反应釜内超临界流体的温度场分布主要取决于搅拌所产生的流型，由图 7-37 可知，反应釜内的温度分布随着搅拌器高度的不同会发生微小变化。由于搅拌器的转动会带动降解反应釜内的流体转动，流体在转动过程中部分动能转化成了超临界流体的内能，使流体的实际温度高于预设的反应温度。搅拌器安装在不同高度时，降解反应釜内轴线方向上的温度分布如图 7-37a 所示，径向截面上的温度分布如图 7-37b 所示。由图中搅拌器在不同高度时温度的分布可知，反应釜内各处的温差很小，远低于 1℃。因此，仅从温度场分布来看，CFRP 的放置位置对试验结果影响很小。

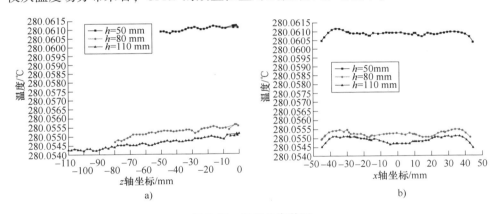

图 7-37　温度分布关系

a）轴线方向上温度分布　b）径向方向上温度分布

降解反应釜内不同位置速度的大小差别很大，超临界流体反应釜内速度的分布对 CFRP 的降解率起主要作用。由速度分布云图可知，在降解反应釜内，超临界流体的流动速度在搅拌器桨叶的流体射流处最大，CFRP 若放置在流体速度最大的位置时，搅拌器叶片会触碰到 CFRP，致使回收得到的碳纤维表面结构受到极大损伤，该位置不适合材料的放置。搅拌器在不同高度带动流体做切向圆周运动时，由图 7-36b 可知，在三种不同搅拌高度下，降解反应釜内选取的径向截面上的最大速度相差 0.9134 m/s，最小速度相差 1.956 m/s。当 $h = 110$ mm 时径向截面上的最小速度高于 $h = 50$ mm 与 $h = 80$ mm 时的最小速度，选取 $h = 110$ mm 作为试验过程中搅拌器搅拌的最佳高度。在搅拌器与 CFRP 材料之间不产生相互干涉的情况下，反应釜内速度最大的位置最适合材料的放置，综合流场的分析结果可知，当搅拌器安装高度为 110 mm 时，CFRP 的最优放置位置为反应釜内流场分布最优位置，即轴向上距离搅拌器底面 48~52 mm 且径向上距离反应釜中心轴线 20~25 mm 处。

（5）CFRP 在超临界流体中的分解试验　为了验证机械搅拌对 CFRP 在超临界流体中降解的促进作用，以及 CFRP 放置位置对其降解率的影响，以 40 mm × 40 mm 的 5 层 CFRP 层板为试验对象。CFRP 中，树脂基体为双酚 A 环氧树脂（DGEBA/7901）；固化剂为双氰胺（DICY）；增强体为碳纤维（12K-A42）。CFRP 在超临界乙醇（$T = 280℃$，$V = 500$ mL）中降解 30 min，将降解反应后的固体产物用丙酮溶液清洗干净，清洗后的固体产物在 110℃ 恒温环境下干燥至质量恒定，并将干燥后的固体产物称重，根据式（7-5）计算 CFRP 中环氧树脂的降解率 Y，见表 7-14。

$$Y = \frac{m_0 - m}{m_0 \times 33.3\%} \times 100\% \tag{7-5}$$

式中，m_0 是反应前 CFRP 的质量；m 是反应后 CFRP 的质量；33.3% 为 CFRP 中环氧树脂成分的含量。

表 7-14　不同降解条件下的试验结果

序号	试 验 条 件	环氧树脂的降解率（%）
1	无搅拌	17.398
2	$h = 80$ mm，带搅拌，$x = \pm(20 \sim 25)$ mm，$z = -50 \sim -46$ mm	28.316
3	$h = 110$ mm，带搅拌，$x = \pm(20 \sim 25)$ mm，$z = -52 \sim -48$ mm	31.021
4	$h = 110$ mm，带搅拌，$x = 0$ mm，$z = 0$ mm	27.617

根据降解试验结果可知：CFRP 放置在反应釜底部时，相比于无机械搅拌的情况，在离反应釜底 110 mm 处进行机械搅拌后，CFRP 中环氧树脂的降解率大约提高 10%，机械搅拌能够明显促进 CFRP 在超临界流体中的降解。当搅拌器安装高度为 110 mm，CFRP 处于距搅拌器底面 48~52 mm 且距反应釜中心线 20~25 mm 位置时，CFRP 中环氧树脂的降解率比 CFRP 处于釜底时的降解率高出 4% 左右。可知，带有机械搅拌的情况下，CFRP 在釜内的放置位置对其降解率有影响。该试验结果充分证明了在带有搅拌器的超临界流体降解釜中降解 CFRP 时，CFRP 降解率能够得到明显提升，并且 CFRP 放置在流场分布的最优位置时，能够最大限度地促进超临界流体与树脂基体间的传质，加快 CFRP 的降解。

取降解后的液相产物进行气相色谱-质谱（gas chromatography-mass spectrometry，GC-MS）分析。分析结果显示，CFRP 在超临界乙醇中降解后的产物主要有苯酚、双酚 A、对异丙基苯酚等。CFRP 在高温高压的条件中使双酚 A 环氧树脂的固化体系中的各原子动能增大，当动能克服了两原子间的势能之后导致化学键断裂。由产物可以推断出 C—N、C—O、C—C 在降解的过程中发生断裂。CFRP 放置在降解反应釜中流场分布最佳的位置时，可促进超临界流体对 CFRP 一次降解产物的溶解能力，加快材料与超临界流体之间的传质速度，从而加速 CFRP 的降解。

7.3.2 复合材料的回收机理及工艺

本小节将针对超临界流体在 CF/EP 复合材料中的质量扩散以及降解产物在超临界流体中的质量扩散两个过程，重点阐述 CF/EP 复合材料降解的超临界流体传质行为；介绍 CF/EP 复合材料在超临界流体中的非催化降解反应动力学模型；并基于数值和图形优化方法，通过选择输入因子和响应因子的预期目标来实现复合材料回收工艺参数的优化。

1. 超临界流体传质行为

从废弃的 CF/EP 复合材料中回收高性能碳纤维，需借助超临界流体对 CF/EP 复合材料中的树脂基体进行降解。CF/EP 复合材料中树脂基体表面的降解反应需通过传质行为以供应超临界流体，而且需要合适的超临界流体停留时间和速度分布，以保证一定的降解反应深度。CF/EP 复合材料中树脂基体降解产生的一次降解产物易发生聚合、缩聚、解聚等二次反应，超临界流体可将一次降解产物从反应区转移入超临界流体中，降低降解产物发生二次反应的可能性，因此，传质过程可移走反应产物，使树脂表面降解反应得以继续。超临界流体在传质过程中伴随降解反应，并且与反应产物相互影响。CF/EP 复合材料降解过程中的超临界流体浓度分布以及传质速率决定了允许流体通过的速率、降解过程进行的速率以及所需反应装置的大小。

超临界流体的表面张力为零，超临界流体分子和 CF/EP 复合材料间会产生较强的相互作用，使得 CF/EP 复合材料在超临界流体中的偏摩尔体积出现很大的负值。因此，超临界流体分子在 CF/EP 复合材料周围聚集，形成包围 CF/EP 复合材料的笼，即为笼蔽效应。CF/EP 复合材料周围形成的流体分子聚集体称为超临界流体滞流层。超临界流体在 CF/EP 复合材料周围的密度远远大于流体本体的密度，表观的反应速率依赖于笼中树脂基体的降解速率，而笼蔽效应致使超临界流体密度分布不均引起自然对流传质。

在描述超临界流体传质行为时，首先需将 CF/EP 复合材料解剖成同心圆柱单元模型，作为"代表性体单元"。当超临界流体与"代表性体单元"中的树脂基体接触时，由于笼蔽效应，树脂基体首先被超临界流体滞流层包裹在中间，即为第一次包合现象。当 CF/EP 复合材料中的树脂基体刚开始被降解时，位于滞流层的超临界流体分子通过树脂层外表面进入树脂基体内部，而后扩散至碳纤维和树脂基体的界面，并伴随树脂表面降解反应。紧接着，超临界流体滞流层的树脂基体外表面开始发生降解，而后树脂层厚度开始减小，直至消失。之后，超临界流体在树脂基体降解产生的产物分子周围发生第二次包合现象，进而转变为溶解了产物分子的超临界流体混合物，即产物分子向超临界流体中扩散。溶解了产物分子的超临界流体混合物将通过流体滞流层扩散至超临界流体本体中。整个传质过程如图7-38a所示。

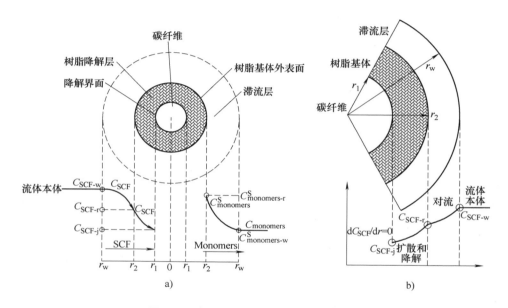

图 7-38 超临界流体传质过程和传质模型

a）CF/EP 复合材料降解的超临界流体传质过程　b）超临界流体的传质模型

在 CF/EP 复合材料降解过程中，超临界流体的传质按照以下步骤进行：

1）因笼蔽效应，超临界流体分子在树脂基体外表面形成流体滞流层。

2）超临界流体从流体本体通过树脂基体外围的流体滞流层扩散至树脂基体外表面。

3）超临界流体从树脂基体外表面通过降解层扩散至降解界面，并伴随树脂表面的降解反应。

4）超临界流体分子在产物分子周围发生包合现象，进而转变为溶解了产物分子的超临界流体混合物。将反应产物从反应区移到超临界流体相中，移走反应产物，促使降解反应得以继续。

5）溶解了产物分子的超临界流体混合物因对流传质而向流体本体中扩散。

下标 SCF（supercritical fluid，SCF）代表超临界流体，下标 monomers 指溶解了产物组分的超临界流体混合物；下标 w 代表流体滞流层外表面，下标 r 代表树脂基体外表面，下标 j 代表降解界面；C_{SCF} 表示树脂降解层内任一径向位置 r 处的超临界流体浓度；$C_{monomers}^{s}$ 表示降解层内任一径向位置 r 处溶解了产物组分的超临界流体混合物的浓度。

CF/EP 复合材料降解过程中，超临界流体传质量化分析的关键在于计算由外向内扩散过程中的超临界流体传质速率和降解层内的超临界流体浓度分布。首先建立如图 7-38b 所示的超临界流体的传质模型，r 为降解层的半径变量。CF/EP 复合材料中树脂基体表面的降解反应需要流动和传质供应超临界流体，并形成包合现象，使降解反应得以继续，另外，需要合适的超临界流体停留时间和速度分布，以保证一定的反应深度。

超临界状态下进行的化学反应可使传统的多相反应变成均相反应，由此可建立超临界流体在 CF/EP 复合材料中的一维瞬态传质方程。

$$\frac{1}{r}\frac{\partial}{\partial r}\left(D_{fj}r\frac{\partial C_{SCF}}{\partial r}\right)+\dot{N}_{SCF}=\frac{\partial C_{SCF}}{\partial t}$$

$$\dot{N}_{SCF}=-kC_{SCF}^{n} \qquad (7\text{-}6)$$

式中，C_{SCF} 是超临界流体在树脂降解层内的浓度（kmol/m³）；$\dot{N}_{SCF}$ 是超临界流体降解树脂基体的反应速率，即反应强度；k 是反应速率常数；n 为反应级数；D_{fj} 是超临界流体在降解层内的有效扩散系数（m²/s）；负号代表反应中消耗超临界流体组分。

根据 Fick 定律，单位时间内超临界流体通过流体滞流层扩散至树脂基体外表面的量为

$$J_{fl}=(2\pi r_{2}l)D_{SCF\text{-}w}(C_{SCF\text{-}w}-C_{SCF\text{-}r}) \qquad (7\text{-}7)$$

式中，$D_{SCF\text{-}w}$ 是超临界流体在流体滞流层内的对流传质系数（m/s）；$C_{SCF\text{-}w}$ 是超临界流体在流体滞流层外表面外的浓度（kmol/m³）；

根据 Fick 定律，单位时间通过降解层圆柱表面上的超临界流体的通量为

$$J_{f2}=(2\pi rl)D_{fj}\frac{dC_{SCF}}{dr} \qquad (7\text{-}8)$$

式中，$2\pi rl$ 为与传质方向垂直的剖面的表面面积。对式（7-8）进行分离变量并积分可得

$$J_{f2}=2\pi l\frac{1}{\ln\dfrac{r_{2}}{r_{1}}}D_{fj}(C_{SCF\text{-}r}-C_{SCF\text{-}j}) \qquad (7\text{-}9)$$

式中，$C_{SCF\text{-}j}$ 是超临界流体在降解界面的浓度（kmol/m³）。

单位时间内，超临界流体降解 CF/EP 复合材料中的树脂基体消耗的量为

$$J_{f3} = \pi (r_2^2 - r_1^2) lk C_{SCF\text{-}j}^n \tag{7-10}$$

根据过程的连续性，可得传质速率为

$$J_f = 2\pi l \frac{1}{\ln \dfrac{r_2}{r_1}} D_{fj} (C_{SCF\text{-}r} - C_{SCF\text{-}j}) = \pi (r_2^2 - r_1^2) lk C_{SCF\text{-}j}^n \tag{7-11}$$

根据确定的反应级数 n，消除含有不便测量的中间变量 $C_{SCF\text{-}r}$ 和 $C_{SCF\text{-}j}$，计算传质速率 J_f，当 $n = 1$ 时，有

$$J_f = \frac{2 r_2 C_{SCF\text{-}w} D_{SCF\text{-}w} D_{fj}}{2 r_2 D_{SCF\text{-}w} D_{fj} - k D_{fj} (r_1^2 - r_2^2) + k r_2 \ln \dfrac{r_2}{r_1} (D_{SCF\text{-}w} r_2^2 - D_{fj} r_1^2)} \tag{7-12}$$

根据 Satterfiled 提出的近似处理方法，将二级化学反应近似为一级化学反应处理。因此，可将 $\dot{N}_{SCF} = -k C_{SCF}^n$ 近似写成 $\dot{N}_{SCF} = -k C_{SCF\text{-}r}^{n-1} C_{SCF}$。$n$ 级反应可近似转化为一级反应进行数学处理，所不同的是一级反应中的 k_1 相当于 $k C_{SCF\text{-}r}^{n-1}$。因此，可得到超临界流体在树脂降解层进行一维瞬态扩散时的浓度分布，式（7-6）可转化为

$$\frac{1}{r} \frac{\partial}{\partial r} \left(D_{fj} r \frac{\partial C_{SCF}}{\partial r} \right) - k C_{SCF\text{-}r}^{n-1} C_{SCF} = \frac{\partial C_{SCF}}{\partial t} \tag{7-13}$$

根据初始边界条件，对式（7-13）进行求解。令 $K = k C_{SCF\text{-}r}^{n-1}$，$C_{SCF} = F(r) T(t)$，通过分离变量法，式（7-13）可转化为

$$\frac{\dfrac{1}{r} D_{fj} F'(r) + D_{fj} F''(r) - K F(r)}{F(r)} = \frac{T'(t)}{T(t)} = -\lambda \tag{7-14}$$

$$\Rightarrow \begin{cases} T'(t) + \lambda T(t) = 0 & ① \\ F''(r) + \dfrac{1}{r} F'(r) + \dfrac{\lambda - K}{D_{fj}} F(r) = 0 & ② \end{cases}$$

由边界条件可知：$F(r_2) = C_{SCF\text{-}r}$，$|F(r)| < +\infty$ 与方程② 一起组成固有值问题，其固有值 $\dfrac{\lambda - K}{D_{fj}} = w^2 \geqslant 0$，$\lambda = w^2 D_{fj} + K$，贝塞尔方程② 的通解为

$$F(r) = A J_0 (wr) + B N_0 (wr) \tag{7-15}$$

式中，$J_0(wr)$ 为 0 阶第一类贝塞尔函数；$N_0(wr)$ 为 0 阶第二类贝塞尔函数；A 和 B 为任意常数。

因 $F(r)$ 有限，所以 $B = 0$，则 $F(r) = A J_0(wr)$。又 $F'(r_1) = 0$，所以 $J_0'(wr_1) = 0$，即 wr_1 为 $J_0'(x)$ 的零点，设 $0 < w_1 < w_2 < \cdots < w_i < \cdots$，相应的固有函数系为 $F_i(r) = J_0(w_1 r)$，$J_0(w_2 r)$，$J_0(w_3 r)$，$\cdots$，$J_0(w_i r)$，$\cdots$。

方程① 的通解为

$$T_i(t) = C_i e^{-(w^2 D_{fj} + K)t} \quad (i = 0, 1, 2, 3, \cdots)$$

根据线性叠加原理，则式（7-13）的解有如下形式：

$$C_{SCF} = C_{SCF\text{-}r} + \sum_{i=0}^{\infty} C_i J_0(w_i r) e^{-(w^2 D_{fj} + K)t}$$

其中系数 C_i 由初始条件确定，可求得

$$C_i = -\frac{2 C_{SCF\text{-}r}}{r_2 w_i J_1(r_2 w_i)}$$

计算超临界流体在降解层的浓度分布：

$$C_{SCF} = C_{SCF\text{-}r} - 2 C_{SCF\text{-}r} \sum_{i=1}^{\infty} \frac{1}{r_2 w_i J_1(r_2 w_i)} J_0(w_i r) e^{-(w^2 D_{fj} + k C_{SCF\text{-}r}^{n-1})t}$$

式中，w_i 是 $J_0(r_2 x) = 0$ 的正根；$J_1(r_2 w_i)$ 为 1 阶第一类贝塞尔函数。

经典 Fick 定律的产生是建立在质量传播速度为无限大的基础之上的。超临界流体在树脂表面发生降解反应，导致超临界流体组分因被消耗而浓度发生变化，同时产生质量扰动破坏原有的稳定状态。如果质量扰动的改变速度较缓慢，即 $\frac{\partial C_{SCF}}{\partial t}$ 很小时，表明超临界流体浓度场的重新建立和质量扰动的改变接近同步。因此，瞬态扩散传质可不考虑非 Fick 效应的存在。

当超临界流体组分浓度场的重新建立在时间上滞后于质量扰动的改变，即质量传递是以一定的速度进行的。当考虑到质量传递速度时，瞬态扩散传质存在非 Fick 效应。即当组分 A 在静止的组分 B 中做一维瞬态传质时，扩散通量 J_A 为

$$J_A = -D_{AB} \frac{\partial C_A}{\partial x} - t_{AB} \frac{\partial J_A}{\partial t} \tag{7-16}$$

式中，t_{AB} 是松弛时间，即质量扰动在传播过程中达到准静态的浓度分布时所需要的时间定义；t 是时间变量。

对于考虑非 Fick 效应的瞬态扩散传质问题，质量传递过程实际上就是质量扰动的传播过程。根据组分守恒定律，圆柱坐标系下组分 A 的扩散方程为

$$D_{AB}\left(\frac{\partial^2 C_A}{\partial r^2} + \frac{1}{r}\frac{\partial C_A}{\partial r} + \frac{1}{r^2}\frac{\partial^2 C_A}{\partial \phi^2} + \frac{\partial^2 C_A}{\partial z^2}\right) + \dot{N}_A = t_{AB}\frac{\partial^2 C_A}{\partial t^2} + \frac{\partial C_A}{\partial t} - t_{AB}\frac{\partial \dot{N}_A}{\partial t} \tag{7-17}$$

因此，在圆柱坐标系下，可建立超临界流体在 CF/EP 复合材料中的一维瞬态传质方程。

$$D_{fj}\left(\frac{\partial^2 C_{SCF}}{\partial r^2} + \frac{1}{r}\frac{\partial C_{SCF}}{\partial r}\right) + \dot{N}_{SCF} = t_{fj}\frac{\partial^2 C_{SCF}}{\partial t^2} + \frac{\partial C_{SCF}}{\partial t} - t_{fj}\frac{\partial \dot{N}_{SCF}}{\partial t}$$

$$\dot{N}_{SCF} = -k C_{SCF}^n$$

$$v_{fj} = \sqrt{\frac{D_{fj}}{t_{fj}}} \tag{7-18}$$

式中，v_{fj} 是超临界流体在降解层的传播速度（m/s）。

超临界流体的有效扩散系数 D_{fj} 取决于流体的种类及扩散介质，其扩散系数数值介于气体和液体的扩散系数值之间。通常，扩散系数的数量级在 $10^{-7} \sim 10^{-8}$ m^2/s，比液体扩散系数高两个数量级，其值随温度和压力有很大变化。超临界流体所处的热力学状态往往是高温、高压，其状态很不稳定，对超临界流体在降解层的有效扩散系数 D_{fj}、树脂层外表面的超临界流体浓度 C_{SCF-r} 以及质量传播速度 v_{fj} 的试验测量增加了难度。反应级数 n 和反应速率常数 k 可根据CF/EP复合材料在超临界流体中降解的反应动力学计算。

▶▶ **2. 超临界流体选择机制**

超临界流体能否有效地解离 CF/EP 复合材料中的碳纤维与基体材料，关键在于超临界流体对基体材料的降解能力，即超临界流体对基体材料的选择性。常用的超临界流体种类很多，主要有超临界 CO_2、水、丙酮、甲醇、乙醇、正丙醇、正丁醇、异丙醇等。以 CO_2、丙酮、甲醇、乙醇、正丙醇、正丁醇作为反应介质，分析不同类型夹带剂对超临界 CO_2 降解 CF/EP 复合材料的携带促进效应，以及 CF/EP 复合材料在上述超临界流体中降解时反应温度和反应时间对环氧树脂基体的降解率的影响，结合流体的溶解特性参数，可得不同超临界流体对 CF/EP 复合材料的降解能力。

（1）试验材料制备　为了探究超临界流体能否有效降解高性能纤维增强树脂基复合材料以回收高性能碳纤维，选择典型的树脂基复合材料——碳纤维增强环氧树脂基复合材料（CF/EP）为研究对象，CF/EP 预浸料中的增强体为碳纤维（牌号 12K-A42），单丝碳纤维的平均直径为 6.921 μm，树脂基体为双酚 A 环氧树脂（DGEBA），固化剂为双氰胺（DICY）。依据 GB/T 3855—2005 测定 CF/EP 预浸料中环氧树脂成分的质量分数为 33.3%。

为排除 CF/EP 复合材料固化不完全对降解率以及断链反应分析带来的误差，进行 CF/EP 复合材料交联度测试。采用 DSC Q2000 差示扫描量热仪测试未固化 CF/EP 预浸料和固化的 CF/EP 复合材料在升温过程中的放热值，升温条件为 N_2 气氛下以 10℃/min 升温至 320℃。固化材料的交联度可根据式（7-19）计算：

$$C_d = \frac{Q_1 - Q_2}{Q_1} \times 100\% \tag{7-19}$$

式中，C_d 是固化材料的交联度；Q_1 是预浸料的放热值（J/g）；Q_2 是固化材料的放热值（J/g）。

图 7-39 所示的 DSC 曲线中，纵坐标是试样与参比物的功率差，放热效应用凸起的峰值表征。预浸料在升温过程中放出较大的热量，而固化材料在升温过

程中放出微量热量。选择区域内预浸料和固化材料的放热值分别为 73.73 J/g 和 0.6759 J/g，因此，计算固化后 CF/EP 复合材料的交联度为 99.1%，表明固化完全。

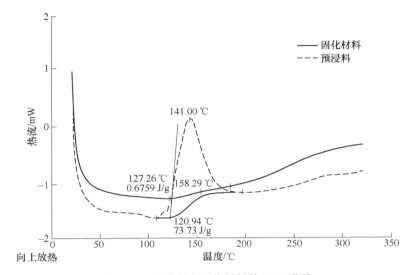

图 7-39 预浸料和固化材料的 DSC 曲线

（2）CF/EP 复合材料在超临界 CO_2 中的降解试验 将 CF/EP 复合材料分别在 N_2、超临界 CO_2、N_2 和正丙醇（200 mL）协同作用、超临界 CO_2 和正丙醇（200 mL）协同作用环境中降解，设置反应温度为 170℃、压力为 10 MPa、反应时间为 60 min 时，记录不同反应环境下 CF/EP 复合材料中环氧树脂的降解率，见表 7-15。

表 7-15 不同反应环境下的环氧树脂的降解率

编　号	N_2	CO_2	正 丙 醇	降解率（%）
1	√	—	—	0.19
2	—	√	—	4.50
3	√	—	√	7.32
4	—	√	√	23.91

注：表中"√"表示有此种气体/溶剂加入，"—"表示无此种气体或溶剂加入。

N_2 环境下环氧树脂的降解率仅为 0.19%，主要由于 CF/EP 复合材料中包含的可挥发成分因温度升高挥发，导致其质量略微降低。CO_2 的临界温度 T_c 为 31.06℃、临界压力 p_c 为 7.39 MPa，试验温度和压力条件下的 CO_2 达到超临界状态。超临界 CO_2 对 CF/EP 复合材料中环氧树脂的降解率为 4.5%，因此，超临界

CO_2 对 CF/EP 复合材料具有一定降解能力，但环氧树脂的降解率不高。正丙醇的临界温度 T_c 为 263.8℃、临界压力 p_c 为 5.12 MPa。N_2 环境下加入 200 mL 正丙醇，在试验温度和压力下正丙醇未达到超临界状态，但其能够作为热溶剂参与降解反应，环氧树脂的降解率为 7.32%。CF/EP 复合材料的降解主要是热溶剂效应所致，即醇分子能够在一定的温度和压力条件下攻击聚合物的分子链段，发生醇解和酯交换反应，从而降解聚合物废弃物。试验温度不足以使正丙醇分子产生足够的分子动能，从而影响正丙醇分子与环氧树脂大分子链段的有效碰撞，因此，N_2 环境下正丙醇作为反应介质在试验温度和压力条件下对环氧树脂的降解率较低。

超临界 CO_2 环境中，以 200 mL 正丙醇作为夹带剂时环氧树脂的降解率为 23.91%。试验温度和压力下正丙醇作为夹带剂具有热溶剂效应，从而引起环氧树脂发生降解反应。

超临界 CO_2 流体的表面张力很小，其具有很强的渗透能力，易于渗透入环氧树脂基体中削弱分子链间的引力，增加分子链的流动性，有利于基体结构孔穴成核。同时，由于超临界 CO_2 流体具有协助渗透效应，提高了正丙醇分子在环氧树脂基体内的传质，从而增加了正丙醇分子与环氧树脂大分子链段的碰撞概率。因此，超临界 CO_2 和正丙醇夹带剂协同作用可促进 CF/EP 复合材料中环氧树脂的降解。降解后的 CF/EP 复合材料呈卷曲形状，表面光滑，纤维纹理清晰，如图 7-40b 所示，由于环氧树脂的降解率不高，碳纤维仍与残余环氧树脂紧密结合，碳纤维未从复合材料中解离出来。

a)　　　　　　　　　　　　　　　　b)

图 7-40　CF/EP 复合材料降解前后

a）降解前　b）降解后

以 CF/EP 复合材料层合板（纤维铺放角度 0°/90°/0°）为试验对象，分别以甲醇、乙醇、正丙醇、正丁醇作为夹带剂，夹带剂含量为 200 mL、压力为 10 MPa 以及反应时间为 60 min 时，分析醇作为夹带剂与超临界 CO_2 协同作用对 CF/EP 复合材料中环氧树脂降解的影响，如图 7-41 所示。

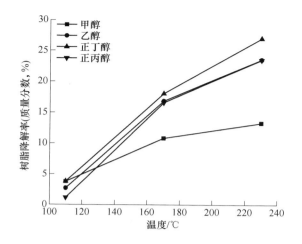

图 7-41　不同夹带剂对环氧树脂降解率的影响

　　反应温度为110℃时环氧树脂的降解率均在5%以下。以甲醇作为夹带剂，在反应温度为170℃时环氧树脂的降解率仅为10.83%，该温度下以其他醇作为夹带剂时环氧树脂的降解率均在17%左右，甲醇与超临界CO_2协同作用时环氧树脂的降解率最低。反应温度为230℃时正丁醇与超临界CO_2的协同作用效果最佳，环氧树脂的降解率达到29.26%。

　　从醇的介电常数、表面张力等物理参数方面分析醇与超临界CO_2协同作用对CF/EP复合材料的降解能力，当反应温度和压力一定时，介电常数越大反应速率越小，越不利于降解反应的进行。如图7-42所示，反应温度为25～275℃时介电常数存在：甲醇 > 乙醇 > 正丙醇。通常，醇分子结构中的碳原子数越多，则介电常数越小，因此，正丁醇作为夹带剂与超临界CO_2协同作用时降解环氧树脂的反应速率较大，其次是正丙醇。

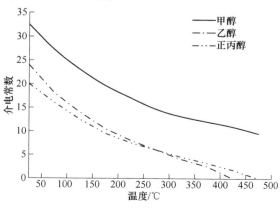

图 7-42　醇介电常数随温度的变化

表面张力越小，液体对固体的润湿性和渗透性越好。不同反应温度下夹带剂的表面张力见表 7-16。醇分子的表面张力随反应温度的升高而减小，表面张力越小，醇分子在 CF/EP 复合材料中的传质越容易。相同温度下，甲醇和乙醇具有相近的表面张力，正丁醇分子的表面张力相对较高，正丙醇分子具有较小的表面张力。因此，在试验温度和压力下正丙醇分子在 CF/EP 复合材料中的传质更加容易。

表 7-16　不同反应温度下夹带剂的表面张力　　（单位：mN/m）

夹　带　剂	温　　度		
	110℃	170℃	230℃
甲醇	14.0877	8.2241	1.4631
乙醇	14.8825	8.6505	1.6333
正丙醇	16.4308	7.2521	1.3359
正丁醇	16.2937	11.2283	5.9106

综合比较不同类型夹带剂的介电常数和表面张力等物理特性参数可知，超临界 CO_2 与甲醇协同作用对环氧树脂的降解能力较弱；正丙醇和乙醇与超临界 CO_2 的协同作用对环氧树脂的降解能力相近；正丁醇与超临界 CO_2 的协同效应最佳，对环氧树脂的降解能力较强。

超临界 CO_2 对环氧树脂的降解能力很小，而夹带剂与超临界 CO_2 协同作用可提高环氧树脂的降解率，但 CF/EP 复合材料中的环氧树脂仍降解不完全，碳纤维无法从复合材料中分离。树脂仍无法完全降解的原因有两个方面：一方面，夹带剂与超临界 CO_2 协同作用时，实际参与降解反应的夹带剂分压较小，即反应釜内部的压力是主要由 CO_2 提供；另一方面，反应体系温度较低，不足以使更多的夹带剂分子成为活化分子参与降解反应。若反应釜中的压力完全由夹带剂提供，并使夹带剂在试验温度和压力下转变为超临界流体，则可利用超临界流体优异的传质能力和溶解能力降解 CF/EP 复合材料以回收碳纤维材料。

（3）CF/EP 复合材料降解的超临界流体选择　超临界 CO_2、超临界 CO_2 + 夹带剂对环氧树脂的降解能力很小，故采用超临界甲醇、乙醇、正丙醇、正丁醇、异丙醇、丙酮降解 CF/EP 复合材料。通过研究反应温度和时间对环氧树脂的降解率的影响，分析不同超临界流体对 CF/EP 复合材料的降解能力。

如图 7-43a 所示，超临界流体对 CF/EP 复合材料的降解率与反应温度呈明显的正相关性。温度为 280 ~ 360℃时，超临界甲醇和超临界异丙醇对环氧树脂的降解率较低，而超临界正丁醇和超临界丙酮对环氧树脂的降解率高于其他超临界流体。温度为 360℃时，超临界正丁醇对环氧树脂的降解率可达到 101.76%，实现了环氧树脂基体的完全降解；温度为 280℃时，不同超临界流体

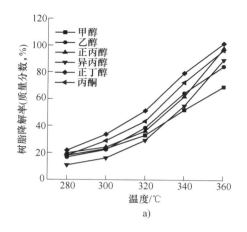

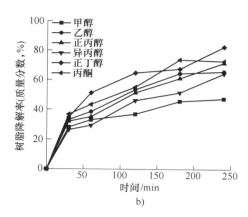

图 7-43　超临界流体对 CF/EP 复合材料的降解能力差异

a）不同反应温度下的降解率差异　b）不同反应时间下的降解率差异

对环氧树脂的降解率相差不大；温度为 280～340℃ 时，超临界乙醇和超临界正丙醇对环氧树脂的降解率相近；温度为 340～360℃ 时，超临界正丙醇对环氧树脂的降解率明显高于超临界乙醇。

如图 7-43b 所示，环氧树脂的降解率随反应时间的延长而增加，最终达到平衡状态。相同反应时间下超临界正丁醇和超临界丙酮对环氧树脂的降解率较高，而超临界甲醇和超临界异丙醇对环氧树脂的降解率较低，降解曲线平衡时超临界甲醇对环氧树脂的降解率仅为 47.42%。相同反应时间下超临界乙醇和超临界正丙醇对环氧树脂的降解率相近。180～240 min 时，超临界乙醇对环氧树脂的降解曲线平衡，环氧树脂的降解率为 65.87%，而超临界正丙醇对环氧树脂的降解率仍呈上升趋势，240 min 时环氧树脂的降解率为 71.74%。

反应温度为 360℃、溶剂含量为 350 mL、反应时间为 60 min 时，CF/EP 复合材料在不同超临界流体中降解的液相产物颜色变化如图 7-44 所示。经超临界

a）　　　　b）　　　　c）　　　　d）　　　　e）　　　　f）

图 7-44　降解的液相产物变化

a）超临界甲醇　b）超临界异丙醇　c）超临界乙醇　d）超临界正丙醇　e）超临界丙酮　f）超临界正丁醇

甲醇降解后，液相产物呈浅黄色浊液；经超临界正丁醇、超临界丙酮、超临界正丙醇降解后，液相产物呈棕黄色浊液；超临界甲醇、异丙醇、乙醇、正丙醇、丙酮、正丁醇降解 CF/EP 复合材料的液相产物颜色逐渐由浅黄色浊液转变为棕黄色浊液。液相产物颜色越深表明降解效果越好。

反应温度为 360℃、溶剂含量为 350 mL、反应时间为 60 min 时，CF/EP 复合材料在不同超临界流体中降解的固相产物变化如图 7-45 所示。经超临界甲醇降解后，CF/EP 复合材料由方形片材分散为细条状；超临界乙醇降解后的产物中细条状片材更加分散，部分碳纤维丝剥离；CF/EP 复合材料经超临界正丁醇、超临界正丙醇和超临界丙酮降解后，固相产物为一团蓬松的碳纤维，只有少量硬化的残余树脂存在，表明 CF/EP 复合材料中的环氧树脂基本被降解。

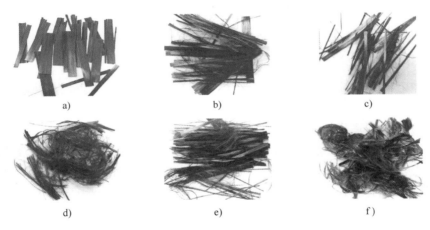

图 7-45 CF/EP 复合材料降解的固相产物
a）超临界甲醇　b）超临界异丙醇　c）超临界乙醇　d）超临界正丙醇　e）超临界丙酮　f）超临界正丁醇

从环氧树脂的降解率的差异、液相产物颜色和固相产物形态变化方面可知，不同的超临界流体对 CF/EP 复合材料的降解能力存在差异，表明超临界流体对环氧树脂具有选择性。超临界流体对 CF/EP 复合材料的降解能力与流体反应介质的溶解能力正相关，可从溶度参数、介电常数、偶极矩等溶解特性参数方面进行考虑，分析得出超临界流体对 CF/EP 复合材料的降解能力。

1）溶度参数。不同反应介质在超临界状态下的 Hildebrand 溶度参数如下：正丁醇的 Hildebrand 溶度参数为 23.4 $MPa^{0.5}$；正丙醇的 Hildebrand 溶度参数为 24.6 $MPa^{0.5}$；异丙醇的 Hildebrand 溶度参数为 23.7 $MPa^{0.5}$；甲醇的 Hildebrand 溶度参数为 29.6 $MPa^{0.5}$；乙醇的 Hildebrand 溶度参数为 26.5 $MPa^{0.5}$；丙酮的 Hildebrand 溶度参数为 20.0 $MPa^{0.5}$。随着醇分子结构中碳原子数的增加，超临界醇的溶度参数下降。根据聚合物相似相容原则，随着超临界醇溶度参数的降低，对

CF/EP 复合材料及一次降解产物的溶解能力增强。超临界丙酮和环氧树脂的 Hildebrand 溶度参数更为接近。

2）偶极矩。醇溶剂有相近的偶极矩，为 1.66~1.69 D，而丙酮的偶极矩为 2.88 D，反应介质的极性最大。因此，综合比较 Hildebrand 溶度参数和偶极矩，可知超临界丙酮对环氧树脂有较强的降解能力。

3）介电常数。超临界流体的介电常数与常态流体相比存在很大差异。介电常数一般随着温度的升高而减小，超临界流体对 CF/EP 复合材料的溶解能力与流体本身的介电常数相关，往往介电常数越大越不利于 CF/EP 复合材料降解反应的进行。随着醇分子结构中碳原子数的增加，超临界醇的介电常数下降，对 CF/EP 复合材料及一次降解产物的溶解能力增强。相对于超临界甲醇，具有较小介电常数的超临界正丁醇对 CF/EP 复合材料有很强的降解能力。具有较大介电常数的超临界甲醇则不利于 CF/EP 复合材料降解反应的进行。

综合考虑溶度参数、介电常数、偶极矩等溶解特性参数对流体溶解性能的影响，从超临界流体特性参数与 CF/EP 复合材料降解效果的关系可知：超临界正丁醇对 CF/EP 复合材料有很强的降解能力，其次为超临界丙酮；反应温度为 280~340℃时超临界乙醇和超临界正丙醇对 CF/EP 复合材料的降解能力相近，反应温度为 340~360℃时超临界正丙醇对 CF/EP 复合材料的降解能力优于超临界乙醇；超临界异丙醇和超临界甲醇不适于 CF/EP 复合材料的降解。至此可认为，溶度参数、介电常数、偶极矩等溶解特性参数以及降解 CF/EP 复合材料所需的压力等导致了降解能力的差异。因此，介电常数越小、偶极矩越大、溶度参数与树脂基体越接近的溶剂在超临界流体状态下更易降解 CF/EP 复合材料。

3. 碳纤维复合材料降解机理

为揭示超临界流体对碳纤维复合材料的降解机理，首先采用超临界正丁醇降解 CF/EP 复合材料，通过试验分析反应温度和反应时间对降解的液相产物组分的影响。之后，采用 GC-MS、红外光谱等测试手段，对 CF/EP 复合材料在超临界正丁醇中非催化和催化降解产生的液相产物的组分与结构进行表征，将断链反应和超临界正丁醇的 Guerbet 反应相结合，推测 CF/EP 复合材料在超临界正丁醇中的非催化和催化降解历程，揭示了 CF/EP 复合材料的降解机理。

（1）CF/EP 复合材料的非催化降解机理 通过 GC-MS 分析 290℃、310℃、340℃、360℃条件下的超临界正丁醇降解 CF/EP 复合材料的液相产物，根据液相产物的气相色谱图，并对照 NIST 数据库查找获得对应于各个峰值的液相组分的名称、分子结构式和相对峰面积。

如表 7-17 所列，290℃时超临界正丁醇分子的活动较弱，其与环氧树脂固化体系中分子链段的碰撞概率很小，分子链段中仅有小部分靠近苯环的 C—C、C—O、C—N 键断裂。超临界正丁醇作用下环氧树脂固化体系分子链段中的

C—O键断裂生成双酚A，而双酚A中的C—C键在高温高压下断裂，断裂后产生的自由基与降解体系中的H·结合产生了苯酚和对异丙基苯酚。同时，环氧树脂固化体系分子链段中的C—N键断裂产生了含氮的组分，如2-methylpiperidine。

如表7-18所列，随着反应温度的升高，超临界正丁醇分子的运动变得开始活跃，其与环氧树脂固化体系中分子链段的碰撞概率增大，同时在高温高压的作用下因热诱导作用增加了环氧固化体系分子链段中的C—C、C—O、C—N键断裂的可能性，产生了更多的苯酚和对异丙基苯酚，部分对异丙基苯酚在高温高压下消去两个氢原子生成了对异丙烯基苯酚。

表7-17 液相产物主要组分（$T = 290℃$，$V = 400\ mL$，$t = 60\ min$）

序号	保留时间/min	组　分	结　构　式	含量（%）
1	10.444	1-butoxybutane 正丁醚		15.903
2	11.717	2-methylpiperidine		4.428
3	12.215	Phenol 苯酚		1.135
4	16.718	1-butoxy-1-isobutoxybutane		3.967

表7-18 液相产物主要组分（$T = 310℃$，$V = 400\ mL$，$t = 60\ min$）

序号	保留时间/min	组　分	结　构　式	含量（%）
1	10.446	1-butoxybutane 正丁醚		26.579
2	12.214	Phenol 苯酚		3.612
3	16.598	4-isopropylphenol 对异丙基苯酚		0.664
4	16.720	1-butoxy-1-isobutoxybutane		11.045

（续）

序号	保留时间/min	组　分	结　构　式	含量（%）
5	17.747	4-（prop-1-en-2-yl）phenol 对异丙烯基苯酚		1.761

　　如表 7-19 所列，反应温度为 340℃时，超临界正丁醇分子的运动变得剧烈，加剧了其与环氧树脂固化体系中分子链段的碰撞概率；同时，340℃为环氧树脂固化体系的初始热解温度，使得环氧树脂固化体系中的交联网络结构迅速发生破坏，超临界正丁醇分子能够快速进入到环氧树脂基体中破坏其分子链段。此时，环氧树脂固化体系中更多的 C—C、C—O、C—N 键断裂，使液相产物中的苯酚、对异丙基苯酚含量升高，部分苯酚与反应体系中的超临界正丁醇发生对位取代反应产生了对丁基苯酚。之后，对丁基苯酚在高温高压下发生同分异构的转变产生了对异丁基苯酚。而在环氧树脂固化体系中 C—O 键断裂产生的双酚 A 中，部分 C—C 键在高温高压的作用下断裂形成的自由基与降解反应体系中游离的 H·结合产生对甲基苯酚和对乙基苯酚。

表 7-19　液相产物主要组分（$T = 340℃$，$V = 400$ mL，$t = 60$ min）

序号	保留时间/min	组　分	结　构　式	含量（%）
1	10.444	1-butoxybutane 正丁醚		23.380
2	12.210	Phenol 苯酚		8.480
3	13.671	p-cresol 对甲基苯酚		0.628
4	16.595	4-isopropylphenol 对异丙基苯酚		1.770
5	16.720	1-butoxy-1-isobutoxybutane		13.772
6	17.747	4-（prop-1-en-2-yl）phenol 对异丙烯基苯酚		2.785

（续）

序号	保留时间/min	组　　分	结　构　式	含量（%）
7	18.070	4-isobutylphenol 对异丁基苯酚		0.483

　　如表7-20所列，反应温度升至360℃时，超临界正丁醇分子的运动变得更加剧烈，同时在该温度下环氧树脂固化体系分子链段中的交联网络结构基本被完全破坏，超临界正丁醇分子更加快速地进入到环氧树脂基体中，加剧了超临界正丁醇分子与环氧树脂固化体系分子链段的碰撞概率。环氧树脂固化体系分子链段中的C—C、C—O、C—N键大规模断裂，C—O键断裂产生双酚A，双酚A分子结构中C—C键断裂产生的苯酚、对异丙基苯酚、对甲基苯酚以及对乙基苯酚的含量升高，其中部分苯酚与反应体系中的超临界正丁醇发生对位取代反应产生了对丁基苯酚，对丁基苯酚在高温高压条件下发生同分异构转变产生了对异丁基苯酚。

表7-20　液相产物主要组分（$T = 360℃$，$V = 400$ mL，$t = 60$ min）

序号	保留时间/min	组　　分	结　构　式	含量（%）
1	10.442	1-butoxybutane 正丁醚		18.370
2	12.211	Phenol 苯酚		10.444
3	13.672	p-cresol 对甲基苯酚		1.099
4	15.112	4-ethylphenol 4-乙基苯酚		0.267
5	16.595	4-isopropylphenol 对异丙基苯酚		4.166

序号	保留时间/min	组　　分	结　构　式	含量（%）
6	16.719	1-butoxy-1-isobutoxybutane		15.436
7	17.746	4-（prop-1-en-2-yl）phenol 对异丙烯基苯酚	OH	2.487
8	18.066	4-isobutylphenol 对异丁基苯酚	OH	0.700

　　根据液相产物主要组分的相对峰面积变化，绘制了主要组分的含量随反应温度的变化关系图，如图 7-46 所示。

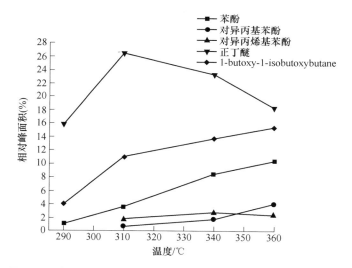

图 7-46　液相产物中主要组分相对峰面积随反应温度的变化关系

　　随着反应温度的升高，苯酚、1-butoxy-1-isobutoxybutane、对异丙基苯酚等组分在液相产物中的含量逐渐增加。反应温度高于 310℃ 时，在高温高压下正丁醚热分解产生了正丁醇和丁烷，使其含量随着反应温度的升高而减少。环氧树脂固化体系分子链段中的 C—O 键的断裂产生了双酚 A，双酚 A 分子结构中的 C—C 键断裂产生了苯酚和对异丙基苯酚，并且随着反应温度的升高苯酚与对异丙基苯酚的含量逐渐增加。反应温度为 290～310℃ 时，苯酚未发生二次反应，致使苯酚含量的增长速率较大。反应温度为 310～360℃ 时，环氧树脂固化体系分子链段结构迅速破坏，苯酚与反应体系中的其他物质发生取代反应，致使苯酚的增长速率较慢。

　　为确定在不同反应时间下超临界正丁醇降解 CF/EP 复合材料的液相产物组分与结构，选定条件：反应温度为 310℃，溶剂量为 400 mL，反应时间分别为 60 min、180 min、360 min，对超临界正丁醇降解 CF/EP 复合材料的液相产物进行 GC-MS 分析。由表 7-21 可知，反应温度相同时，延长反应时间液相产物中主要组分的种类没有明显的变化，但是各组分的含量随着反应时间的延长而不断增加，表明延长反应时间并不能增加并改变化学键的断裂位置，但能加深 CF/EP 复合材料降解的反应深度，从而使液相产物组分含量增加。

表 7-21　不同反应时间下液相产物主要组分（$T = 310℃$，$V = 400$ mL）

序号	保留时间/min	组　分	结　构　式	含量（%）		
				60 min	180 min	360 min
1	10.437	1-butoxybutane 正丁醚		26.579	25.043	18.745
2	12.201	Phenol 苯酚		3.612	6.911	10.158
3	16.574	4-isopropylphenol 对异丙基苯酚		0.664	1.489	2.799
4	16.695	1-butoxy-1-isobutoxybutane		11.045	17.542	21.606
5	17.725	4-（prop-1-en-2-yl）phenol 对异丙烯基苯酚		1.761	2.614	2.846

　　根据不同反应温度和反应时间下 CF/EP 复合材料降解的液相产物中的主要组分，推断 CF/EP 复合材料中环氧树脂固化体系在超临界正丁醇中的非催化降解历程，如图 7-47 所示。

　　（2）CF/EP 复合材料的催化降解机理　反应时间为 30 min，KOH 浓度为

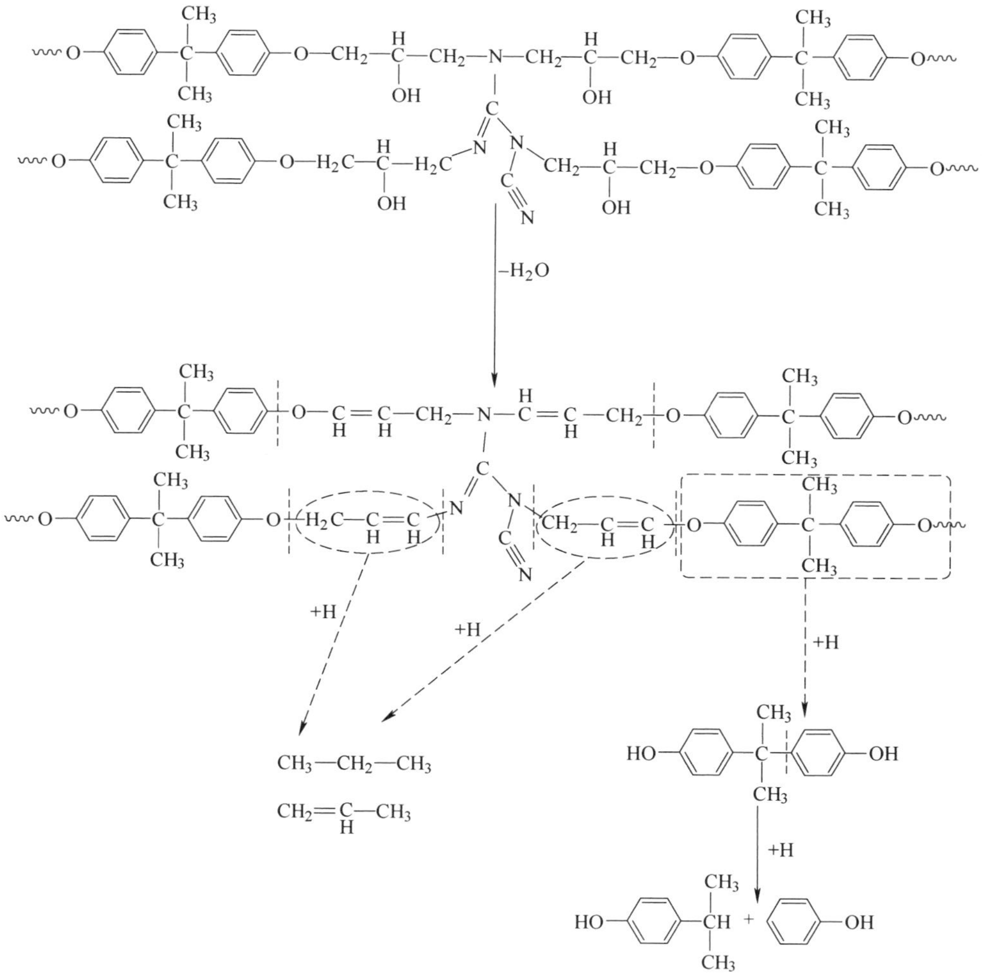

图 7-47　CF/EP 复合材料中环氧树脂固化体系的非催化降解历程

0.02 mol/L，反应温度分别为 290℃、310℃、330℃时，通过 GC-MS 分析不同反应温度下的液相产物，见表 7-22。

表 7-22　不同反应温度下主要液相产物组分的名称与相对峰面积

（$V = 400$ mL，$t = 30$ min，KOH 浓度 $= 0.02$ mol/L）

序号	保留时间/min	组　分	含量（%）		
			290℃	310℃	330℃
1	11.224	2-ethylpiperidine	1.764	0.674	1.439
2	11.915	diisobutylamine	0.490	0.949	1.347

（续）

序号	保留时间/min	组　分	含量（%）		
			290℃	310℃	330℃
3	12.207	Phenol 苯酚	15.325	23.885	14.971
4	12.508	isobutyl butyrate	3.032	2.880	2.040
5	12.581	（E）-2-ethylhex-3-en-1-ol	1.951	3.699	5.584
6	12.775	nonylcyclohexane	1.855	6.695	4.926
7	13.172	2-tert-butyl-3，4，5，6-tetrahydropyridine	4.849	7.705	10.991
8	13.299	（E）-2-ethylhex-2-en-1-ol	6.926	10.638	14.789
9	16.582	4-isopropylphenol 对异丙基苯酚	8.482	15.178	11.716
10	17.730	1-methoxy-4-vinylbenzene 4-甲氧基苯乙烯	8.257	9.800	3.831
11	18.049	4-butylphenol 4-丁基苯酚	1.339	3.445	3.741
12	18.634	4-（2-methylallyl）phenol 4-异丁烯苯酚	0.792	2.045	1.721

由表7-22可知，不同反应温度下液相产物中的主要组分种类未发生变化，表明有碱性添加剂的超临界正丁醇环境下，反应温度的升高对环氧树脂固化体系分子链段的断键位置基本没有影响，但反应温度升高能够明显促进固化体系分子链段C—C、C—O、C—N等化学键的断裂，导致液相产物中各个化学组分的含量有一定程度的变化。

反应温度为310℃，KOH浓度为0.02 mol/L，反应时间分别为10 min、30 min、60 min时，通过GC-MS分析不同反应时间下的液相产物，见表7-23。

反应时间由10 min延长至30 min时，液相产物中组分的种类有所增加。在反应时间为10 min时，液相产物中未检测到（E）-2-ethylhex-3-en-1-ol，反应时间为30 min时出现该组分，并且延长反应时间该组分的含量增加。当反应时间由30 min延长至60 min时，液相产物中组分的种类没有明显的增加，主要是由于加入碱性添加剂KOH后，降解反应速率增大，但降解反应达到一定深度之后不再继续反应，使得液相产物中组分的种类没有明显的变化。环氧树脂固化体系分子链段中C—O键的断裂产生双酚A，双酚A分子结构中的C—C键断裂产生的苯酚与超临界正丁醇发生对位的取代反应产生了对丁基苯酚，对丁基苯酚部分发生分子内的重排并脱氢生成了对异丁烯基苯酚，使对丁基苯酚和对异丁烯基苯酚的含量增加。由于高温高压下 4-甲氧基苯乙烯可能与其他液相产物组分发生二次反应，因此，4-甲氧基苯乙烯的含量随着反应时间的延长而降低。

表 7-23　不同反应时间下液相产物中组分的名称和相对峰面积

（$V = 400$ mL，$T = 310℃$，KOH 浓度 $= 0.02$ mol/L）

序号	保留时间 /min	组　　分	含量（%）		
			10 min	30 mim	60 mim
1	11.220	2-ethylpiperidine	—	0.674	1.202
2	11.909	diisobutylamine	—	0.949	1.163
3	12.203	Phenol 苯酚	34.304	23.885	17.775
4	12.504	isobutyl butyrate	4.754	2.880	1.035
5	12.577	（E）-2-ethylhex-3-en-1-ol	—	3.699	4.183
6	12.772	nonylcyclohexane	2.947	6.695	5.149
7	13.168	2-tert-butyl-3，4，5，6-tetrahydropyridine	2.414	7.705	8.632
8	13.296	（E）-2-ethylhex-2-en-1-ol	3.411	10.638	13.235
9	16.578	4-isopropylphenol 对异丙基苯酚	11.803	15.178	13.688
10	17.729	1-methoxy-4-vinylbenzene 4-甲氧基苯乙烯	13.535	9.800	4.525
11	18.048	4-butylphenol 4-丁基苯酚	1.937	3.445	3.862
12	18.634	4-（2-methylallyl）phenol 4-对异丁烯基苯酚	1.243	2.045	1.858

液相产物中含有正丁醇 Guerbet 反应的中间产物（E）-2-ethylhex-3-en-1-ol 和（E）-2-ethylhex-2-en-1-ol，并且随着反应温度的升高 Guerbet 反应程度加深，（E）-2-ethylhex-3-en-1-ol 和（E）-2-ethylhex-2-en-1-ol 的含量也在不断增加。添加剂 KOH 为 Guerbet 反应的进行提供了碱性环境，促进了反应过程中羟醛缩合反应的进行，加速了 Guerbet 反应的进程。

环氧树脂固化体系分子链中的 C—O 键断裂形成的自由基与 Guerbet 反应提供的 H·结合产生双酚 A，双酚 A 的 C—C 键断裂形成的自由基与 H·结合产生苯酚与对异丙基苯酚，而苯酚与超临界正丁醇发生对位的取代反应产生了对丁基苯酚，对丁基苯酚在高温高压下发生分子内的重排反应产生其同分异构体对异丁基苯酚，同时对异丁基苯酚发生脱氢反应产生了对异丁烯基苯酚，如

图 7-48a 所示。环氧树脂固化体系分子链中的 C—N 键断裂产生了 1-烯丙氧基苯, 1-烯丙氧基苯在添加剂 KOH 及高温高压的共同作用下发生分子内的重排反应产生 4-甲氧基苯乙烯, 如图 7-48b 所示。由于大部分 1-烯丙基苯发生分子内重排反应, 使其在液相产物中的含量低, 因而无法检测到。

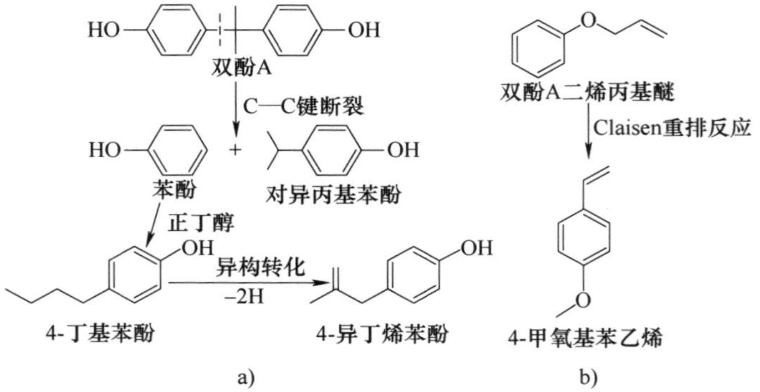

图 7-48 液相产物中主要组分的产生过程

a) 4-异丁烯基苯酚 b) 4-甲氧基苯乙烯

从不同反应温度以及反应时间下的液相产物组分可以推断 CF/EP 复合材料的催化降解历程, 如图 7-49 所示。可以看出, 添加剂 KOH 在降解体系中起到了一定的催化作用, 加速了 Guerbet 反应中羟醛缩合反应的进行, 提高了正丁醇 Guerbet 反应的供氢能力。Guerbet 反应中提供的 H· 具有链终止效应, 其与环氧树脂固化体系分子链段中 C—C、C—O、C—N 键断裂后形成的自由基结合形成稳定的单体; 同时 Guerbet 反应提供的 H· 不断地攻击环氧树脂固化体系分子链的化学键, 加速了 C—C、C—O、C—N 化学键的断裂。根据有添加剂和无添加剂的超临界正丁醇降解 CF/EP 复合材料的固相产物红外光谱分析及液相产物 GC-MS 分析可知, 有添加剂和无添加剂的降解反应体系中断链反应相同, 因此, CF/EP 复合材料的非催化和催化降解历程相同。

▶▶ 4. 碳纤维复合材料降解动力学

碳纤维复合材料降解动力学方程的建立能够预测随反应时间变化的残余树脂含量, 同时可解决反应温度和反应时间不可预估的问题, 并指导回收工艺参数的优化方向。本小节从 CF/EP 复合材料在超临界流体中发生的断链反应入手, 建立降解反应动力学模型, 根据反应温度和时间对碳纤维表面残余树脂含量的变化, 采用优化算法, 结合相关系数逼近原则, 估算 CF/EP 复合材料非催化降解的反应级数, 并计算降解反应速率常数。对反应速率常数对数随反应温度倒数的变化进行线性回归, 估算降解反应的活化能和指前因子, 最终建立 CF/EP 复合材料降解反应的动力学方程。

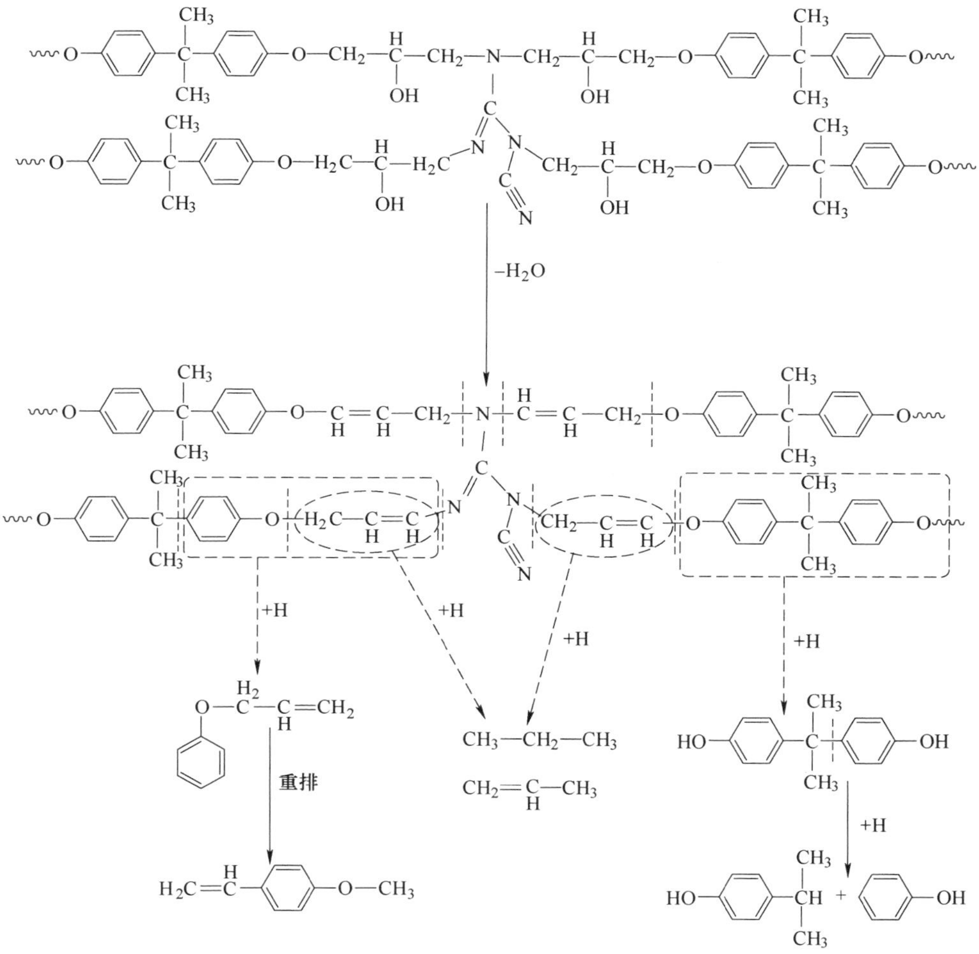

图 7-49 CF/EP 复合材料的催化降解历程

CF/EP 三维交联网状结构在超临界流体中由开始坍塌到迅速破坏，发生的降解反应记为

$$n \text{ CF/EP 复合材料} + \beta \text{ R-OH} \rightarrow \text{生成物} \tag{7-20}$$

则其反应速率方程可表示为

$$r = k' C_{\text{resin}}^n C_{\text{R-OH}}^{\beta}$$

式中，C_{resin} 是环氧树脂固化体系中交联键 C—N 的浓度（mol/L）；$C_{\text{R-OH}}$ 是超临界流体的浓度（mol/L）；r 是 CF/EP 复合材料在超临界流体中降解的反应速率（$\text{mol} \cdot \text{L}^{-1} \cdot \text{s}^{-1}$）；$k'$ 是宏观反应速率常数；n 和 β 是反应级数。

假设降解反应过程中流体反应介质过量，保持 $C_{\text{R-OH}}$ 基本不变，则反应速率方程可转化为

$$r = -\frac{\mathrm{d}C_{\text{resin}}}{\mathrm{d}t} = k' C_{\text{R-OH}}^{\beta} C_{\text{resin}}^{n} \tag{7-21}$$

$$r = -\frac{\mathrm{d}k_1 W_{\text{resin}}}{\mathrm{d}t} = k' C_{\text{R-OH}}^{\beta} k_1^{\ n} W_{\text{resin}}^{n} \tag{7-22}$$

$$-\frac{\mathrm{d}W_{\text{resin}}}{\mathrm{d}t} = k W_{\text{resin}}^{n} \left(k = k' C_{\text{R-OH}}^{\beta} k_1^{n-1} \right) \tag{7-23}$$

式中，k 是相对反应速率常数（$\min^{-1}$）；t 是降解反应时间（min）；W_{resin} 是碳纤维表面的残余树脂含量（g）。

对式（7-23）积分可得碳纤维表面的残余树脂含量 W_{resin} 与反应速率常数 k 和反应级数 n 之间的关系式：

$$\begin{cases} W_{\text{resin}} = W_{0\text{-resin}} \mathrm{e}^{-kt} & (n=1) \\ W_{\text{resin}} = [W_{0\text{-resin}}^{1-n} - k(1-n)t]^{\frac{1}{1-n}} & (n \neq 1) \end{cases} \tag{7-24}$$

式中，$W_{0\text{-resin}}$ 是初始 CF/EP 中环氧树脂的质量（g）。

（1）CF/EP 非催化降解的反应动力学 降解试验中 CF/EP 复合材料的初始质量 M_1 控制在 1.9926～2.0058 g。反应温度为 320℃，溶剂含量为 350 mL，反应时间分别为 30 min、60 min、120 min、180 min、240 min 时，记录固相产物中残余的环氧树脂含量 W_{resin}，并根据式（7-23）记录不同反应时间下超临界流体对环氧树脂的降解率 Y，见表 7-24。试验数据处理中认为 CF/EP 复合材料的初始质量 M_1 为 2.000 g，则初始的环氧树脂质量 $W_{0\text{-resin}}$ 为 0.666 g。利用数学软件 1stOpt1.0 进行曲线的拟合，采用麦夸特（Levenberg-Marquardt）法和通用全局优化法作为优化算法，根据 CF/EP 复合材料在超临界流体中降解的 W_{resin} 随反应时间 t 的变化，分别估算 CF/EP 复合材料在不同超临界流体中降解的最佳反应动力学参数 k 和 n，同时计算对应的相关系数 R。

表 7-24 不同反应时间下环氧树脂的降解率 Y

流体类型	$t/\min$	M_1/g	Y（%）	W_{resin}/g
超临界正丙醇	30	2.0048	31.97	0.4574
	60	2.0018	35.06	0.4341
	120	1.9953	51.37	0.3200
	180	1.9980	61.19	0.2564
	240	2.0052	71.74	0.1922
超临界正丁醇	30	1.9963	34.70	0.4316
	60	2.0058	51.20	0.3298
	120	2.0010	64.86	0.2348
	180	1.9982	67.58	0.2145
	240	1.9936	82.68	0.1107

流 体 类 型	$t/\min$	M_1/g	Y（%）	W_{resin}/g
超临界异丙醇	30	1.9953	26.32	0.4864
	60	1.9987	29.30	0.4697
	120	1.9968	46.14	0.3560
	180	1.9916	51.48	0.3162
	240	2.0034	64.53	0.2389
超临界甲醇	30	2.0010	28.11	0.4797
	60	2.0039	33.03	0.4495
	120	2.0034	36.96	0.4228
	180	2.0033	45.63	0.3649
	240	1.9978	47.42	0.3483
超临界乙醇	30	1.9965	33.08	0.4426
	60	1.9978	38.51	0.4076
	120	2.0067	53.48	0.3153
	180	1.9926	64.53	0.2304
	240	1.9990	65.87	0.2265
超临界丙酮	30	2.0022	36.70	0.4235
	60	2.0056	43.41	0.3817
	120	1.9943	55.23	0.2935
	180	2.0039	73.86	0.1770
	240	1.9928	72.91	0.1750

动力学参数 k、n 和相关系数 R 的计算见表 7-25。CF/EP 复合材料在超临界甲醇中降解的反应级数 n 较大，在其他超临界流体中降解的反应级数 n 基本为 2~3，因此，对反应级数 n 进行条件限定取 1、2、2.5、3 时，计算相应的反应速率常数 k。根据试验数据（t，W_{resin}），并结合式（7-24），分别绘制 CF/EP 复合材料在超临界流体中降解的动力学最佳曲线和条件拟合曲线，如图 7-50 所示。

分析动力学最佳曲线和条件拟合曲线的相对位置，可知 CF/EP 复合材料在超临界流体中降解的反应级数 n 取 2 或 2.5 时，相关系数 R 较高，此时条件拟合曲线和最佳拟合曲线位置较为接近，因此，反应级数 $n=2$ 或 2.5 时是比较合理的。为简化动力学模型，在近似估值中可将反应级数 n 设定为 2。反应级数 n 为 2 时，CF/EP 复合材料在超临界正丁醇中的降解反应速率常数 k 是最大的。由表 7-25 可知，CF/EP 复合材料在不同超临界流体中降解的反应速率常数存在

表 7-25 动力学参数和相关系数的计算

流体类型	最佳拟合			条件拟合								
				$n=1$		$n=2$		$n=2.5$		$n=3$		
	n	k	R	k	R	k	R	k	R	k	R	
超临界正丙醇	2.5179924	0.0231423	0.9891980	0.0060251	0.9750085	0.0148049	0.9881775	0.0227890	0.9892142	0.0348702	0.9875951	
超临界正丁醇	2.2324127	0.0302814	0.9930104	0.0088585	0.9724268	0.0242272	0.9924439	0.0390994	0.9924000	0.0630970	0.9885326	
超临界异丙醇	2.8718958	0.0221479	0.9869528	0.0048058	0.9720759	0.0110283	0.9846659	0.0164883	0.9867958	0.0245029	0.9867595	
超临界甲醇	7.1629520	0.3712840	0.9932031	0.0035853	0.8959741	0.0078491	0.9296974	0.0115512	0.9439214	0.0169174	0.9561407	
超临界乙醇	3.1394893	0.0424948	0.9923976	0.0062144	0.9581367	0.0156839	0.9846134	0.0243887	0.9902635	0.0376640	0.9923349	
超临界丙酮	2.4981347	0.0317329	0.9888312	0.0075740	0.9681379	0.0200024	0.9871609	0.0317874	0.9888303	0.0503230	0.9870846	

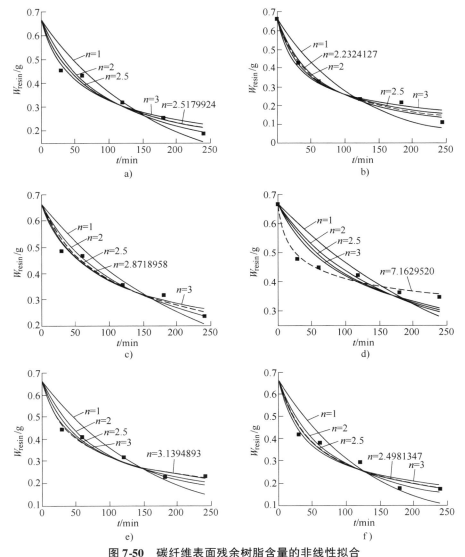

图 7-50 碳纤维表面残余树脂含量的非线性拟合

a) 动力学曲线（超临界正丙醇） b) 动力学曲线（超临界正丁醇） c) 动力学曲线（超临界异丙醇）
d) 动力学曲线（超临界甲醇） e) 动力学曲线（超临界乙醇） f) 动力学曲线（超临界丙酮）

$k_{正丁醇} > k_{丙酮} > k_{乙醇} > k_{正丙醇} > k_{异丙醇} > k_{甲醇}$。CF/EP 复合材料在超临界正丙醇和超临界乙醇中降解的反应速率常数 k 较为接近，反应速率相近，而在超临界甲醇和超临界异丙醇中降解的反应速率常数较小，降解反应体系不利于环氧树脂成分降解的进行。

选定反应级数 $n = 2$ 时，根据 CF/EP 复合材料在不同超临界流体中降解时反应温度 T 对 W_{resin} 的变化，结合反应动力学模型，计算不同反应温度下的降解反

应速率常数 k，见表 7-26。

表 7-26　不同反应温度下环氧树脂的降解率和降解反应速率常数

流体类型	$T/℃$	M_1/g	$Y（\%）$	W_{resin}/g	k/min^{-1}
超临界 正丙醇	280	2.0076	19.77	0.5414	0.005781886
	300	2.0013	24.17	0.5062	0.007922562
	320	2.0018	35.06	0.4341	0.013391111
	340	1.9954	61.95	0.2498	0.041717542
超临界 正丁醇	280	1.9940	21.78	0.5154	0.007334843
	300	1.9984	33.60	0.4408	0.012807542
	320	2.0058	51.20	0.3298	0.025533178
	340	1.9932	79.53	0.1313	0.101933270
超临界 异丙醇	280	2.0040	10.89	0.5974	0.002896172
	300	1.9997	16.16	0.5581	0.004860726
	320	1.9987	29.30	0.4697	0.010481142
	340	1.9991	54.99	0.2990	0.030738860
超临界 甲醇	280	2.0098	17.96	0.5556	0.004995100
	300	1.9974	22.95	0.5108	0.007626056
	320	2.0039	33.03	0.4495	0.012075735
	340	1.9997	51.90	0.3201	0.027064562
超临界 乙醇	280	1.9991	16.73	0.5537	0.005098036
	300	2.0059	22.38	0.5224	0.006901532
	320	1.9978	38.51	0.4076	0.015887261
	340	1.9996	64.50	0.2361	0.045589057
超临界 丙酮	280	1.9956	18.06	0.5416	0.005770518
	300	2.0028	28.92	0.4759	0.010018863
	320	2.0056	43.41	0.3817	0.018661809
	340	1.9938	72.49	0.1785	0.068368181

随着反应温度的升高，分子动能增大、运动加剧，使近距离的超临界流体分子与环氧树脂固化体系分子链段的有效碰撞频率增加，反应速率常数增大，反应速率加快。同时，碳链越长的醇在超临界状态下对 CF/EP 复合材料降解的反应速率常数 k 越大，降解反应速率越大。

反应速率常数 k 对温度的依赖性遵循 Arrhenius 方程。对反应速率常数对数随反应温度倒数的变化进行线性回归，计算 CF/EP 复合材料在超临界流体中降解的反应活化能 E 和指前因子 k_0，S 为拟合直线的斜率，I 为拟合直线的截距，见表 7-27。

表 7-27　反应活化能和指前因子

流 体 类 型	截距 I	斜率 S	活化能 $E/\text{kJ} \cdot \text{mol}^{-1}$	指前因子 k_0/min^{-1}
超临界正丁醇	21.01455	−14452.8106	120.2	1.33×10^9
超临界正丙醇	14.24775	−10841.116	90.1	1.54×10^6
超临界异丙醇	17.94534	−13246.0740	110.1	6.25×10^7
超临界甲醇	11.4642	−9325.1676	77.5	9.48×10^4
超临界乙醇	17.03202	−12462.981	103.6	2.49×10^7
超临界丙酮	19.14049	−13536.006	112.5	2.05×10^8

结合式（7-23）和式（7-24）可得 CF/EP 复合材料在多种超临界流体中非催化降解的动力学方程。

CF/EP 复合材料在超临界正丁醇中降解的动力学方程：

$$-\frac{\mathrm{d}W_{\text{resin}}}{\mathrm{d}t} = kW_{\text{resin}}^n = k_0 \mathrm{e}^{-E/R(T+273.15)} W_{\text{resin}}^2 = 1.33 \times 10^9 W_{\text{resin}}^2 \mathrm{e}^{-\frac{120.2 \times 10^3}{R(T+273.15)}} \quad (7\text{-}25)$$

CF/EP 复合材料在超临界正丙醇中降解的动力学方程：

$$-\frac{\mathrm{d}W_{\text{resin}}}{\mathrm{d}t} = kW_{\text{resin}}^n = k_0 \mathrm{e}^{-E/R(T+273.15)} W_{\text{resin}}^2 = 1.54\ 10^6 W_{\text{resin}}^2 \mathrm{e}^{-\frac{90.1 \times 10^3}{R(T+273.15)}} \quad (7\text{-}26)$$

CF/EP 复合材料在超临界异丙醇中降解的动力学方程：

$$-\frac{\mathrm{d}W_{\text{resin}}}{\mathrm{d}t} = kW_{\text{resin}}^n = k_0 \mathrm{e}^{-E/R(T+273.15)} W_{\text{resin}}^2 = 6.25 \times 10^7 W_{\text{resin}}^2 \mathrm{e}^{-\frac{110.1 \times 10^3}{R(T+273.15)}} \quad (7\text{-}27)$$

CF/EP 复合材料在超临界甲醇中降解的动力学方程：

$$-\frac{\mathrm{d}W_{\text{resin}}}{\mathrm{d}t} = kW_{\text{resin}}^n = k_0 \mathrm{e}^{-E/R(T+273.15)} W_{\text{resin}}^2 = 9.48 \times 10^4 W_{\text{resin}}^2 \mathrm{e}^{-\frac{77.5 \times 10^3}{R(T+273.15)}} \quad (7\text{-}28)$$

CF/EP 复合材料在超临界乙醇中降解的动力学方程：

$$-\frac{\mathrm{d}W_{\text{resin}}}{\mathrm{d}t} = kW_{\text{resin}}^n = k_0 \mathrm{e}^{-E/R(T+273.15)} W_{\text{resin}}^2 = 2.49 \times 10^7 W_{\text{resin}}^2 \mathrm{e}^{-\frac{103.6 \times 10^3}{R(T+273.15)}} \quad (7\text{-}29)$$

CF/EP 复合材料在超临界丙酮中降解的动力学方程：

$$-\frac{\mathrm{d}W_{\text{resin}}}{\mathrm{d}t} = kW_{\text{resin}}^n = k_0 \mathrm{e}^{-E/R(T+273.15)} W_{\text{resin}}^2 = 2.05 \times 10^8 W_{\text{resin}}^2 \mathrm{e}^{-\frac{112.5 \times 10^3}{R(T+273.15)}} \quad (7\text{-}30)$$

从降解反应的活化能可知：$E_{\text{正丁醇}} > E_{\text{丙酮}} > E_{\text{异丙醇}} > E_{\text{乙醇}} > E_{\text{正丙醇}} > E_{\text{甲醇}}$。与活化能 E 相关的 $\mathrm{e}^{-E/RT}$ 表示能够参与降解反应的活化分子在所有分子中所占比例。活化能越小，即反应所需越过的能垒越小，能够参与降解反应并与环氧树脂固化体系分子链段发生有效碰撞的活化分子就越多。CF/EP 复合材料在超临界甲醇中降解反应所需越过的能垒最小，活化分子数最多，但反应速率常数 k 是 CF/EP 复合材料降解反应中最小的，能够解释为分子碰撞时出现空间位阻现象。许多拥有足够能量的活化分子并不能直接参与降解反应，活化分子能否参与反应不仅需要具有足够的能量，而且在碰撞时应处于合理的空间位置。因此，CF/EP 复合材料在不同超临界流体中降解的反应活化能的差异并不能直接反映降解反应的难易程度。

通过回收试验对 CF/EP 复合材料在超临界正丁醇中降解的动力学方程进行验证。根据超临界正丁醇的降解反应动力学方程可知，反应温度为 310℃ 时碳纤维表面残余树脂含量 W_{resin} 与反应温度 T 和反应时间 t 的函数关系为

$$W_{resin} = (1.502 + 2.269 \times 10^{-2}t)^{-1} \tag{7-31}$$

CF/EP 复合材料中环氧树脂的质量为 0.666 g，反应温度为 310℃、溶剂含量为 350 mL 时，不同反应时间下环氧树脂含量见表 7-28，非催化降解动力学曲线如图 7-51 所示。

表 7-28　不同反应时间下环氧树脂含量

t/min	Y（%）	W_{resin}/g（实测值）	W_{resin}/g（计算值）
30	26.28	0.4910	0.4581
60	36.45	0.4232	0.3492
120	58.65	0.2754	0.2367

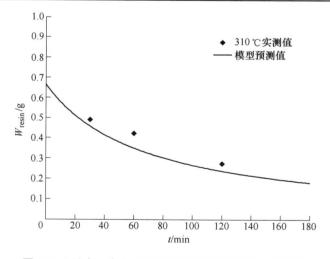

图 7-51　反应温度为 310℃时的非催化降解动力学曲线

W_{resin} 实测值与理论计算值较为吻合，实测点（t，W_{resin}）基本在动力学曲线上，因此，建立的动力学方程能够准确预测 W_{resin} 随反应时间 t 的变化，可解决

反应温度 T 和反应时间 t 不可预估的问题。

（2）CF/EP 催化降解的反应动力学　碱性添加剂 KOH 具有一定的催化降解效应，相对于非催化降解，碱性添加剂 KOH 通过影响降解反应活化能 E 和指前因子 k_0，促进了超临界正丁醇对 CF/EP 复合材料的降解。降解试验中，CF/EP 复合材料的初始质量控制在（10 ± 0.1）g。采用 400 mL 浓度为 0.02 mol/L 的 KOH 正丁醇溶液作为反应溶剂。不同反应温度和不同反应时间下 CF/EP 复合材料在超临界正丁醇中对应的环氧树脂含量见表 7-29。采用数学软件 1stOpt1.0 求解 CF/EP 复合材料在超临界正丁醇中催化降解反应的最佳动力学参数 k 和 n，以及动力学曲线的相关系数 R，求解结果见表 7-30。

表 7-29　不同反应时间对应的环氧树脂含量

反应温度/℃	t/min	M_1/g	Y（%）	W_{resin}/g
300	10	10.0741	49.69	1.7370
	20	10.0653	72.82	0.9546
	30	10.0156	81.75	0.6191
	40	10.0157	83.72	0.5535
	50	10.0762	84.21	0.5805
	60	10.0412	89.78	0.3692
310	10	10.0320	63.39	1.2443
	20	10.0928	74.42	0.9216
	30	10.0123	87.37	0.4293
	40	10.0525	90.00	0.3699
	50	10.0981	90.53	0.3838
	60	10.0683	93.85	0.2516
320	10	10.0083	76.87	0.7765
	20	10.0522	88.40	0.4232
	30	10.0074	94.66	0.1830
	40	10.0083	95.28	0.1629
	50	10.0305	95.91	0.1568
	60	10.0695	97.73	0.1224

表 7-30　不同反应温度的动力学参数解算

反应温度	最佳拟合			条件拟合					
				$n=1$		$n=1.5$		$n=2$	
	n	k	R	k	R	k	R	k	R
300℃	1.7204009	0.0383919	0.9965021	0.0541849	0.9862822	0.0425399	0.9957701	0.0338967	0.9953708
310℃	1.8500852	0.0522796	0.9970465	0.0724189	0.9859722	0.0587703	0.9953931	0.0500797	0.9968226
320℃	1.7132509	0.1079912	0.9996264	0.1292665	0.9967747	0.1101706	0.9993460	0.1093707	0.9991404

分别绘制 CF/EP 复合材料催化降解的最佳动力学曲线和条件拟合曲线，如图 7-52 所示。

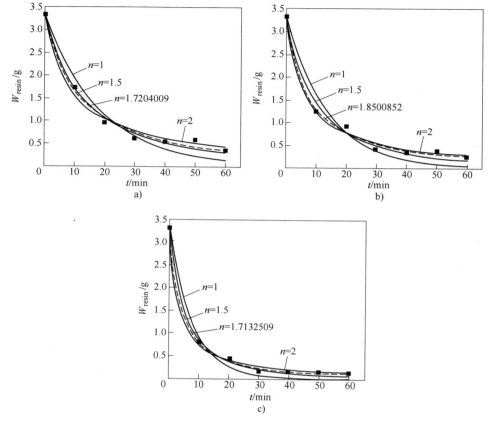

图 7-52 W_{resin} 随反应时间变化的非线性拟合

a) $T = 300℃$ b) $T = 310℃$ c) $T = 320℃$

分析最佳动力学曲线和条件拟合曲线的相对位置，并结合表 7-30 中的相关系数 R，根据相关系数逼近原则，可知 CF/EP 复合材料在超临界正丁醇中催化降解的反应级数 n 取 2 级时，条件拟合曲线和最佳拟合曲线位置较为接近。因此，为简化动力学模型，在近似估值中可将反应级数 n 设定为 2 级。

对 $\ln k$ 随 $1/T$ 的变化关系进行线性拟合，并计算 CF/EP 复合材料催化降解的反应活化能 E 和指前因子 k_0，见表 7-31。

表 7-31   降解反应活化能和指前因子

斜率 S	截距 I	活化能 $E/\text{kJ} \cdot \text{mol}^{-1}$	指前因子 k_0/min^{-1}
-19872.2321	31.22021	165.2	3.62×10^{13}

与 CF/EP 的非催化降解反应活化能和指前因子相比，催化降解反应的指前因子 k_0 大幅度增加，表明碱性添加剂 KOH 的加入能够大幅度增加超临界正丁醇分子与环氧树脂固化体系分子链段的有效碰撞频率，提高 CF/EP 复合材料的降解率。

结合式 (7-23) 和式 (7-24) 可得 CF/EP 复合材料在超临界正丁醇中的催化降解动力学方程为

$$-\frac{\mathrm{d}W_{\mathrm{resin}}}{\mathrm{d}t} = kW_{\mathrm{resin}}^n = k_0 \mathrm{e}^{-E/R(T+273.15)} W_{\mathrm{resin}}^2 = 3.62 \times 10^{13} W_{\mathrm{resin}}^2 \mathrm{e}^{-\frac{165.2 \times 10^3}{R(T+273.15)}} \quad (7-32)$$

采用 400 mL 浓度为 0.02 mol/mL 的 KOH 正丁醇溶液作为反应溶剂，反应温度为 330℃时碳纤维表面的残余树脂含量 W_{resin} 随反应时间 t 的变化见表 7-32，实测值与理论计算值较为吻合。实测点 (W_{resin}, t) 基本在动力学曲线上，如图 7-53 所示。因此，建立的动力学方程能够准确预测 W_{resin} 随反应时间 t 的变化，可解决反应温度 T 和反应时间 t 不可预估的问题。

表 7-32 不同反应时间下的 W_{resin} 实测值和计算值

反应时间/min	$W_{0\text{-resin}}$/g	Y (%)	W_{resin}/g (实测值)	W_{resin}/g (计算值)
10	10.0670	88.67	0.4249	0.46206
30	10.0902	95.19	0.2217	0.1697
60	10.0729	98.90	0.0856	0.0871

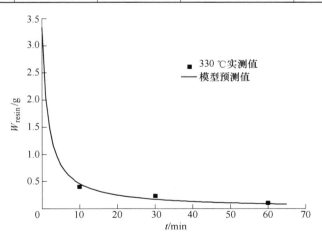

图 7-53 反应温度为 330℃时的催化降解动力学曲线

▷▷ 5. 回收工艺参数优化

回收碳纤维的纯度与碳纤维表面的残余树脂含量有关，温度、压力、时间、催化剂浓度、投料比等工艺参数均可影响环氧树脂的降解反应。但 CF/EP 复合材料中环氧树脂的降解率与工艺参数间的量化关系尚不明确，难以确定合理的回收工艺参数，造成碳纤维复合材料废弃物降解率与回收碳纤维性能不稳定。回收工艺参数对回收碳纤维的力学、表面化学以及表面形貌等性能的影响决定了其再资源化价值。例如，目前回收的碳纤维只能降级使用的主要原因是纤维长度变短和 10% ~ 25% 的纤维力学性能损失。

（1）试验设计　CF/EP 复合材料降解的工艺优化试验是根据 Design-Expert V8.0 提供的通用旋转组合正交方案安排，将反应温度、反应时间、添加剂浓度、正丁醇含量等工艺参数作为 CF/EP 复合材料降解过程中的输入因子，每个输入因子的范围是根据单因素试验结果而确定的，试验条件及水平见表 7-33，响应因子为 CF/EP 复合材料中环氧树脂的降解率。根据相应的试验条件及水平组合进行 CF/EP 复合材料降解试验，并记录环氧树脂的降解率，见表 7-34。

表 7-33　试验条件及水平

试验条件	代　码	水　平　数				
		-2	-1	0	1	2
反应温度/℃	A	290	300	310	320	330
反应时间/min	B	20	30	40	50	60
添加剂浓度/（mol/L）	C	0.02	0.03	0.04	0.05	0.06
正丁醇含量/mL	D	400	425	450	475	500

表 7-34　试验方案及结果

序号	反应温度/℃	反应时间/min	添加剂浓度/（mol/L）	正丁醇含量/mL	降解率（%）
1	310	40	0.04	500	96.12
2	320	50	0.03	425	97.00
3	310	40	0.04	450	96.94
4	310	40	0.04	400	92.64
5	310	40	0.04	450	94.25
6	300	30	0.03	425	84.71
7	320	50	0.03	475	97.74
8	320	30	0.05	475	96.96
9	300	50	0.03	475	84.15
10	290	40	0.04	450	90.33
11	310	40	0.02	450	88.70
12	310	60	0.04	450	97.79
13	320	50	0.05	475	97.50
14	300	30	0.05	475	83.81
15	310	20	0.04	450	83.19
16	310	40	0.06	450	95.75
17	300	50	0.05	425	91.03

序号	反应温度/℃	反应时间/min	添加剂浓度/（mol/L）	正丁醇含量/mL	降解率（%）
18	310	40	0.04	450	93.77
19	300	30	0.05	425	93.48
20	310	40	0.04	450	94.69
21	310	40	0.04	450	94.91
22	320	30	0.05	475	96.72
23	320	30	0.03	475	96.38
24	310	40	0.04	450	92.74
25	320	50	0.05	425	99.14
26	320	30	0.03	425	96.86
27	330	40	0.04	450	100.10
28	310	40	0.04	450	94.46
29	300	50	0.05	475	92.90
30	300	50	0.03	425	86.93
31	300	30	0.03	475	85.98

（2）响应模型的选择与建立　在选择响应模型时，模型对应的 F 检验值越大越好，$P > F$ 的概率越小越好。三次方模型相比二次方模型对应 F 检验值较大，$P > F$ 的概率较小。相关系数 R^2 表示回归方程拟合度，R^2 越接近 1，该回归方程的拟合效果越好。三次方模型 $R^2 = 0.9552$ 与 $R^2 = 1$ 差距较小，三次方模型拟合效果比二次方模型好，故选三次方模型。为提高响应模型准确性，对三次方模型进行适当修正，剔除 A^2、D^2、A^2C、ABD、ACD、B^3 等不显著项，得到最优响应模型。三次方模型方差分析见表 7-35。

表 7-35　三次方模型方差分析

变异来源	偏差平方和	自由度	均方差	F 值	P 值	显著性
模型	0.066	12	5.526×10^{-3}	19.53	< 0.0001	极显著
A	4.773×10^{-3}	1	4.773×10^{-3}	16.87	0.0007	极显著
B	0.011	1	0.011	38.60	< 0.0001	极显著
C	5.367×10^{-3}	1	5.367×10^{-3}	18.97	0.0004	极显著
D	6.055×10^{-4}	1	6.055×10^{-4}	2.14	0.1608	不显著
AC	1.830×10^{-3}	1	1.830×10^{-3}	6.47	0.0204	显著
CD	4.442×10^{-4}	1	4.442×10^{-4}	1.57	0.2263	不显著
B^2	3.353×10^{-3}	1	3.353×10^{-3}	11.85	0.0029	极显著

（续）

变 异 来 源	偏差平方和	自 由 度	均 方 差	F 值	P 值	显 著 性
C^2	1.273×10^{-3}	1	1.273×10^{-3}	4.50	0.0480	显著
BCD	1.051×10^{-3}	1	1.051×10^{-3}	3.72	0.0698	不显著
A^2B	4.726×10^{-3}	1	4.726×10^{-3}	16.70	0.0007	极显著
A^2D	1.287×10^{-3}	1	1.287×10^{-3}	4.55	0.0470	显著
AB^2	2.735×10^{-3}	1	2.735×10^{-3}	9.66	0.0061	极显著
残差	5.093×10^{-3}	18	2.830×10^{-4}	—	—	—
失拟项	4.109×10^{-3}	12	3.424×10^{-4}	2.09	0.1884	不显著
纯误差	9.843	6	1.640×10^{-4}	—	—	—
总值	0.071	30	—	—	—	—

三次方数学模型采用因素代码形式表示如下：

$$Y = 0.94 + 0.024A + 0.037B + 0.015C + 8.700 \times 10^{-3}D - 0.011AC - 5.269 \times 10^{-3}CD - 0.011B^2 - 6.605 \times 10^{-3}C^2 + 8.106 \times 10^{-3}BCD - 0.030A^2B - 0.016A^2D + 0.023AB^2$$

根据上述三次方数学模型可得 CF/EP 复合材料中环氧树脂的最佳降解工艺参数为：反应温度 330℃、保温时间 59.8 min、添加剂浓度 0.0538 mol/L、正丁醇含量 413.25 mL。此条件下得到的 CF/EP 复合材料中环氧树脂降解率为 100.00%。

（3）响应模型的验证　为验证回收工艺参数模型的准确性，在工艺参数设计范围内，采用六组不同于前面设计的工艺参数组合方案，为优化试验提供实际依据，具体结果见表 7-36。

表 7-36　数学模型验证

温度/℃	时间/min	浓度 / （mol/L）	正丁醇含量/mL	实际降解率 （%）	理论降解率 （%）	误差 e （%）
330	40	0.04	443	98.82	99.20	-0.38
300	50	0.04	450	91.19	88.90	2.58
320	20	0.04	500	92.98	98.34	-5.45
330	60	0.03	430	99.59	101.50	-1.91
310	50	0.05	430	97.23	96.98	0.25
300	60	0.04	500	80.12	77.94	-2.18

实际降解率为各工艺条件组合下的响应因子实际测量值，理论降解率是由响应模型计算出来的响应因子值。误差的计算如下：

$$e = \frac{e_1 - e_2}{e_2} \qquad\qquad (7-33)$$

六组方案中响应因子的误差均在 ±5.5% 的范围内，表明响应模型的可信度较高，能够指导回收工艺参数的优化。

对响应模型所得的最优工艺条件进行验证，考虑到试验的实际可操作性，将最优工艺条件中的反应时间改为 60 min，正丁醇含量改为 413 mL。三次平行试验所得到的结果见表 7-37。

表 7-37　验证最优工艺条件和结果分析

序号	温度/℃	时间/min	浓度/（mol/L）	正丁醇含量/mL	实际降解率（%）	理论降解率（%）
1	330	60	0.0538	413	100.69	100.05
2	330	60	0.0538	413	98.17	100.05
3	330	60	0.0538	413	99.50	100.05

三组平行试验对应的环氧树脂实际降解率的平均值为 99.45%，其与理论计算值 100.05% 吻合，误差在 ±2% 范围内，表明响应模型具有较高的准确性。由于加入反应釜中的 CF/EP 复合材料为 10 g，因此，最优工艺条件为：反应温度 330℃、反应时间 60 min、添加剂浓度 0.0538 mol/L、投料比 0.024 g/mL。回收的碳纤维丝束如图 7-54 所示。

图 7-54　回收的碳纤维丝束

（4）图形优化　可从响应面法优化图形中对比分析反应温度、反应时间、催化剂浓度、正丁醇含量的交互作用对环氧树脂降解率的影响。

由图 7-55 可知，反应时间和反应温度对环氧树脂的降解具有一定的交互作用，3D 图中的曲面较陡，表明反应时间和反应温度的交互作用对环氧树脂的降解率影响较大。等高线沿反应温度轴向和反应时间轴向比较密集，表明反应温

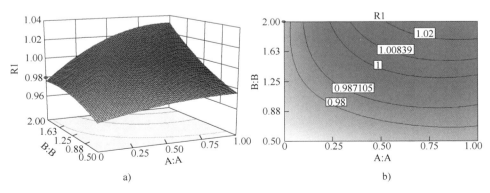

a)　　　　　　　　　　　　　b)

图 7-55　温度和时间的交互作用对环氧树脂降解率的影响

a）3D 图（R1：环氧树脂的降解率）　b）等高线图

度和反应时间对环氧树脂的降解有显著的影响。

由图 7-56 可知，添加剂浓度和反应温度对环氧树脂的降解具有一定的交互作用，3D 图中的曲面较平缓，曲面响应值较小，表明添加剂浓度和反应温度的交互作用对环氧树脂的降解率影响较小。等高线沿反应温度的轴向比添加剂浓度的轴向密集，表明与添加剂浓度相比，反应温度对环氧树脂的降解有更显著的影响。

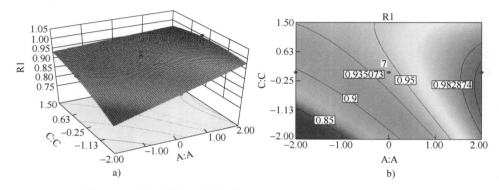

图 7-56　温度和添加剂浓度的交互作用对环氧树脂降解率的影响

a）3D 图　b）等高线图

由图 7-57 可知，正丁醇含量和反应温度对环氧树脂的降解具有一定的交互作用，3D 图中的响应曲面较陡，表明正丁醇含量和反应温度的交互作用对环氧树脂的降解率影响较大。等高线沿反应温度的轴向比正丁醇含量的轴向密集，表明相对于正丁醇含量，反应温度对环氧树脂降解率的影响更为显著。

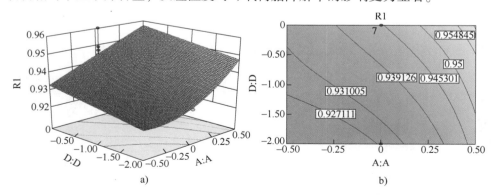

图 7-57　温度和正丁醇含量的交互作用对环氧树脂降解率的影响

a）3D 图　b）等高线图

由图 7-58 可知，反应时间和添加剂浓度对环氧树脂的降解具有一定的交互作用，3D 图中的曲面较陡，表明反应时间和添加剂浓度的交互作用对降解率的影响较大。等高线沿反应时间的轴向比添加剂浓度的轴向密集，表明反应时间比添加剂浓度对环氧树脂降解率的影响更显著。

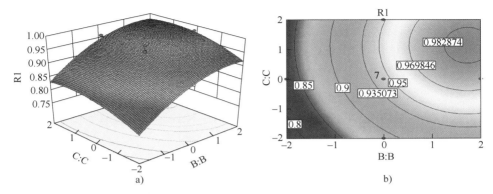

图 7-58　时间与添加剂浓度的交互作用对环氧树脂降解率的影响

a）3D 图　　b）等高线图

由图 7-59 可知，反应时间和正丁醇含量对环氧树脂的降解具有一定的交互作用，3D 图中的曲面较陡，表明反应时间和正丁醇含量的交互作用对环氧树脂的降解率影响较大。等高线沿反应时间的轴向比正丁醇含量的轴向密集，表明反应时间比正丁醇含量对环氧树脂降解率的影响更显著。

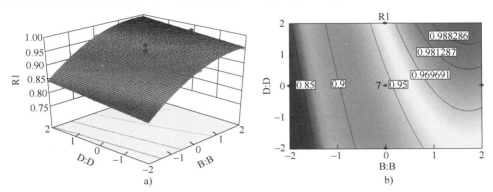

图 7-59　时间与正丁醇含量的交互作用对环氧树脂降解率的影响

a）3D 图　　b）等高线图

▷7.3.3　超临界水/醇混合流体对复合材料的降解

超临界水对复合材料的分解能力优异，树脂降解完全，但纯水达到超临界状态需要较高的环境条件。虽然超临界醇对复合材料的分解能力不及超临界水，但醇达到超临界状态的条件较低。采用水/醇混合流体，可降低回收反应条件，提高树脂分解率，回收得到表面干净、性能优异的碳纤维。本小节通过采用水/醇（甲醇、乙醇、正丙醇及正丁醇）混合流体降解环氧树脂基体复合材料，分析了单一流体及水/醇混合流体对树脂基体的降解能力，对比了不同回收工艺参数（水/醇体积比例、反应温度和反应时间）下树脂基体的降解率，并阐述了采用水/醇混合流体回收 CF/EP 复合材料时 KOH 浓度对回收效率的影响。

▶▶ 1. 水/醇混合流体的临界条件

（1）临界温度计算　混合流体真实临界温度一般不是纯组分临界温度的摩尔分数的线性平均值。Chueh 和 Prausnitz 提出一种计算混合物真实临界温度 T_{cT} 的方法，即

$$T_{cT} = \sum_j \theta_j T_{cj} + \sum_i \sum_j \theta_i \theta_j \tau_{ij} T_{cT} = \sum_j \theta_j \qquad (7-34)$$

式中，θ_i、θ_j 分别是组分 i、j 的表面积分数；T_{cj} 是组分 j 的临界温度；τ_{ij} 是相互作用参数，τ_{ii} 被认为是零，τ_{ij}（$i \neq j$）可由若干个双体型计算得出。

（2）临界压力计算　混合流体的临界压力与摩尔分数的关系往往是非线性的。Kreglewski 和 Kay 应用保形溶液理论推导出混合流体的临界压力 p_{cT} 的近似表达式，对于二元系可用如下的方程来求 p_{cT}：

$$p_{cT} = P^* \left[1 + (5.808 + 4.93\omega) \left(\frac{T_{cT}}{T^*} - 1 \right) \right] \qquad (7-35)$$

式中，T_{cT} 是混合物真实临界温度；ω 是偏心因子；P^*、T^* 分别由组分的液相摩尔体积 V_i^* 与摩尔分数 y_i 求得。

根据式（7-34）和式（7-35）计算得出不同组分的水/醇混合流体的临界条件，见表7-38。

表7-38　不同组分的水/醇混合流体的临界条件

试剂名称	体积比（%）	临界温度/℃	临界压力/MPa
水/甲醇	50	336.33	21.38
水/乙醇	50	344.32	23.82
水/正丙醇	50	354.18	24.86
水/正丁醇	10	304.17	10.30
	20	316.52	15.03
	30	327.23	18.44
	40	336.53	22.08
	50	344.63	22.84

水/正丁醇混合流体的真实临界条件一般不是纯组分临界条件的线性平均值。由图 7-60a 可知，水/正丁醇混合流体的临界温度与水的含量呈正相关关系，

且介于水和正丁醇临界温度之间。水的含量从 10% 增加到 70% 时，混合流体的临界温度从 304.17℃ 增加到 358.37℃，趋于纯组分水的临界温度。由图 7-60b 可知，水/正丁醇混合流体的临界压力随着水含量的增加而逐渐升高。水的含量从 10% 增加到 50% 时，混合流体的临界压力从 10.30 MPa 增加到 22.08 MPa，压力变化显著；水的含量从 50% 增加到 70% 时，混合流体的压力增加缓慢，趋于纯组分水的临界压力。

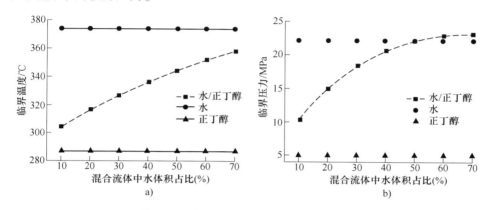

图 7-60   水/正丁醇混合流体的临界条件

a）临界温度   b）临界压力

⯊ 2. 试验过程

首先制备 CF/EP 复合材料。CF/EP 复合材料预浸料（USN15000）中，树脂基体为双酚 A 环氧树脂（DGEBA），增强体为碳纤维（12K-A42），固化剂为双氰胺（DICY）。其次将 CF/EP 复合材料预浸料切割成薄片试样，置于自制模具中，采用层压成型法制备复合材料单层板（保温温度为 120℃，保温时间为 90 min，压力为 1 MPa）。根据 GB/T 3855—2005《碳纤维增强塑料树脂含量试验方法》测得 CF/EP 复合材料中环氧树脂基体的质量分数为 33.3%。

⯊ 3. 不同类型流体对树脂基体的降解作用

（1）单一流体对树脂基体的降解作用   溶剂量为 500 mL，反应温度分别为 280℃、300℃、320℃、340℃、360℃，反应时间为 30 min 时，以水、甲醇、乙醇、正丙醇、正丁醇作为反应溶剂，分析不同反应温度对单一流体降解环氧树脂基体的影响，如图 7-61 所示。单一流体对环氧树脂基体的降解能力与反应温度呈正相关。反应温度为 280～320℃ 时，水和醇对环氧树脂基体的降解能力相差不显著，环氧树脂基体的降解率均较低。反应温度为 320～360℃ 时，水和醇对环氧树脂基体的降解率显著升高，其中水和正丁醇对环氧树脂基体的降解效果最好。

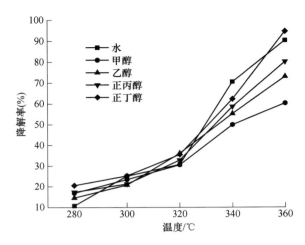

图 7-61　单一流体对环氧树脂基体的降解作用

　　超临界正丙醇、超临界乙醇降解率依次降低，超临界甲醇降解效果最差。反应温度为 360℃ 时，超临界正丁醇对 CF/EP 复合材料的降解率达到 94.56%，实现了环氧树脂基体的有效分解，超临界水对环氧树脂基体的降解率为 90.26%，而超临界甲醇对环氧树脂基体的降解率只有 60.23%，不适合用于 CF/EP 复合材料的降解。

　　（2）水/醇混合流体对树脂基体的降解作用　为研究不同成分的水/醇（水/甲醇、水/乙醇、水/正丙醇、水/正丁醇）混合流体对环氧树脂基体的降解作用，设计试验并对比分析水/醇混合流体在不同条件下对环氧树脂基体的降解能力。试验中，醇作为第一溶剂，水为夹带剂，按体积比例配制混合溶液。通过对比不同条件下环氧树脂基体的降解率，进而选择较优的混合流体。

　　醇作为第一溶剂，水为夹带剂，按水/醇体积比例分别为 10%、20%、30%、40%、50% 配制不同的混合溶剂各 500 mL，反应温度分别为 330℃ 和 350℃，反应时间为 30 min，分析不同反应温度下环氧树脂基体的降解率，如图 7-62 所示。反应温度的增加可以有效提高水/醇混合流体对环氧树脂基体的降解率。反应温度的升高使得环氧树脂基体大分子链段的伸展和剪切振动加剧；同时，分子的动能增加，醇分子和水分子更容易渗透到树脂基体中，与环氧树脂基体大分子链段的碰撞概率增加；且温度的升高可促进醇缩合反应的转化率，生成的高级醇更容易与环氧树脂链段发生反应。

　　当反应温度为 350℃，反应时间分别为 10 min 和 30 min 时，分析不同反应时间下环氧树脂基体的降解率，如图 7-63 所示。随着反应时间的延长，环氧树脂基体的降解率增加。超临界流体能够在环氧树脂基体周围形成笼蔽效应，反应时间的延长可以促进水/醇混合流体向环氧树脂基体中的扩散、加深环氧树脂

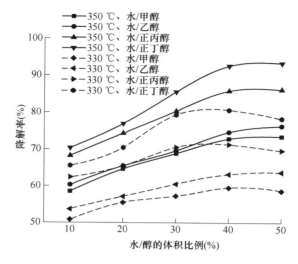

图 7-62 不同反应温度下水/醇混合流体对环氧树脂基体的降解率

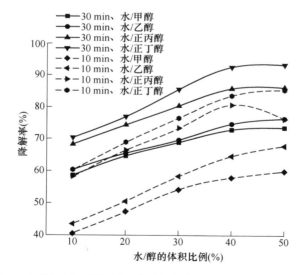

图 7-63 不同反应时间下水/醇混合流体对环氧树脂基体的降解率

基体的降解反应及加速降解产物的溶解。水/醇的体积比例为 50%，反应温度为 350℃，反应时间为 10 min 和 30 min 时，超临界水/正丁醇对 CF/EP 复合材料的降解率分别为 85.50% 和 93.38%。

由图 7-62、图 7-63 可知，反应温度为 350℃，水/醇的体积比例为 10% ~ 50% 时，环氧树脂基体的降解率与水/甲醇、水/乙醇的体积比例呈较弱的正相关，水/正丁醇、水/正丙醇对环氧树脂基体的降解率先升高后趋于平缓；反应温度为330℃时，随着水/醇体积比例的增加，水/甲醇、水/乙醇对环氧树脂基体的降解率缓慢升高，水/正丁醇、水/正丙醇对环氧树脂基体的降解率先升高后降低，水/醇体积比例为30%～40%时，环氧树脂基体的降解率最大。可见，不同体积比例的水/醇混合流体的临界温度接近反应温度时，水/醇混合流体对CF/EP复合材料的降解效果较好。其中水/正丁醇对环氧树脂基体的降解能力最强，其次是水/正丙醇，水/乙醇和水/甲醇的降解能力较差。

7.4　回收碳纤维再利用与碳纤维复合材料再制造

　　本节通过单丝拉伸、微滴法、扫描电子显微镜（SEM）、原子力显微镜（AFM）、X射线光电子能谱仪（XPS）、Roman光谱等分析和测试方法对回收的碳纤维的力学性能、表面形貌、组成结构等进行表征分析，并介绍了当前回收碳纤维再利用技术，以及著者团队对碳纤维增强复合材料再制造的初步研究。

7.4.1　回收碳纤维性能表征

1. 微观形貌分析

　　通过场发射扫描电镜观察超临界正丁醇为溶剂时最优工艺条件下回收的碳纤维的微观形貌，如图7-64所示。最优工艺条件下超临界正丁醇向碳纤维表面的渗透过程阻力较小，同时附着在碳纤维表面的液相产物分子能够及时地被超临界正丁醇去除，使得回收的碳纤维表面干净，环氧树脂去除完全。

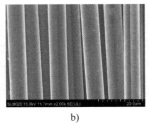

a)　　　　　　　　　　　　b)　　　　　　　　　　　　c)

图7-64　碳纤维的微观形貌

a）原丝　b）回收的碳纤维（复丝）　c）回收的碳纤维（单丝）

2. 表面形貌分析

　　通过原子力显微镜观察原碳纤维和最优工艺条件下回收的碳纤维的表面形貌，并分析回收的碳纤维的表面粗糙度 Ra，如图7-65所示。回收的碳纤维表面光滑，基本无残余树脂存在。表面存在少量沟槽是由于超临界正丁醇对碳纤维表面有物理刻蚀作用，表面沟槽的产生使碳纤维单丝拉伸强度有一定的损失。

原碳纤维的表面粗糙度 Ra 为136 nm，回收的碳纤维的表面粗糙度 Ra 为142 nm。回收的碳纤维的表面粗糙度与原碳纤维相近，表明回收过程中碳纤维的表面损伤较小。

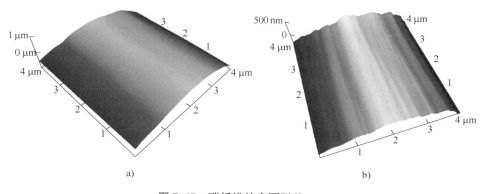

图 7-65　碳纤维的表面形貌

a）原碳纤维　b）回收的碳纤维

3. Roman 光谱分析

利用 Roman 光谱分析回收过程中碳纤维的石墨化程度，原碳纤维和回收碳纤维的 Roman 光谱曲线如图 7-66 所示。原碳纤维的 G 峰在坐标（1578，1923）处，D 峰在坐标（1346，1877）处；回收碳纤维的 G 峰在坐标（1578，1568）处，D 峰在坐标（1346，1533）处。回收的碳纤维的 G 峰和 D 峰的强度比值 I_G/I_D 为 1.022，而原碳纤维的强度比值 I_G/I_D 为 1.025，I_G/I_D 的比值基本没有发生变化，因此，最优工艺条件下回收的碳纤维表面没有发生明显的石墨化。

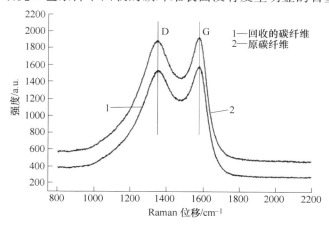

图 7-66　Roman 光谱曲线

235

⏩ 4. XPS 能谱分析

采用 X 射线光电子能谱仪（XPS）分析原碳纤维和回收碳纤维的表面元素组成和含氧官能团分布，XPS 全扫描谱图和 C1s 扫描谱图如图 7-67 和图 7-68 所示。C、O、N、Si、K 的结合能分别为 284.6 eV、532.0 eV、399.5 eV、100.0 eV、293.5 eV。碳纤维表面的元素组成见表 7-39，表明回收的碳纤维表面的元素主要以 C、O、N、Si、K 为主。C—C、C—OH、C ═O、COOH、CO_3^{2-} 的结合能分别为 284.6 eV、285.8 eV、287.2 eV、289.2 eV、290.6 eV。分峰处理并计算碳纤维表面的含氧官能团构成，见表 7-40。

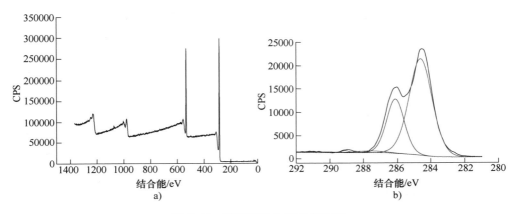

图 7-67　原碳纤维的 XPS 能谱图

a）全谱图　b）分峰图

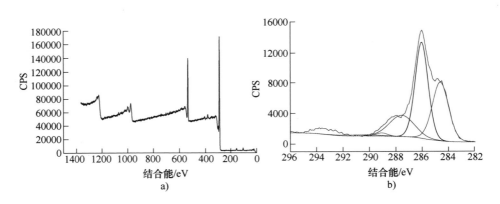

图 7-68　回收碳纤维的 XPS 能谱图

a）全谱图　b）分峰图

注：CPS 为单位时间测得的光电子数目。

表 7-39　碳纤维表面的元素组成

元　素	C（%）	O（%）	N（%）	Si（%）	K（%）	O/C
原碳纤维	77.96	20.29	1.09	0.66	0	0.260
回收的碳纤维	78.46	16.7	1.86	1.71	1.27	0.213

表 7-40　碳纤维表面的含氧官能团构成

官　能　团	C—C	C—OH	C=O	COOH	CO_3^{2-}
原碳纤维	67.93	29.13	1.45	0.48	0.99
回收的碳纤维	33.76	44.74	18.74	1.23	1.53

　　最优工艺条件下回收的碳纤维表面含有少量的 K，表明 KOH 与降解产物中酸性组分反应转变为含有 K 离子的盐类化合物附着在碳纤维表面。超临界正丁醇对碳纤维产生物理刻蚀作用，因此，碳纤维表层的部分含氧官能团被带走，回收碳纤维表面的 C 元素含量升高，O 元素含量降低，O/C 比下降不明显，基本保证了回收的碳纤维和新树脂基体之间的化学键合作用，同时也表明最优工艺条件下回收的碳纤维表面的残余树脂被完全去除。由于含有 K 离子的盐类化合物附着在碳纤维表面，因此导致 C=O、COOH、CO_3^{2-} 含量显著增加，由此可推断添加剂 KOH 转变为 K_2CO_3 附着在碳纤维表面。

▶ 5. 回收碳纤维的力学性能分析

（1）回收碳纤维的拉伸强度及拉伸模量

1）单丝拉伸强度测试方法。单丝拉伸强度测试是纤维力学强度测试中最有效的表征方式之一，可以更加准确地反映纤维的力学性能。碳纤维属于脆性材料，难以用普通夹具夹持。依据 ISO 11566：1996 标准对碳纤维进行单丝拉伸强度测试，每组试样不少于 20 个测试样本，具体步骤如下：

　　① 制作底板窗格纸。首先用 CAD 绘制如图 7-69 所示的窗格纸，其中 A 为碳纤维与纸框的粘接处，B 为碳纤维夹持处。保持窗格纸平整，防止翘曲，打印并裁剪窗格纸。

　　② 铺放碳纤维单丝。从待测试样中随机取长度约为 40 mm 的纤维束，用丙酮浸泡使其完全分散，抽取纤维单丝，并将纤维单丝逐一铺放在窗格纸的中心线上，须确保纤维丝平直并位于中心位置。

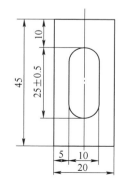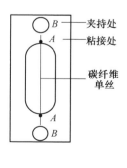

图 7-69　单丝拉伸标准试样制备

③ 滴胶黏剂及固化。采用环氧树脂胶黏剂将纤维粘接在窗格纸中，制备标准试样，并将其放入精密干燥箱中固化，固化温度为60℃，保温4 h。

④ 拉伸试验。待试样完全冷却至室温后，将其固定于纤维强伸度仪上。测试前须进行水平和夹头校准调试，确保上下夹头闭合时位于同一直线上。夹头不能触碰到粘接点处，以免损伤纤维。同时须保证单丝轴向、窗格纸框的中心线和拉伸方向重合。

采用 XQ-1 型纤维强伸度仪测量。其负荷测量范围为 0 ~ 1 N；负荷测量误差在 ±1% 范围内；负荷测量分辨率为 0.001N；伸长测量范围为 0 ~ 100 mm；伸长测量误差 ≤0.05 mm；伸长测量分辨率为 0.1%；下夹头下降速度为 1 ~ 200 mm/min。预设拉力为 5×10^{-4} N/dtex；拉伸速度为 2 mm/min；上下夹头间距为 37 mm。

2) 单丝拉伸强度计算方法。碳纤维的拉伸强度受控于各类随机分布的缺陷，使其强度呈现出多分散性。可采用 Weibull 理论对碳纤维拉伸强度的分散性进行统计评价。Weibull 理论认为，脆性材料的拉伸断裂始于最大缺陷处。由于缺陷在脆性材料中随机分布，其拉伸强度的测定值不能视为定值，而应采用统计量来表示。

当材料受力均匀时，Weibull 经验式为

$$F(\sigma) = 1 - \exp\left[-V \left(\frac{\sigma - \sigma_u}{\sigma_0} \right)^m \right] \tag{7-36}$$

式中，$F(\sigma)$ 是断裂概率；m 是韦氏模数，表征材料的均匀性和可靠性；σ_0 是归一化因子；σ_u 是作用力为零时的概率；V 是体积。

对于直径均匀的圆柱形碳纤维：$V = l\pi d^2/4$；对于理想的单一断裂形态：$\sigma_u = 0$。因此有

$$F(\sigma) = 1 - \exp\left[-l \left(\frac{\sigma}{\sigma_0} \right)^m \right] \tag{7-37}$$

式（7-37）为单模态 Weibull 分布函数。

① 直线回归法。对式（7-37）取自然对数，有

$$\ln\ln \frac{1}{1 - F(\sigma)} = m\ln\sigma + \ln l - \ln\sigma_0^m$$

$\ln\ln \dfrac{1}{1 - F(\sigma)}$ 对 $\ln\sigma$ 进行线性回归，由斜率和截距分别求得 m 及 σ_0。$F(\sigma)$ 可由下式计算：

$$F(\sigma) = \frac{n'}{n + 1} \tag{7-38}$$

式中，n 是实测碳纤维单丝根数之和；n' 是在作用力 σ 下单丝断裂的根数。

② 最大似然法。对式（7-37）微分可得到分布密度函数，即

$$f(\sigma) = \frac{\mathrm{d}F(\sigma)}{\mathrm{d}\sigma} = \frac{mL\sigma^{m-1}}{\sigma_0^m}\mathrm{e}^{-l\left(\frac{\sigma}{\sigma_0}\right)^m} \tag{7-39}$$

似然函数 $L = \prod_{i=1}^{n} f(\sigma_i)$，令 $\frac{\partial \ln L}{\partial m} = 0$ 和 $\frac{\partial \ln L}{\partial \sigma_0} = 0$，则有

$$\frac{1}{m} + \frac{1}{n}\sum_{i=1}^{n}\ln\sigma_i - \frac{\sum_{i=1}^{n}\sigma_i^m\ln\sigma_i}{\sum_{i=1}^{n}\sigma_i^m} = 0 \tag{7-40}$$

$$\sigma_0 = \left(\frac{1}{n}\sum_{i=1}^{n}\sigma_i^m\right)^{\frac{1}{m}} \tag{7-41}$$

式中，L 是似然函数；$\sigma_i = 4F_i/(\pi d^2)$，是单根碳纤维的拉伸强度，其中 F_i 为单根碳纤维承受的强力，d 是被测碳纤维的平均直径；σ_0 是 Weibull 规模参数，即为碳纤维的拉伸强度。

直线回归法计算相对简单，求出的 m 和 σ_0 值信赖度较高，但要求 n 大于 100；最大似然法计算相对复杂，但精度较高，要求 n 较小（n 为 20 左右）。

最优工艺条件下回收的碳纤维和原碳纤维的拉伸性能对比如图 7-70 所示。回收的碳纤维的拉伸强度约为原碳纤维的 94.53%，而拉伸模量约为原碳纤维的 93.57%，表明回收的碳纤维的拉伸性能损失较小。因此，最优工艺条件下回收的碳纤维具有优异的拉伸性能。

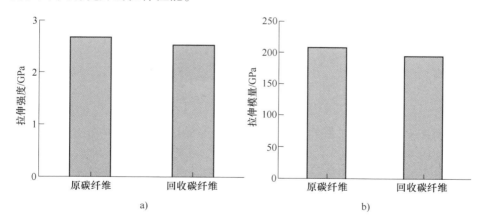

图 7-70　回收碳纤维和原碳纤维的力学性能对比

a）拉伸强度对比　b）拉伸模量对比

（2）回收碳纤维的界面剪切强度　回收的碳纤维和新树脂基体之间的界面剪切强度表征了复合材料的界面结合性能，可采用微滴包埋拉出试验测试。单丝碳纤维/环氧树脂微球复合材料样品制备如图 7-71 所示。用胶带预先将一根碳

纤维固定在专用纸框上（26 mm×58 mm），使碳纤维保持伸直状态，且垂直于纸框的两端，中间自由碳纤维长度为30 mm。在碳纤维与纸框的连接处，用常温固化的双组胶黏剂将碳纤维牢固地固定在纸框上。用钢针蘸取少量预先按比例配好的环氧树脂（E51）与固化剂（ZH-591 胺类固化剂）胶体，在碳纤维的自由段滴上环氧树脂微球，升温固化（150℃固化 1 h），自然冷却至室温，如图 7-72 所示。

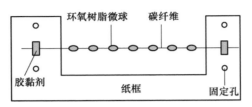

图 7-71 单丝碳纤维/环氧树脂微球复合材料样品制备

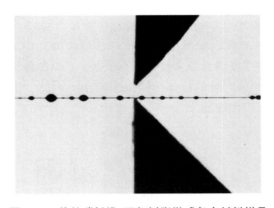

图 7-72 单丝碳纤维/环氧树脂微球复合材料样品

采用日本东荣产业株式会社生产的 Model HM 410 复合材料界面评价装置测试碳纤维的界面剪切强度。如图 7-73 所示，选择树脂包覆长度合适的微球进行脱粘测试，闭合阻挡板卡住微球，阻挡板位置固定不动，设置加载器以 2.0 μm/s 的速度向下缓慢移动。阻挡板与树脂微球接触时，应力通过传感器传给记录系统，直至树脂微球沿着碳纤维轴向脱粘，并记录下树脂微球脱粘时的最大应力负载 F_d。在每组样品中，选取 25 个树脂微球进行有效脱粘并记录数据。

假设界面切应力沿整个界面均匀分布，则界面剪切强度 τ_d 可以用式（7-42）计算：

$$\tau_d = \frac{F_d}{\pi dx} \tag{7-42}$$

式中，τ_d 为界面剪切强度，单位为 MPa；F_d 是树脂微球脱粘时的最大负载，单位

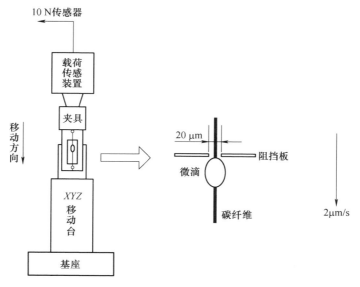

图 7-73　微滴包埋拉出试验装置简图

为 mN；d 是碳纤维的直径，$d = 6.921\ \mu m$；x 是碳纤维包覆在树脂微球中的长度，单位为 μm。

测得各个不同微滴包埋长度时的 F_d 值，并计算平均值。也可对脱结合负载-碳纤维包埋长度关系图的各个数据点进行线性拟合，获得界面剪切强度。

对脱结合负载和碳纤维包埋长度的数据点进行线性拟合，如图 7-74 所示。回收的碳纤维数据点线性拟合方程为 $y = 1.24x$，求得 $\tau_d = 57.04\ MPa$；原碳纤维数据点线性拟合方程为 $y = 1.38x$，求得 $\tau_d = 63.48\ MPa$。因此，回收的碳纤维的界面剪切强度约为原碳纤维的 90%。对于表面含氧量低的碳纤维，上浆可促进

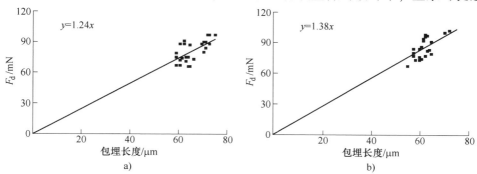

图 7-74　微滴包埋试验最大负载与碳纤维包埋长度的关系

a）回收碳纤维　b）原碳纤维

基体树脂对其表面的润湿，使得界面剪切强度提高，回收过程中超临界正丁醇破坏了碳纤维表面的上浆剂，导致回收的碳纤维与新树脂基体结合的界面剪切强度降低。

7.4.2　回收碳纤维再利用技术

通过一定的技术手段从废弃的 CFRP 中回收得到的碳纤维主要以碳粉、短切蓬松形态为主，多以无规则形式分布于回收产品。对于这种形态的纤维，目前已有一些技术可以对其进行加工利用。

1. 回收碳纤维的成型技术

（1）直接成型技术　目前，回收短碳纤维大多采用直接成型技术，即将回收得到的碳纤维进一步短切或者磨碎，直接对其成型。成型方法主要为注射成型和块状模塑料挤压成型。注射成型方法的具体步骤为：首先将热塑性树脂、短纤维（短纤维或磨碎的碳纤维）以及其他添加物和填充物等混合均匀制备粒料，然后通过注射机（10~100 MPa）进行注射成型。块状模塑料（BMC）是一种中间产品，它一般由热固性树脂、碳纤维、填充物和固化剂预先混合制备成块状，然后通过高压（3.5~35 MPa）进行模压成型。

由于这两种成型方法在成型过程中需要较高的压力，因此，纤维的长度不得不控制在很短的范围内，得到的复合材料的强度、刚性和电学性能都有明显的下降，并且由于直接成型技术纤维含量较低（<20%）、排序紊乱，纤维优秀的力学性能无法充分发挥。

（2）制备无纺毡后成型技术　回收碳纤维使用最广泛的成型工艺是首先将回收的碳纤维制备成不连续且随机排列的无纺毡，然后将其与树脂进行混合成型。制备这种各向同性毡的常见工艺有干法工艺和湿法工艺。各向同性碳纤维毡制备完成后，可以通过与树脂进行层压的方法成型，也可以通过树脂转移模塑或者扩散模塑等技术进行成型。

各向同性碳纤维毡一般渗透性较差，在回收碳纤维充分分散的情况下表现更加明显。因此在对这种毡进行模塑时需要的压力更高，而高压力会造成纤维断裂，从而造成复合材料的性能在纤维含量为30%左右到达极限。这种碳纤维毡一般用在非结构件，无法充分发挥碳纤维的性能。

（3）制备取向毡后成型技术　对于不连续碳纤维的回收利用，通过一些技术上的设计提高其取向性，对接下来制备的复合材料性能的提升有很大的作用。现有的短纤维取向技术主要有磁场法、电场法、湿法取向技术。湿法取向技术的主要工序为：短纤维与溶液混合、纤维取向、短纤维与溶液分离与干燥、收卷成纤维毡，最后通过树脂传递塑模成型（resin transfer moulding, RTM）或热压罐成型技术等制备试件。通过对碳纤维的重新规整，使其排列更具方向性，碳纤维的取向度可以达到80%甚至90%以上，在复合材料中纤维含量更高。因此，不仅复合材料在纤维排列方向上的性能有了质的飞跃，整体性能同样有所提升。并且由于碳纤维之间的相互作用减小，在模塑时所需要的压力也显著减小。

相较于前述的无纺毡复合材料，取向毡复合材料的纤维含量明显提高，拉伸强度可以提高380%左右，性能甚至超过航空级铝材，因此回收碳纤维取向毡具有二次用于主结构件的巨大潜力。而且通过对取向技术的研究和改进，进一步提高碳纤维的取向效率，使碳纤维达到更高的取向度，可以提高复合材料的碳纤维含量，从而使复合材料的强度和模量等力学性能进一步提高甚至可以达到与原碳纤维同等的水平。

（4）碳纤维编织物成型技术　在一些回收过程中，可保持原有的碳纤维增强结构，如对于过期的预浸料或者从大型部件修剪下来的小块预浸料等，都可以通过重新浸胶的形式获得新的复合材料。

表7-41总结了上述几种成型技术的优缺点。

表 7-41　不同成型技术的优缺点比较

成型技术	优　点	缺　点
直接成型	固定工艺过程，与普通碳纤维相同的简单工艺	碳纤维含量较低（＜20%），纤维长度低于临界长度，性能较差，回收碳纤维的形态导致成型过程可能会有额外的问题
制备成无纺毡	与普通碳纤维相同的工艺过程，且工艺普遍，性能与普通材料接近，在汽车和飞机等领域通过了验证	在成型过程中会产生纤维损伤，相关市场仍被更加便宜的材料占据
制备成取向毡	更为出色的轴向性能，可以进行铺层设计，可以做到较大的纤维长度和较高的含量	对铺层排布的要求高，目前技术仍处于发展过程中
碳纤维织物浸胶	连续增强，具有高的纤维含量，工艺过程简单，性能表现甚至超过普通碳纤维	原料仅限于过期的预浸料

▶▶ 2. 回收碳纤维的应用现状

回收碳纤维最有潜力的应用领域是非承力结构件，可以最大限度发挥出其性能上的优势，又能获得最大的经济效益。非结构功能性应用也是回收碳纤维再利用的一个重要方向。回收碳纤维在热、电、摩擦等方面也有突出的表现。另外，根据纤维的等级，把废物分类，以优化纤维的循环再利用是有意义的。

目前，已开发了数十种再生纤维毡＋热固性树脂的再生碳纤维部件，如卫星天线、体育运动用品（图7-75）、汽车零部件（图7-76）等。回收碳纤维毡的导电性与普通碳纤维基本相同，且拥有良好的电磁屏蔽性能，纯回收碳纤维毡复合材料可以作为电磁屏蔽材料，制作电磁辐射防护罩。

图 7-75　碳纤维网球拍

图 7-76　回收碳纤维在汽车上的应用

表 7-42 列出了目前世界范围内对回收碳纤维的应用与相关研究。

表 7-42　回收碳纤维研究开发情况

国　家	组　织	用　途
加拿大	魁北克大学蒙特利尔分校 贝尔直升机德事隆公司	回收碳纤维毡，用于制造注射/压缩模制复合材料 回收碳纤维通过注射成型来增强聚苯硫醚颗粒
英国	诺丁汉大学	使用树脂传递成型制造碳纤维电磁干扰屏蔽产品 分别在使用和不使用偶联剂的情况下研究回收碳纤维增强聚丙烯复合和注射成型的工艺
	伦敦帝国理工学院	通过 ELG 公司的热解法从未固化的碳纤维／环氧树脂织物中回收碳纤维，并在由树脂膜熔渗（resin film infusion, RFI）制成的层压板中重复使用
	华威大学，Umeco 复材，Lola 集团和 ELG 碳纤维	使用编织碳纤维来制造高性能能量吸收结构 使用编织回收碳纤维来制造 WorldFirst F3 汽车的后部
德国	撒克逊纺织研究所	无纺布回收碳纤维织物（粘合或针织），适用于中等强度要求的应用场合
日本	爱媛大学 东丽工业公司	采用注射成型的回收碳纤维强化 ABS 塑料（纤维长度约 200 μm）
美国	波音公司	飞机内部装饰材料，非承重材料，以及其他飞机以外的应用

▶▶ 3. 回收碳纤维再利用技术展望

回收碳纤维再利用技术目前仍处于不断的研究和进步中，现在已经可以对各种基体的 CFRP 废弃物进行碳纤维回收。虽然由于回收的碳纤维的独特形态而导致其成型和再利用面临一定的困难，但是通过技术上的改进，对于某些特定的形态和应用，再成型 CFRP 的性能已经可以达到与普通 CFRP 相近的程度。用回收再成型的 CFRP 所制成的零部件，已经证实可以用于汽车制造和飞机制造领域。

回收碳纤维再利用在环境上的有利影响无须多说，随着废弃碳纤维的量逐年增加，其在经济上也逐渐显示出吸引力。目前世界范围内已经有少量专门从事该项业务的公司，虽然大多仍然注重于技术开发，盈利能力较差，但是在不久的未来，回收碳纤维再利用极有可能成为一个较大的产业。

随着碳纤维复合材料产业的发展，以及为满足节能环保、构建可持续发展碳纤维产业链的需求，开展回收再利用不仅是对国家相应政策与法规的积极响应，还具有显著提高经济效益的潜力。

7.4.3 碳纤维增强复合材料再制造

1. 碳纤维增强复合材料的制备

试验材料及设备见表 7-43。图 7-77 所示为制样设备。

表 7-43 试验材料及设备

材料/设备	型 号	厂 家
碳纤维	12K-A42	土耳其进口
聚丙烯	K7926	上海赛科
转矩流变仪	XSS-300	上海科创橡胶机械
平板硫化机（热压）	XLB 400×400×2	上海橡胶机械一厂
平板硫化机（冷压）	XLB 400×400×2	青岛鑫城一鸣橡胶机械
万能电子拉力机	GMT4104	深圳新三思
摆锤冲击试验机	ZBC1400-1	深圳新三思

图 7-77 制样设备
a）转矩流变仪 b）平板硫化机（热压） c）平板硫化机（冷压）

回收碳纤维长度为 5 mm 左右，在复合材料中的质量分数为 30%。首先将 XSS-300 转矩流变仪的三个加热区的温度升至 200℃，按照每次加入 10 g 碳纤维与 24 g 聚丙烯的配比，分五次将 50 g 碳纤维与 120 g 聚丙烯加入转矩流变仪中，持续运行 3 min，则碳纤维与聚丙烯均匀混合，如图 7-78a 所示。将平板硫化机的三个加热区的温度升至 200℃，将混合均匀的片材置入自制模具中，然后将该模具放入平板硫化机中热压，最高压力为 11 MPa。片材中的聚丙烯熔融后会导致压力下降，因此，压力下降后须继续升压至 11 MPa，反复进行三次。保压10 min后将自制模具放入冷压机中，持续运行 15 min。制备的碳纤维增强聚丙烯复合材料如图 7-78b 所示。碳纤维增强聚丙烯复合材料的制备流程如图 7-79 所示。

a)   b)

图 7-78　碳纤维增强聚丙烯复合材料

a）混合料　b）碳纤维增强聚丙烯

▶▶ 2. 复合材料的力学性能

采用宏观制样评价回收碳纤维的力学性能变化，并测试增强后复合材料的拉伸、弯曲以及冲击性能。复合材料力学性能计算如下：

（1）拉伸强度的计算

$$\sigma = \frac{4F_{max}}{bh} \tag{7-43}$$

式中，σ 是拉伸强度（MPa）；F_{max} 是试样拉断时所需要的强力（N）；b 是试样狭窄部分的宽度（mm）；h 是试样的厚度（mm）。

（2）弯曲强度及弯曲模量计算

$$\sigma_f = \frac{3Pl}{2bh^2} \quad E_f = \frac{l^3 \Delta P}{4bh^3 \Delta S} \tag{7-44}$$

式中，σ_f 是弯曲强度（MPa）；P 是破坏载荷（N）；l 是跨距（mm）；b 是试样狭窄部分的宽度（mm）；h 是试样的厚度（mm）；E_f 是弯曲模量（MPa）；ΔP 是载荷-挠度曲线上初始直线段的载荷增量（N）；ΔS 是与载荷增量 ΔP 对应的跨

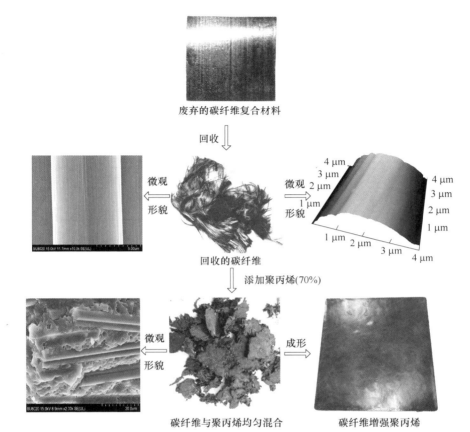

图 7-79　碳纤维增强聚丙烯复合材料的制备流程

距中点处的挠度增量（mm）。

（3）冲击强度的计算

$$E = P_{d}(\cos\beta - \cos\alpha)$$

$$A_{k} = \frac{E}{1000b_{k}d} \tag{7-45}$$

式中，P_{d} 为冲击摆锤力矩（常数）；α 为冲击摆锤扬角；β 为冲击后摆锤升起的角度；A_{k} 为冲击强度（kJ/m²）；b_{k} 为缺口试样处剩余宽度（mm）；d 为试样厚度（mm）。

▷▷ **3. 碳纤维增强聚丙烯复合材料的力学性能**

根据 GB/T 1040—2006《塑料　拉伸性能的测定》、GB/T 9341—2008《塑料　弯曲性能的测定》和 GB/T 1843—2008《塑料　悬臂梁冲击强度的测定》，分别测试聚丙烯、原碳纤维增强聚丙烯以及回收纤维增强聚丙烯的拉伸强度、弯曲强度及弯曲模量以及冲击强度。拉伸速度为 50 mm/min，弯曲下压位移为 7 mm，下压速度为 2 mm/min，冲击摆锤能量为 2.75 J。试样的标准尺寸如图 7-80所示。试样如图 7-81 所示。

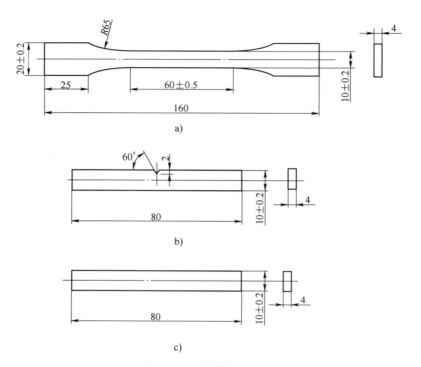

图 7-80 试样的标准尺寸
a）拉伸试样标准尺寸 b）冲击试样标准尺寸 c）弯曲试样标准尺寸

图 7-81 强度测试标准试样：①聚丙烯②原碳纤维增强③回收碳纤维增强
a）拉伸强度试样 b）冲击强度试样 c）弯曲强度试样

力学性能测试结果见表7-44～表7-46。与聚丙烯塑料相比，原碳纤维增强聚丙烯复合材料和回收碳纤维增强聚丙烯复合材料的拉伸强度分别提高59.7%和55.6%，弯曲强度分别提高26.6%和7.3%，冲击强度分别提高47.2%和42.99%，表明回收的碳纤维能够大幅度提高热塑性塑料的强度。与原碳纤维增强聚丙烯复合材料相比，回收碳纤维增强聚丙烯复合材料的拉伸强度下降9.2%，弯曲强度下降20.9%，弯曲模量下降10.9%，冲击强度下降7.4%。由于回收碳纤维表面的上浆剂被超临界正丁醇破坏，碳纤维表面的含氧量降低，因此，降低了基体聚丙烯对其表面的润湿性，影响了碳纤维和聚丙烯的界面结合性能，导致回收碳纤维增强复合材料的力学性能下降。

表 7-44　拉伸强度

试　　样	试 样 序 号	强力/N	拉伸强度/MPa
聚丙烯塑料	1	913.07	22.83
	2	899.80	22.50
	3	902.21	22.56
	4	929.23	23.23
	平均值	911.08	22.78
原碳纤维增强聚丙烯	1	2244.64	56.13
	2	2257.44	56.46
	3	2284.23	57.12
	4	2253.44	56.35
	平均值	2259.94	56.52
回收碳纤维增强聚丙烯	1	2049.09	51.24
	2	2062.68	51.58
	3	2044.69	51.13
	4	2053.09	51.34
	平均值	2052.39	51.32

表 7-45　弯曲强度及弯曲模量

试　　样	试 样 序 号	弯曲模量/MPa	弯曲强度/MPa
聚丙烯塑料	1	1103.10	27.00
	2	1090.82	26.77
	3	1072.62	27.29
	4	1087.40	26.71
	平均值	1088.485	26.94

（续）

试　　样	试样序号	弯曲模量/MPa	弯曲强度/MPa
原碳纤维增强聚丙烯	1	5152.05	37.44
	2	4426.63	36.35
	3	4172.65	37.15
	4	4097.21	35.94
	平均值	4454.385	36.72
回收碳纤维增强聚丙烯	1	3734.52	19.21
	2	4019.64	34.15
	3	4317.76	34.04
	4	3808.86	28.84
	平均值	3970.195	29.06

表 7-46　悬臂梁缺口冲击强度

试　　样	试样序号	冲击强度/（kJ/m^2）
聚丙烯塑料	1	10.23
	2	11.26
	3	10.83
	平均值	10.77
原碳纤维增强聚丙烯	1	20.26
	2	20.38
	3	20.59
	平均值	20.41
回收碳纤维增强聚丙烯	1	18.85
	2	19.02
	3	18.79
	平均值	18.89

　　碳纤维增强热塑性复合材料的力学性能主要与基体材料熔融状态的流动性、碳纤维的质量分数以及界面结合强度有关。以场发射扫描电镜（SEM）观察试样的冲击断面微观形貌，如图 7-82a 和图 7-83a 所示，碳纤维随机分散于聚丙烯基体内，并且碳纤维表面粘附了大量聚丙烯基体。未经表面处理的碳纤维，两相界面大多属于弱粘接范畴，碳纤维被拔出后其与聚丙烯基体的界面出现环形裂缝，如图 7-82b 和图 7-83b 所示。若能对回收的碳纤维进一步进行表面处理，可改善基体材料与碳纤维的浸润特性，提高回收碳纤维增强复合材料的力学性能。

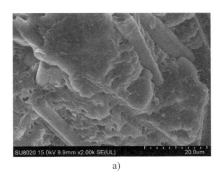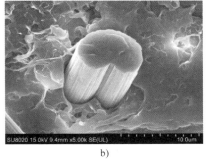

a)   b)

图 7-82   原碳纤维增强聚丙烯的冲击断面微观形貌

a）断面形貌   b）碳纤维拔出形貌

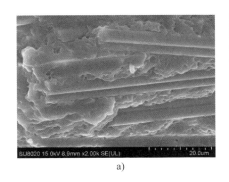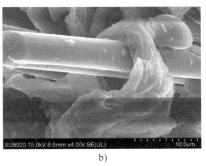

a)   b)

图 7-83   回收碳纤维增强聚丙烯的冲击断面微观形貌

a）断面形貌   b）碳纤维拔出形貌

7.5　超临界流体法回收碳纤维复合材料生命周期环境影响分析

本节使用 LCA 方法对超临界流体法回收碳纤维复合材料进行生命周期环境影响分析。

7.5.1　目标与系统边界

采用超临界水/正丁醇降解 CFRP，并与传统的废弃物处理方式——填埋和焚烧进行对比。根据国家统计局发布的 2016 年中国生活垃圾处理情况，国内废弃物处理方法主要分为三类：填埋处理、焚烧处理和堆肥处理。其中，堆肥处理所占比例极小，废弃物处理仍然以填埋和焚烧处理为主，填埋和焚烧处理分别占比约为 60% 和 40%。因此设定两种对比场景下废旧 CFRP 的处理方案分别为：直接填埋和焚烧（方案一）；超临界水/正丁醇降解 CFRP 的回收工艺（方案二）。

选取质量为 1 kg 的废旧 CFRP 作为功能单位，进而对比分析超临界水/正丁醇回收工艺与直接焚烧＋填埋方式的环境影响程度。

为了降低 LCA 分析的复杂性，并同时保证 LCA 分析结果的准确性，对超临界水/正丁醇降解 CFRP 的回收工艺进行优化处理，将回收工艺过程中对 LCA 分析结果影响不大的因素略去，例如催化剂 KOH、冷却循环水等。按照实际情况定义如下：①超临界水/正丁醇降解 CFRP 的回收工艺是按照实验室规模比例进行的；②反应釜最高工作压力为 40 MPa，最高工作温度为 550℃，反应釜最大容量为 1000 mL，加热功率为 3 kW/220 V；③略去回收设备的 LCA 分析，只考虑设备处理 CFRP 时能耗对环境的影响；④假设 CFRP 在两种处理方式下有着相同的分布和使用，即不考虑 CFRP 的分布和使用阶段的影响。

根据国家统计局发布的数据，中国电力生产主要来源于火电、水电、核电以及风电，其中该回收技术的开发地安徽省的电网组成主要为火电和水电，火电占比达到98%，水电占比仅为2%。

方案一：废旧 CFRP 经过分布与使用后进入生命终止阶段，则处理 1 kg 废旧 CFRP 的生命周期过程可分为：原材料获取、CFRP 生产制造、CFRP 分布与使用、运输、焚烧和填埋。废旧 CFRP 直接废弃处理的系统边界如图 7-84 所示。

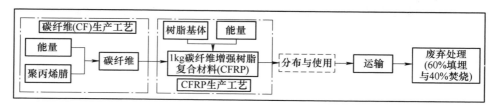

图 7-84　废旧 CFRP 直接废弃处理的系统边界

方案二：采用超临界水/正丁醇回收处理 1 kg 废旧 CFRP，则其生命周期过程可分为：原材料获取、CFRP 生产制造、CFRP 分布与使用、运输、CFRP 切割、CFRP 回收处理、回收 CF 再资源化、分布与使用、运输、焚烧和填埋。废旧 CFRP 回收处理的系统边界如图 7-85 所示。

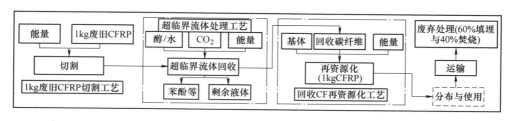

图 7-85　废旧 CFRP 回收处理的系统边界

相比直接焚烧和填埋处理方案，废旧 CFRP 回收处理方案与其在系统边界上的区别在于 CFRP 首次废旧之后进行回收处理而不是直接焚烧和填埋。其回收过程包括 1 kg 废旧 CFRP 的切割、切割后 CFRP 的超临界流体处理、回收碳纤维的再资源化。

7.5.2 回收过程清单分析

本小节所涉及的 LCA 清单数据基础是两种方案各阶段的输入与输出数据，主要阶段分为 CFRP 制造阶段、分布与使用阶段、运输阶段、回收阶段、再利用阶段和最终处理阶段。基于两种方案的对比分析，分布与使用阶段、运输阶段和最终处理阶段不予考虑。对功能单位为 1 kg 的废旧 CFRP 进行 LCA 评价，各阶段的清单分析见表 7-47。

表 7-47　清单分析

阶段	物　质	单　位	方　案　一	方　案　二	来　源
输入	PAN	kg	1.21	—	Griffing 等
	CF	kg	0.67	—	现场采集
	EP	kg	0.33	0.33	现场采集
	双氰胺	kg	0.17	—	现场采集
	CF 制造	MJ	190.33	—	Song 等
	拉挤成型	MJ	3.10	—	Song 等
	CFRP	kg	—	1.00	现场采集
	CFRP 成型	MJ	—	2.07	Song 等
	CO_2	kg	—	0.17	现场采集
	水	kg	—	5.00	现场采集
	正丁醇	kg	—	4.03	现场采集
	回收电能	MJ	—	434.07	现场采集
	回收 CF	kg	—	0.67	现场采集
	再生成型	MJ	—	19.00	Song 等
输出	CFRP	kg	1.00	—	现场采集
	CO_2	kg	—	0.17	现场采集
	回收 CF	kg	—	0.67	现场采集
	水	kg	—	4.50	现场采集
	正丁醇	kg	—	3.63	现场采集
	苯酚	kg	—	0.15	现场采集
	2-tert-butyl-3，4，5，6-tetrahydropyridine	kg	—	0.08	现场采集

（续）

阶段	物　　质	单　位	方　案　一	方　案　二	来　源
输出	（E）-2-ethylhex-2-en-1-ol	kg	—	0.12	现场采集
	4-isopropylphenol	kg	—	0.12	现场采集
	环己基苯	kg	—	0.05	现场采集
	（E）-2-ethylhex-3-en-1-ol	kg	—	0.04	现场采集
	1-甲氧基-4-苯乙烯	kg	—	0.04	现场采集
	废油	kg	—	0.30	现场采集
	再生 CFRP	kg	—	1.00	现场采集

CFRP 制造阶段可分为原材料聚丙烯腈（polyacrylonitrile，PAN）的制备、中间产品（碳纤维）制备和复合材料（CFRP）成型等过程。碳纤维是由 PAN 制成的，每生产 1 kg 碳纤维需要 1.82 kg 的 PAN，根据相关文献可知碳纤维生产过程消耗的能量为 286 MJ/kg。

试验中采用的 1 kg CFRP 中碳纤维和树脂基体分别占比 66.7% 和 33.3%，通过计算可得，1 kg CFRP 需要 0.667 kg 碳纤维、1.21 kg PAN、0.333 kg 环氧树脂，固化剂为双氰胺，环氧树脂与固化剂的比例为 2:1，则需固化剂质量为 0.167 kg。原碳纤维增强复合材料采用拉挤成型工艺（pultrusion process）制造。拉挤成型工艺适用于长纤维（>50 mm）复合材料大批量生产，工艺简单、效率高。由于超临界回收设备的限制，回收的纤维长度较短，因此再资源化过程中回收纤维增强复合材料采用注射成型工艺（injection process）。

CFRP 回收阶段包括两个部分：废旧 CFRP 的切割和超临界水/正丁醇处理。对废旧 CFRP 一般进行不同程度的切割，以适应各类回收处理工艺及回收装置喂料要求。由于实验室超临界流体处理装置反应釜容积的限制，废旧 CFRP 需要进行切割处理，切割工具为角磨机，转速为 11600 r/min，功率为 720 W/220 V。根据反应釜的尺寸，CFRP 需要切割成 40 mm×40 mm×3 mm 的小块，根据现场切割的实际工艺，1 kg 的 CFRP 切割耗时大概为 0.8 h，则切割 1 kg 的废旧 CFRP 耗电量为 0.576 kW·h。

降解之后得到两种产物：固相产物和液相产物。固相产物为回收的 CF，液相产物为液体混合物，主要含有未参与反应的试剂和 EP 基体分解产生的小分子产物，如苯酚、4-isopropylphenol 等。若方案二中采用体积比例为 50% 的超临界水/正丁醇流体回收 1 kg 废旧 CFRP，当投料比为 0.1 g/mL，需要正丁醇的质量为 4.03 kg，水的质量为 5 kg。反应釜设备功率为 3 kW，则回收 1 kg 废旧 CFRP 需要输入电能约 210 kW·h，消耗 CO_2 总量约为 0.17 kg。液体产物通过蒸馏处理可得到未参与反应的水、正丁醇以及剩余液体，如图 7-86 所示。

图 7-86　蒸馏前后的液体产物

a）蒸馏前　b）水　c）正丁醇　d）蒸馏剩余液体

7.5.3　回收过程环境影响评价

　　生命周期影响评价是对两种方案的环境影响进行定性或定量的描述，采用生命周期环境影响评价方法模型 CML2001 进行环境影响评价分析。CML2001 模型把生命周期环境影响主要分为 11 类：全球增温潜势（GWP 100a）、酸化潜势（AP）、富营养化潜势（EP）、臭氧层损耗潜势（ODP）、非生物资源耗竭潜势（ADP e）、化石能源耗竭潜势（ADP f）、淡水生态毒性潜势（TECP）、人体毒性潜势（HTP）、海洋生态毒性潜势（MAE）、光化学氧化剂生成潜势（POCP）、陆地生态毒性潜势（TETP）。无回收处理（方案一）和回收处理（方案二）的环境影响见表 7-48。

表 7-48　无回收处理（方案一）和回收处理（方案二）的环境影响

环境影响类型	单　　位	方　案　一	方　案　二
GWP 100a	kg CO_2 eq	62.70	132.00
AP	kg SO_2 eq	9.05×10^{-2}	1.74×10^{-2}
EP	kg Phosphate eq	1.41×10^{-2}	2.66×10^{-2}
ODP	kg R11 eq	1.09×10^{-9}	2.81×10^{-10}
ADP e	kg Sb eq	8.67×10^{-6}	8.13×10^{-6}
ADP f	MJ	721.00	1.36×10^{3}

（续）

环境影响类型	单　位	方　案　一	方　案　二
TECP	kg DCB eq	6.85×10^{-2}	3.11×10^{-1}
HEP	kg DCB eq	1.70	3.54
MAE	kg DCB eq	3.36×10^{3}	7.33×10^{3}
POCP	kg Ethene eq	8.98×10^{-3}	1.95×10^{-2}
TETP	kg DCB eq	4.86×10^{-2}	8.77×10^{-2}

由表 7-48 可知，无回收处理和超临界水/正丁醇回收处理的环境影响主要集中在全球增温潜势、化石能源耗竭潜势和海洋生态毒性潜势等方面。无回收处理对全球增温潜势、化石能源耗竭潜势和海洋生态毒性潜势的影响当量分别达到 62.70 kg、721 MJ 和 3.36×10^{3} kg，回收处理对全球增温潜势、化石能源耗竭潜势和海洋生态毒性潜势的影响当量分别达到 132.00 kg、1.36×10^{3} MJ 和 7.33×10^{3} kg，回收处理的环境影响当量约为无回收处理的 2 倍。

表 7-49 所列为无回收处理方案各阶段的环境影响。可以看出，CF 和 CFRP 制造阶段是产生各类型环境影响的主要阶段。对于全球增温潜势、化石能源耗竭潜势和海洋生态毒性潜势，CF 制造阶段产生的环境影响当量分别达到 59.90 kg、6.75×10^{2} MJ 和 3.22×10^{3} kg，CFRP 制造阶段产生的环境影响当量分别达到 2.83 kg、46.40 MJ 和 1.32×10^{2} kg，可知，CF 制造阶段的环境影响强于 CFRP 制造阶段。

表 7-49　无回收处理方案各阶段的环境影响

环境影响类型	单　位	CF 制造	CFRP 制造	运　输
GWP 100a	kg CO₂ eq	59.90	2.83	1.04×10^{-2}
AP	kg SO₂ eq	8.67×10^{-2}	3.79×10^{-3}	4.33×10^{-5}
EP	kg Phosphate eq	1.34×10^{-2}	6.30×10^{-4}	1.10×10^{-5}
ODP	kg R11 eq	9.09×10^{-10}	1.85×10^{-10}	2.15×10^{-14}
ADP e	kg Sb eq	2.01×10^{-6}	6.67×10^{-6}	7.84×10^{-10}
ADP f	MJ	6.75×10^{2}	46.40	1.41×10^{-1}
TECP	kg DCB eq	5.99×10^{-2}	8.56×10^{-3}	6.66×10^{-5}
HEP	kg DCB eq	1.63	7.59×10^{-2}	2.57×10^{-4}
MAE	kg DCB eq	3.22×10^{3}	1.32×10^{2}	1.42×10^{-1}
POCP	kg Ethene eq	8.34×10^{-3}	6.50×10^{-4}	0.00
TETP	kg DCB eq	3.17×10^{-2}	1.68×10^{-2}	3.77×10^{-5}

图 7-87 所示为无回收处理方案下各阶段的环境影响占比。可以看出，除化石能源耗竭潜势和陆地生态毒性潜势外，在各类型环境影响中 CF 制造阶段的占比均达到 80% 以上，CFRP 制造阶段的占比次之，运输阶段的占比最小（不足1%）。对于 GWP 100a 和 MAE 两种类型的环境影响，CF 制造阶段的影响占比均达到 95% 以上。

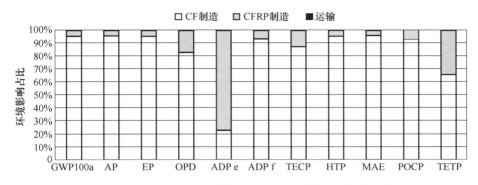

图 7-87　废旧 CFRP 无回收处理方案下各阶段的环境影响占比

表 7-50 所列为 CF 制造阶段和 CFRP 制造阶段的环境影响。可以看出，无回收处理中全球增温潜势主要源于 CF 制造过程的电能消耗，数值达到 53.40 kg CO_2 eq。全球增温潜势主要源于 PAN 生产过程和 CF 制造过程的电能消耗。CFRP 制造阶段的环境影响主要源于树脂生产能耗，其全球增温潜势、化石能源耗竭潜势及海洋生态毒性潜势当量分别为 1.96 kg、37.60 MJ 和 82.40 kg。因此，可从优化电能消耗方面减小环境影响。

表 7-50　CF 制造阶段和 CFRP 制造阶段的环境影响

环境影响类型	单　　位	CF 制造		CFRP 制造	
		PAN 生产	CF 制造电能	树脂生产	CFRP 制造电能
GWP 100a	kg CO_2 eq	6.47	53.40	1.96	0.87
ADP f	MJ	135.00	54.00	37.60	8.79
MAE	kg DCB eq	205.00	3020.00	82.40	49.20

表 7-51 所列为水/正丁醇回收处理方案各阶段的环境影响。可以看出，该方案中的各类环境影响主要来源于废旧 CFRP 回收阶段和再利用阶段。对于全球增温潜势、化石能源耗竭潜势及海洋生态毒性潜势，回收阶段的当量分别达到 1.24×10^2 kg、1.27×10^3 MJ 和 6.91×10^3 kg，再利用阶段的当量分别达到 7.30 kg、91.60 MJ 和 3.84×10^2 kg，可知，回收阶段的环境影响明显强于再利用阶段、切割和运输阶段。

表 7-51　回收处理方案各阶段的环境影响

环境影响类型	单　位	回　收	再利用	切　割	运　输
GWP 100a	kg CO_2 eq	1.24×10^2	7.30	5.82×10^{-1}	1.04×10^{-2}
AP	kg SO_2 eq	1.63×10^{-2}	9.73×10^{-3}	7.74×10^{-4}	4.33×10^{-5}
EP	Kg Phosphate eq	2.49×10^{-2}	1.52×10^{-3}	1.16×10^{-4}	1.10×10^{-5}
ODP	kg R11 eq	9.36×10^{-11}	1.87×10^{-10}	3.15×10^{-13}	2.15×10^{-14}
ADP e	kg Sb eq	1.43×10^{-6}	6.70×10^{-6}	3.41×10^{-9}	7.84×10^{-10}
ADP f	MJ	1.27×10^3	91.60	5.88	1.41×10^{-1}
TECP	kg DCB eq	2.99×10^{-1}	1.11×10^{-2}	3.28×10^{-4}	6.66×10^{-5}
HEP	kg DCB eq	3.33	1.95×10^{-1}	1.55×10^{-2}	2.57×10^{-4}
MAE	kg DCB eq	6.91×10^3	3.84×10^2	3.29×10^2	1.42×10^{-1}
POCP	kg Ethene eq	1.83×10^{-2}	1.15×10^{-3}	6.54×10^{-5}	0.00
TETP	kg DCB eq	6.81×10^{-2}	1.93×10^{-2}	3.22×10^{-4}	3.77×10^{-5}

图 7-88 所示为水/正丁醇回收处理方案各阶段的环境影响占比。可以看出，除臭氧层损耗潜势、化石能源耗竭潜势和陆地生态毒性潜势外，在各类型环境影响中回收阶段的占比均达到90%以上，再利用阶段的占比次之，切割和运输阶段的占比最小（不足1%）。

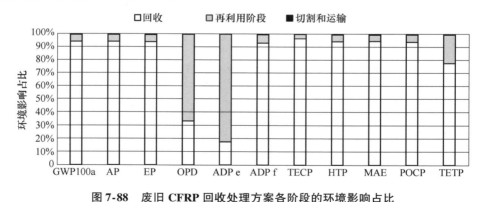

图 7-88　废旧 CFRP 回收处理方案各阶段的环境影响占比

表 7-52 所列为 CFRP 回收阶段和再利用阶段的环境影响，可以看出，回收处理方案中全球增温潜势、化石能源耗竭潜势及海洋生态毒性潜势的主要源于回收阶段的电能消耗，影响当量分别达到121.00 kg、1230.00 MJ 和6850.00 kg。回收工艺中使用的正丁醇、CO_2 和水所产生的环境影响较小。以全球变暖为例，CFRP 回收阶段的影响当量为124.00 kg，其中电能占比97.58%。

表 7-52　CFRP 回收阶段和再利用阶段的环境影响

环境影响类型	单　位	回　收　阶　段				再利用阶段	
		正丁醇	回收电能	水	CO_2	EP 生产	成型电能
GWP 100a	kg CO_2 eq	0.29	121.00	0.03	1.93	1.96	5.33
ADP f	MJ	9.02	1230.00	0.28	31.40	37.70	53.90
MAE	kg DCB eq	8.23	6850.00	2.41	43.80	82.40	301.00

　　通过对比废旧 CFRP 无回收处理方案和回收处理方案的环境影响可知，回收处理方案产生的环境影响当量约为无回收处理环境影响的 2 倍，主要原因为基于实验室规模的废旧 CFRP 回收效率较低，可通过优化设备和工艺等减小回收产生的环境影响。两种方案的环境影响类型主要为全球增温潜势、化石能源耗竭潜势及海洋生态毒性潜势。无回收处理方案中，CF 制造阶段的环境影响占比较大，主要由电能消耗产生。回收处理方案中，水/正丁醇回收工艺阶段的环境影响明显高于再利用和运输阶段，主要由电能消耗所产生，因此可从电能消耗优化角度入手，减小回收工艺的环境影响。

参 考 文 献

[1] 东莞辰风汽车. 谁发明了碳纤维？为什么碳纤维越来越广泛地被运用汽车领域？[EB/OL]. [2021-01-26]. http：//www. cfauto168. com/news/544. html.

[2] 中科院宁波材料所特种纤维事业部. 全面了解碳纤维汽车轻量化关键技术 [EB/OL]. [2019-05-01]. https：//www. auto-made. com/news/show-14527. html.

[3] PICKERING S J. Recycling technologies for thermoset composite materials：current status [J]. Composites（Part A），2006，37（8）：1206-1215.

[4] SCHINNERG，BRANDTJ，RICHTER H. Recycling carbon fibre reinforced thermoplastic Composites [J]. Journal of Thermoplastic Composite Materials，1996，9（3）：239-245.

[5] KOUPARITSAS C E，KARILIS C N，VARELIDIS P C，et al. Recycling of the fibrous fraction of reinforced thermoset composites [J]. Polymer composites，2002，23（4）：682-689.

[6] HOWARTH J，MAREDDY S SR，MATIVENGA P T. Energy intensity and environmental analysis of mechanical recycling of carbon fibre composite [J]. Journal of Cleaner Production，2014，81：46-50.

[7] DEROSA R，TEFEYAN E，MAYES S. Expanding the use of recycled SMC in BMCs [C] // Proceedings of Global Plastics Environmental Conference. 2004. Detroit：Society of Plastics Engineers，2004.

[8] 徐佳，孙超明. 树脂基复合材料废弃物的回收利用技术 [J]. 玻璃钢/复合材料，2009（4）：100-103.

［9］ KENJI U, NOBUYUKI K, MORIHIKO S. Recycling of CFRP by pyrolysis method ［J］. Journal of Society Materials Science, 1995, 44 (499): 428-431.

［10］ LESTER E, KINGMAN S, WONG KH, et al. Microwave heat in gas a means for carbon fibre recovery from polymer composites: a technical feasibility study ［J］. Materials Research Bulletin, 2004, 39 (10): 1549-1556.

［11］ EMMERICH R, KUPPINGER J. Recovering carbon fibers ［J］. Kunststoffe International, 2014, 104 (6): 62-65.

［12］ PICKERING S J, KELLY R M, KENNERLEY J R, et al. A fluidised bed process for the recovery of glass fibres from scrap thermoset composites ［J］. Composites Science and Technology, 2000, 60 (4): 509-523.

［13］ YIP H L M, PICKERING S J, RUDD C D. Characterisation of carbon fibres recycled from scrap composites using fluidised bed process ［J］. Plastics, Rubber and Composites, 2002, 31 (6): 278-282.

［14］ KENNERLEY J R, KELLY R M, FEBWICK N J, et al. The characterisation and reuse of glass fibres recycled from scrap composites by the action of fluidised bed process ［J］. Composites (Part A), 1998, 29A (7): 839-845.

［15］ LIU Y Y, MENG L H, HUANG Y D, et al. Recycling of carbon/epoxy composites ［J］. Applied Polymer Science, 2004, 94 (5): 1912-1916.

［16］ LEES H, CHOI H O, KIM J S, et al. Circulating flow reactor for recycling of carbon fibre from carbon fibre reinforced epoxy composite ［J］. Korean Journal of Chemical Engineering, 2011, 28 (2): 449-454.

［17］ MARSH G. Carbon recycling: a soluble problem ［J］. Reinforced Plastics, 2009, 53 (5): 22-27.

［18］ MORINC, LOPPINET-SERANI A, CANSELL F, et al. Near- and supercritical solvolysis of carbon fibre reinforced polymers (CFRPs) for recycling carbon fibers as a valuable resource: state of the art ［J］. The Journal of Supercritical Fluids, 2012, 66: 232-240.

［19］ PINERO-HERNANZ R, DODDS C, HYDE J, et al. Chemical recycling of carbon fibre reinforced composites in nearcritical and supercritical water ［J］. Composites (Part A), 2008, 39 (3): 454-461.

［20］ OKAJIMA I, YAMADA K, SUGETAT, et al. Decomposition of epoxy resin and recycling of CFRP with sub- and supercritical water ［J］. Kagaku Kogaku Ronbunshu, 2002, 28 (5): 553-558.

［21］ KNIGHT C C, ZENG C C, ZHANG C, et al. Recycling of woven carbon fiber-reinforced polymer composites using supercritical water ［J］. Enviromental Technology, 2012, 33 (6): 639-644.

［22］ KNIGHT C C., ZENG C C, ZHANG C, et al. Fabrication and properties of composites utilizing reclaimed woven carbon fiber by sub-critical and supercritical water recycling [J]. Materials Chemistry and Physics, 2015, 149: 317-323.

[23] PINERO-HERNANZ R, GARCIA-SERNA J, DODDS C, et al. Chemical recycling of carbon fibre composites using alcohols under subcritical and supercritical conditions [J]. The Journal of Supercritical Fluids, 2008, 46 (1): 83-92.

[24] 廖传华, 黄振仁, 顾国亮. 固态物料超临界 CO_2 萃取的传质模型 [J]. 精细化工, 2004, 21 (7): 502-506.

[25] 单国华. 近临界水回收环氧树脂及其分解动力学的研究 [D]. 哈尔滨: 哈尔滨工业大学, 2010.

[26] LU C, CHEN P, GAO Y, et al. Thermal stress distribution in CF/EP composite in low earth orbit [J]. Journal of Composite Materials, 2010, 44 (14): 1729-1731.

[27] 于祺, 陈平, 陆春, 等. 碳纤维/双马树脂基复合材料在热循环过程中热应力分布的数值模拟 [J]. 材料研究学报, 2012, 26 (6): 584-588.

[28] 彭英利, 马承愚. 超临界流体技术应用手册 [M]. 北京: 化学工业出版社, 2005.

[29] FAN D P, MENG L H, LIU K. The etching treatment of carbon fiber surface by supercritical CO_2 [J]. Chemistry and Adhesion, 2013, 35 (2): 1-5.

[30] 杨序纲. 复合材料界面 [M]. 北京: 化学工业出版社, 2010.

[31] SATTERFIELD C N. Mass transfer in heterogeneous catalysis [M]. London: M. I. T. Press, 1970: 130-133.

[32] 姜任秋. 热传导、质扩散与动量传递中的瞬态冲击效应 [M]. 北京: 科学出版社, 1997.

[33] 姜任秋. 快速瞬态热质扩散过程非经典效应研究 [D]. 哈尔滨: 哈尔滨工业大学, 2002.

[34] 王卉. 超临界醇介质中 PBT 的分解及反应动力学研究 [D]. 哈尔滨: 哈尔滨工业大学, 2007.

[35] MARCUS Y. Are solubility parameters relevant to supercritical fluids? [J]. Journal of Supercritical Fluids, 2006, 38 (1): 7-12.

[36] 梁斌, 段天平, 唐盛伟. 化学反应工程 [M]. 北京: 科学出版社, 2010.

[37] CHUEH P L, PRAUSNITZ J M. Vapor-liquid equilibria at high pressures: calculation of partial molar volumes in nonpolar liquid mixtures [J]. Aiche Journal, 1967, 13 (6): 1099-1107.

[38] KREGLEWSKI A, KAY W B. Critical constants of conformed mixtures [J]. Journal of Physical Chemistry, 1969, 73 (10): 3359-3366.

[39] 全国纤维增强塑料标准化技术委员会. 碳纤维增强塑料树脂含量实验方法: GB/T 3855—2005 [S]. 北京: 中国标准出版社, 2005.

[40] OLIVEUX G, DANDY L O, LEEKE G A. Current status of recycling of fibre reinforced polymers: review of technologies, reuse and resulting properties [J]. Progress in Materials Sci-

ence, 2015, 72: 61-99.

[41] 王浩静, 张淑斌. PAN 基碳纤维的生产与应用 [M]. 北京: 科学出版社, 2016.

[42] 全国塑料标准化技术委员会通用方法和产品分会. 塑料拉伸性能测定: GB/T 1040. 1—2018 [S]. 北京: 中国标准出版社, 2019.

[43] 全国塑料标准化技术委员会. 塑料弯曲性能的测定: GB/T 9341—2008 [S]. 北京: 中国标准出版社, 2008.

[44] 全国塑料标准化技术委员会. 塑料悬臂梁冲击强度的测定: GB/T 1843—2008 [S]. 北京: 中国标准出版社, 2009.

[45] OVERCASH M R, LI Y, GRIFFING E, et al. A life cycle inventory of carbon dioxide as a solvent and additive for industry and in products [J]. Journal of Chemical Technology and Biotechnology, 2007, 82 (11): 1023-1038.

[46] SONG Y S, YOUN J R, GUTOWSKI T G. Life cycle energy analysis of fiber-reinforced composites [J]. Composites (Part A), 2009, 40 (8): 1257-1265.